CENTRUM

Wyjawione Tajemnice

Wydawnictwo CENTRUM

Wyjawione Tajemnice

Saint Germain

Tłumaczenie: **Maciek Robak**

Korekta tekstu: **Alina Tarnowska**

Wykonanie okładki: **Łukasz Rutkowski**

CENTRUM

Wydawnictwo CENTRUM
Skrytka Pocztowa 257
81-963 Gdynia 1
Tel: 0 (58) 522 9497
Fax: 0 (58) 550 6812
E-mail: biuro@WydawnictwoCentrum.pl
Web: www.WydawnictwoCentrum.pl

ISBN 10: 83-60280-78-9
ISBN 13: 978-83-60280-78-2

Spis treści

DEDYKACJE

Seria tych Ksiąg zadedykowana jest w najgłębszej Wiecznej Miłości i Wdzięczności naszemu Ukochanemu Mistrzowi Saint Germainowi, Wielkiemu Białemu Braterstwu, Braterstwu Królewskiego Teton, Braterstwu Góry Shasta oraz innym Wniebowstąpionym Mistrzom, których miłująca Pomoc nadeszła bezpośrednio i bez ograniczeń.

1. *Przedmowa*

To dzięki Wsparciu Saint Germaina miałem zaszczyt przejść przez doświadczenia zapisane w tej serii Ksiąg. Zostało mi wydane przyzwolenie na ujęcie ich w formę, która może zostać przekazana publiczności. Nikt nie może pojąć, chyba żeby korzystał z podobnego Wsparcia, jak wielka i wieczna jest moja miłość i wdzięczność dla Niego i tych Wzniesionych Mistrzów od których Wsparcie otrzymałem.

Za wyjątkiem samego Saint Germaina imiona Wniebowstąpionych Mistrzów, dokładne miejsca, notatki, daty, czy skarby tu opisywane zostały z rozmysłem– na Jego Rozkaz – utajnione dla powodów, które są oczywiste: ponieważ jedynie poprzez Służbę Miłości i Zaproszenie od Wzniesionych Mistrzów zostaje zaskarbione sobie prawo do bycia z Nimi w widocznych, namacalnych, żyjących, oddychających Ciałach. Każda inna forma zbliżenia wiąże się z rozczarowaniem i porażką, gdyż Wielka „Obecność" i Moc, ochraniająca Ich przez stulecia, chroni Ich nadal.

Wewnętrzna Czystość, Siła i Osiągnięcia indywiduum są jedynymi paszportami wprowadzającymi do tej Aktywności i związania się z Wniebowstąpionymi Mistrzami. Gdy indywiduum poprzez świadomą samokorektę swoich słabości osiągnie pewien punkt, nic we wszechświecie nie jest w stanie powstrzymać go przed kontaktem z Nimi.

W Ameryce istnieje jedno z najdawniejszych Starożytnych Miejsc Skupienia Wielkiego Białego Braterstwa, jedno z najstarszych Ustroni Wzniesionych Mistrzów, które działało w imię Wolności ludzkości od chwili pojawienia się jej na tej planecie. Niektóre z działalności wewnątrz tego Ustronia zostały czytelnikowi wyjawione, tak aby mógł, o ile będzie gotowy, utworzyć świadomy kontakt poprzez swoje własne Wewnętrzne Światło z Wielkim Światłem, wyrażającym się poprzez to Potężne Centrum Promieniowania Boga, i w ten sposób raz jeszcze pić z Fontanny Starożytnej Mądrości i nosić Kryształowy Puchar Pokoju, Miłości, Mocy i Zwycięstwa swoim znużonym braciom.

Celem oddania tej Księgi w ręce publiczności jest przekazanie każdemu indywiduum zachęty i siły, która wzniesie i podtrzyma je w okresie przejściowym, w którym się teraz znajdujemy oraz ukaże zdrowy fundament, na którym nasz Kraj oraz nadchodząca era, są w tej chwili budowane.

Księga ta została napisana w majestatycznych objęciach Góry Shasta, której szczyt odziany jest wiecznie w ową czystą, lśniącą biel, będącą symbolem „Światła Wieczności”. Jej stronice są zapisem drogi, na której zetknąłem się z Ukochanym Mistrzem Saint Germainem oraz tymi Wielkimi Wniebowstąpionymi Mistrzami, którzy nieprzerwanie trudzą się wspomagając ludzkość Ziemi i zmagają się na ścieżce Pokoju, Miłości, Światła i Wiecznej Perfekcji.

Ja, którego doświadczenia tu opisuję, niezachwianie trzymałem się dominującego pragnienia pochodzącego od Wewnątrz, aby widzieć, słyszeć i poznać Prawdę Życia. Byłem prowadzony krok po kroku ku uświadomieniu i zaakceptowaniu „Potężnej Obecności Boskiej” znajdującej się wewnątrz mej Istoty, „Światła, które Przyświeca każdemu mężowi schodzącemu do tego świata” – „Chrystusa”. Sposób wejścia w kontakt z tym „Światłem”, Jego Wszechwiedząca Wszechobecność oraz Nieomylne Działanie zostało mi wyjawione, a ja przekazuję Je czytelnikowi na tych stronach.

Mogę spisać jedynie część wydarzeń, które nastąpiły oraz Pouczenia, jakie otrzymałem. Jedno po drugim z moich wielkich pragnień zostało spełnione, ponieważ pragnienia te były konstruktywne i bezinteresowne. Moje poszukiwanie Prawdy i Szczęścia było długie i niezachwiane, lecz znalazłem obydwa i żadna ludzka istota nie może mi ich odebrać, ponieważ są Wieczne i pochodzą z mojego własnego Wielkiego Boskiego Ja.

Prezentując to doświadczenie, najgłębiej modlę się, aby czytelnik mógł otrzymać „Światło”, aby został błogosławiony i prosperował na swej drodze podążając ścieżką Prawdy, która jest jedyną, na której może zostać odnalezione trwałe Szczęście. Tam i tylko tam odnajdzie poszukujący „Światła" Wieczny Pokój i Działalność w Posłudze Miłości. Jeżeli mój wysiłek polegający na wysyłaniu tych Ksiąg w świat mógłby przynieść trochę Miłości, Światła i Szczęśliwości, które otrzymałem, tym na Ziemi, którzy również poszukiwali „Światła", byłbym wystarczająco nagrodzony. Powiedzenie „Prawda jest dziwniejsza niż fikcja" ma swe zastosowanie do tej Księgi. Od wyboru czytelnika zależy jej akceptacja czy też odrzucenie, lecz Wniebowstąpieni Mistrzowie, których pomoc otrzymałem powtarzali mi często: „Im szersze rzesze ludzkości będą w stanie zaakceptować Naszą Obecność, tym szerzej otworzy to dla Nas drzwi, aby przekazywać im więcej i więcej pomocy. Jednakże odrzucenie Nas poprzez tych, którzy nie zgadzają się z tą Prawdą, nie spowoduje Naszego zniknięcia ani nie zmieni Jej Działania we Wszechświecie."

Ci, którzy zaakceptują Prawdę tutaj spisaną, odnajdą nową, potężną „Moc", wchodzącą w ich życie. Każda kopia zawiera Potężną Obecność, Jej Promieniowanie i Utrzymującą Siłę. Wszyscy, którzy przestudiują te stronice, uczciwie, głęboko, szczerze i wytrwale, będą wiedzieli i nawiążą kontakt z Rzeczywistością tej Obecności i Mocy. Tym, którzy czytają to dzieło chcę powiedzieć, że opisane w nim doświadczenia są tak samo realne i prawdziwe, jak obecne istnienie ludzkości na Ziemi oraz że wszystkie one wydarzyły się w czasie sierpnia, września i października roku 1930 na Górze Shasta w Kalifornii, w U.S.A.

GODFREY RAY KING

2. *Spotkanie z Mistrzem*

Góra Shasta stała zuchwale wynosząc się w zachodnie niebo, otoczona u podstawy porostem utworzonym z sosen i jodeł, sprawiających, że wyglądała jak klejnot wykonany z diamentowo błyszczącej bieli, osadzonej w filigranowej oprawie zieleni. Jej śniegiem pokryte szczyty połyskiwały i zmieniały swój kolor z chwili na chwilę, podczas gdy cienie wydłużały się, a zachodzące słońce podążało w kierunku horyzontu.

Pogłoski mówiły, że przebywała tutaj grupa ludzi – Świętych Ludzi – zwanych Braterstwem Góry Shasta, która stworzyła odnogę Wielkiej Białej Loży, oraz że Skupienie to od zamierzchłych, antycznych czasów trwało nierozerwalnie aż do obecnych dni. Zostałem wysłany w sprawie rządowej do małego miasteczka, umiejscowionego u podnóża góry, i podążając za swoją powinnością zajmowałem czas wolny od pracy rozwikływaniem pogłosek dotyczących Braterstwa. Wiedziałem z podróży na Daleki Wschód, że większość pogłosek, mitów i legend ma u swojego źródła głęboko leżącą Prawdę, która zazwyczaj pozostaje nierozpoznana przez wszystkich, oprócz tych którzy są *prawdziwymi* studentami życia.

Zakochałem się w Shaście i każdego ranka prawie mimowolnie oddawałem cześć Duchowi Góry i członkom Zakonu. Odczuwałem coś bardzo niezwykłego odnośnie całego tego rejonu, a w świetle doświadczeń, które nastąpiły nie dziwię się, że niektóre z nich rzucają swe cienie przed siebie.

Długie wędrówki po szlaku stały się moim nawykiem, gdy chciałem przemyśleć pewne rzeczy w samotności, czy poczynić decyzje dużej wagi. Tutaj, na tym wspaniałym Gigancie Natury, znalazłem odpoczynek, inspirację i pokój, który koił mą duszę i orzeźwiał umysł wraz z ciałem.

Planowałem takie wędrówki dla przyjemności, jak mi się wydawało, celem spędzenia odrobiny czasu głęboko w sercu góry, gdy następujące doświadczenia wstąpiły do mojego życia, aby zmienić je tak kompletnie, że bliski byłem wrażeniu przebywania na innej planecie, a już w żadnym wypadku niemożności powrotu do zwykłej rutyny, w którą zaangażowany byłem od wielu miesięcy.

Pewnego znamiennego poranka wyszedłem o brzasku zdecydowany podążać dokąd tylko fantazja mnie zaprowadzi, niejasno prosząc Boga, aby prowadził mnie na mej ścieżce. Około południa wspiąłem się wysoko na tę stronę góry, skąd widok na południe był piękny jak marzenie.

Gdy dzień dojrzewał, zrobiło się bardzo ciepło. Zatrzymywałem się regularnie, aby wypocząć i w pełni nacieszyć się nadzwyczajnym odcinkiem krajobrazu wokół rzeki

McCloud, doliny i miasteczka. Nadszedł czas na lunch i rozpocząłem poszukiwania górskiego źródełka z czystą, zimną wodą. Z garnuszkiem w ręku pochyliłem się, aby go napełnić, gdy elektryczny prąd przeszedł przez moje ciało od stóp do głowy.

Rozejrzałem się wokoło, a bezpośrednio przede mną stał młody mężczyzna, który na pierwszy rzut oka wyglądał na takiego samego jak ja wędrownika. Przyjrzałem mu się dokładniej i natychmiast uświadomiłem sobie, że nie był on zwykłą osobą. Gdy myśl ta przebiegła przez mój umysł, uśmiechnął się i zwrócił się do mnie z tymi słowy:

„Bracie mój, jeżeli podasz mi swój garnuszek dam ci napój dużo bardziej odświeżający od źródlanej wody." Zgodziłem się, a w tej samej chwili garnuszek napełnił się kremowym płynem. Zwracając mi go powiedział:

„Wypij to."

Tak też uczyniłem, po czym, czytelniku, powinieneś był ujrzeć moje zdumienie. Podczas gdy smak był wyborny, elektryczny, ożywiający efekt wywarty na mój umysł i ciało sprawił, że przez zaskoczenie straciłem oddech. Nie widziałem, aby wkładał coś do środka i zastanawiałem się, co się tutaj odgrywało.

„To co wypiłeś" – wytłumaczył – „pochodzi bezpośrednio z Uniwersalnego Zapasu i jest czyste i ożywiające jak Samo Życie. W rzeczy samej to jest Życie – Wszechobecne Życie – istniejące wszędzie wokół nas. Jest ono przedmiotem naszej świadomej kontroli i ukierunkowania, chętne do posłuszeństwa, gdy wystarczająco kochamy, albowiem cały

Wszechświat posłuszny jest rozkazom Miłości. Czegokolwiek zapragnę, zamanifestuje się, jeżeli rozkażę w Miłości. Wysunąłem kubek i to, czego zapragnąłem dla ciebie pojawiło się. Widzisz! Wystarczy, że wyciągnę rękę i jeżeli zechcę użyć złota – złoto stanie się obecne." Natychmiast pojawił się na jego dłoni krążek wielkości złotej dziesięciodolarówki. Na powrót kontynuował:

„Widzę w tobie pewne Wewnętrzne Zrozumienie Wielkiego Prawa, pozornie nie jesteś jednak świadomy Go wystarczająco, aby wyprodukować to, czego pragniesz bezpośrednio z Wszechobecnego, Uniwersalnego Zasobu. Pragnąłeś zobaczyć coś takiego tak intensywnie, tak szczerze i w pełni determinacji, że nie mogło to być ci dłużej odmówione.

Jednakże precypitacja jest jedną z najmniej ważnych działalności Wielkiej Prawdy Istnienia. Gdyby pragnienie twoje nie było wolne od egoizmu i fascynacji zjawiskami, doświadczenie to nie mogło by do ciebie dostąpić. Gdy dzisiejszego ranka opuszczałeś dom, myślałeś, że wybierasz się na wędrówkę, przynajmniej co się tyczy zewnętrznej działalności twego umysłu. W głębszym, szerszym znaczeniu w rzeczywistości podążałeś za pragnieniem twojego Wewnętrznego Boskiego Ja, które doprowadziło cię do osoby, miejsca, okoliczności, w których twoje najintensywniejsze pragnienie mogło zostać spełnione.

Prawda Życia jest taka, że nie możesz pragnąć czegoś, co nie miałoby sposobności zamanifestowania się gdzieś we Wszechświecie. Im intensywniejsze *uczucie* wewnątrz pragnienia, tym szybciej zostanie ono osiągnięte. Jednakże gdy ktoś będzie wystarczająco głupim, aby zapragnąć czegoś, co urazi inne z Boskich dzieci lub jakąkolwiek inną część Jego Kreacji, wtedy osoba ta zapłaci karę w postaci niezgody i upadku gdzieś w doświadczeniu własnego życia.

Bardzo istotnym jest uświadomienie sobie w pełni, że intencją Boga dla każdego z Jego dzieci jest obfitość każdego z dóbr i rzeczy doskonałych.

Stworzył On Doskonałość i obdarzył Swoje dzieci dokładnie tą samą mocą. *One również mogą wytworzyć i utrzymywać Doskonałość* i wyrażać Zwierzchnictwo Boga na Ziemi oraz we wszystkim, co znajduje się na niej. Pierwotnie ludzkość została stworzona na Wizerunek i Podobieństwo Boga. Jedyną przyczyną, dla której nikt nie manifestuje Zwierzchnictwa jest to, że nie używa swojego Świętego Autorytetu – tego, którym każdy człowiek został obdarzony i za pomocą którego powinien zarządzać swoim światem. W taki oto sposób nie jest on posłuszny Prawu Miłości, które wyraża pokój i błogosławieństwo dla wszelkiego stworzenia.

Dochodzi do tego ze względu na brak akceptacji oraz uważania siebie samego za *Świątynię Najwyższego Żyjącego Boga* oraz utrzymywania tego podejścia we wiecznym uznaniu. Ludzkość w obecnym kształcie wydającym się ograniczonym poprzez czas, przestrzeń i działanie, znajduje się w tej samej sytuacji, co potrzebująca osoba, do której wyciąga się rękę pełną pieniędzy. Gdyby ten w potrzebie nie zrobił kroku naprzód i nie zaakceptował pieniędzy wyciągniętych ku niemu, to w jakiż sposób

mógłby z nich odnieść korzyść?.

Największa część ludzkości znajduje się w dokładnie takim stanie świadomości i będzie to trwało do chwili, w której zaakceptuje ona Boga wewnątrz swojego serca jako Właściciela, Darczyńcę i Stworzyciela wszelkich Dóbr, które kiedykolwiek zagościły w jej życiu i świecie.

Osobowe ja każdego indywiduum musi uznać całkowicie i bezwarunkowo, że człowiek, czy też zewnętrzna działalność świadomości nie posiada *nic* swojego. Nawet energia, przy pomocy której człowiek rozpoznaje Wielkiego Boga Wewnątrz siebie jest promieniowana do wewnątrz osobowego ja przez Wielkie Boskie Ja.

Umiłowanie i chwalenie Wielkiego Ja znajdującego się Wewnątrz oraz *uwaga* utrzymywana w skupieniu na prawdzie, zdrowiu, wolności, pokoju, spełnieniu, czy jakiejkolwiek innej rzeczy, której mógłbyś zapragnąć do prawego użytku, wytrwale utrzymywana w twojej świadomości, myśli i uczuciu, przyniesie je do twego użytku i świata, co jest tak pewne, jak pewnym jest istnienie Wielkiego Prawa Magnetycznego Przyciągania we Wszechświecie.

Wiecznym Prawem Życia jest: »To, o czym myślisz i co czujesz kształtuje formę. Tam gdzie myśl twoja, tam i ty, albowiem jesteś swoją świadomością. To nad czym medytujesz, tym się stajesz.«

Jeżeli ktoś pozwala swojemu umysłowi trwać w myślach o nienawiści, potępieniu, żądzy, zawiści, zazdrości, krytycyzmie, lęku, wątpliwości czy podejrzeniu i pozwala temu uczuciu irytacji tworzyć we własnym wnętrzu, ten z całą pewnością będzie doświadczał niezgody, upadku i katastrof w swoim umyśle, ciele i świecie. Tak długo jak obstaje on przy przyzwalaniu na to, aby jego uwaga była zajęta takimi myślami – bez znaczenia, czy dotyczy to nacji, osób, miejsc, warunków czy rzeczy –absorbuje on owe rzeczy do substancji swojego umysłu, swojego ciała i swoich spraw. W rzeczy samej przyciąga je on – wmusza – do swojego doświadczenia.

Wszelkie działalności owego dysonansu dosięgają człowieka i jego świata poprzez myśl i uczucie. Uczucie często rozbłyska, zanim zdajemy sobie sprawę z myśli w *zewnętrznej* świadomości, której moglibyśmy użyć, aby je kontrolować. Ten rodzaj doświadczenia powinien nauczyć nas, jak wielka energia znajduje się we wielu naszych kreacjach i że uległa ona akumulacji poprzez nawyk.

Działalność uczuciowa Życia jest punktem ludzkiej świadomości, do którego podchodzi się najbardziej nieopatrznie. Jest to kumulująca się energia, poprzez którą myśli zostają wyniesione do poziomu substancji atomowej i w taki oto sposób stają się rzeczami. Powiadam ci, potrzeba rozwagi w uczuciach musi być jak najwyraźniej i jak najczęściej podkreślana; albowiem kontrola emocji odgrywa najważniejszą rolę we wszystkim w Życiu, co tyczy się utrzymywania równowagi w umyśle, zdrowiu i ciele, w sukcesach i osiągnięciach w sprawach i świecie osobowego ja każdego człowieka. Myśli nigdy nie stają się rzeczami, dopóki nie zostaną ubrane w uczucie.

Duch Święty jest uczuciową stroną Życia–Boga–Aktywności Świętej Miłości, czy też Matki Wyrazu Boskości. Oto dlaczego o grzechu przeciwko Duchowi Świętemu mówi się jako o tym, który przynosi tak wiele cierpienia – ponieważ wszelki dysonans w uczuciach łamie Prawo Miłości, które jest Prawem Równowagi, Harmonii i Doskonałości.

Największą zbrodnią Wszechświata przeciwko Prawu Miłości jest nieustanne emitowanie przez ludzkość wszelkiego rodzaju irytującego i destruktywnego uczucia.

Pewnego dnia ludzka rasa dojdzie do świadomości i rozpoznania, że złowrogie, destrukcyjne siły manifestujące się na naszej Ziemi i w jej atmosferze – wygenerowane, zwróć uwagę, przez ludzką myśl i uczucie – tylko dlatego miały dostęp do spraw jednostek i nacji, gdyż brak jest kontroli emocji w codziennym osobistym doświadczeniu każdego człowieka. Nawet destrukcyjne myśli nie mogą znaleźć wyrazu w formie działań, wydarzeń, czy rzeczy fizycznych, dopóki nie przejdą przez świat uczucia. Albowiem to w tej fazie manifestacji odbywa się akcja łączenia fizycznego atomu z myślokształtem.

Tak jak odgłos nagłej eksplozji jest szokiem dla systemu nerwowego tego, który ją słyszy – wywołując uczucie drżenia w strukturze komórkowej jego ciała – tak błyski rozdrażnionego uczucia wywołują szok, niepokoją i dezorganizują subtelną substancję w strukturze atomowej umysłu, ciała i świata osoby, która je wysyła – świadomie bądź nieświadomie, celowo lub nie.

Nieharmonijne emocje są producentem stanu zwanego dezintegracją, starości, utraty pamięci oraz każdego innego upadku w świecie ludzkiego doświadczenia. Efekt wywierany na strukturę ciała jest taki sam jak ten, z jakim mielibyśmy do czynienia przy budynku, na którego zaprawę przytrzymującą cegły oddziaływałyby powtarzające się uderzenia, które z każdym dniem by się nasilały. Te nieustanne uderzenia rozbiłyby cząsteczki tworzące zaprawę; budynek zawaliłby się tworząc bezładną masę, forma przestałaby istnieć. Oto co ludzkość *nieustannie* czyni atomowej strukturze ludzkiego ciała.

Nadanie wyrazu nieharmonijnym myślom i uczuciom wewnątrz siebie jest torem najmniejszego oporu i nawykowego działania nierozwiniętej, niezdyscyplinowanej i samowolnej jednostki, która odmawia rozumienia Prawa swojej własnej Istoty i oddania swego osobowego ja – które jest niczym innym jak instrumentem wyrazu – w posłuszeństwo Temu Prawu.

Ten, który nie może lub nie kontroluje swoich myśli i emocji znajduje się na niedobrej drodze; albowiem każde drzwi jego świadomości są szeroko otwarte dla dezintegrujących działań wyrzucanych przez umysły i emocje innych osobowości. Nie potrzeba ani siły, ani mądrości, ani wprawy, aby pozwolić na wtargnięcie nieżyczliwych, destrukcyjnych impulsów. A ci z dorosłych ludzi, którzy tak robią, są zaledwie dziećmi w rozwoju własnej samokontroli.

To katastrofa w Życiu ludzkości, że tak niewiele kontroli emocji ludzie uczą się od kołyski do grobu. *Uwaga* zwrócona na ten konkretny punkt jest dziś największą potrzebą Zachodniego Świata. Łatwo jest otworzyć drogę nieharmonijnym myślom, emocjom i działaniom, ponieważ ludzkość masowo zanurzona jest w otoczeniu i związkach utworzonych wyłącznie przez nią samą.

Indywiduum poprzez kontrolę swej zewnętrznej świadomości musi dokonać wysiłku wyniesienia się ponad ten stan, używając wolnej woli w celu transcendencji tych ograniczeń *na stałe*. Nikt nie może mieć nadziei na uwolnienie swojego życia i świata od nieszczęść, niezgody i destrukcji, dopóki nie ujarzmi własnych myśli i emocji. W taki oto sposób jednostka nie pozwala na to, aby Życie płynące przez jej umysł i ciało zostało uwarunkowane dysharmonią pochodzącą z każdego drobnego, niepokojącego wydarzenia zaistniałego w jej świecie.

Początkowo taka dyscyplina wymaga zdeterminowanego, nieustającego wysiłku. Albowiem myśli i emocje dziewięćdziesięciu pięciu procent ludzkości biegną tak niekontrolowane i wolno, jak mały pies włóczęga.

Jednakże, bez znaczenia jak wiele wysiłku wymagane jest, aby kontrolować te dwie siły, to jest to warte każdej ilości czasu, energii i starań, i nie może nastąpić bez tego żadne *prawdziwe, trwałe władztwo* w Życiu i świecie człowieka. Będzie to dla mnie przyjemnością i zaszczytem uczyć cię używania tych Wyższych Praw. Ich zastosowanie i użytek umożliwi ci dostęp do Prawdziwej Mądrości i przyniesie Wszechdoskonałość.

Pierwszym krokiem na drodze do kontrolowania siebie samego jest uciszenie *wszelkiej zewnętrznej działalności* zarówno własnego umysłu, jaki i ciała. Piętnaście do trzydziestu minut w nocy, przed spoczynkiem oraz nad ranem, przed rozpoczęciem dziennej pracy, stosowania następującego ćwiczenia zdziała cuda dla każdego, kto podejmie konieczny wysiłek.

Powinieneś upewnić się, że nikt ci w tym ćwiczeniu nie przeszkodzi, a gdy staniesz się bardzo wyciszony, wyobrażaj sobie i *czuj* swoje ciało otoczone Olśniewającym Białym Światłem. Podczas pierwszych pięciu minut utrzymywania tego obrazu rozpoznaj i *poczuj intensywnie* połączenie pomiędzy swoim zewnętrznym ja a twoim Potężnym Bogiem Wewnątrz ciebie, koncentrując swoją uwagę na centrum serca i wizualizując je jako Złote Słońce.

Następnie powiedz sobie: »W tej chwili radośnie akceptuję pełnię Wielkiej Obecności Boga – Czystego Chrystusa.« Poczuj *wielki blask* Światła i *intensyfikuj* Je w każdej komórce swojego ciała przez co najmniej dziesięć minut.

Wtedy zakończ medytację rozkazem: ***JAM JEST Dzieckiem Światła – Kocham Światło – Światłu Służę – Żyję w Świetle – JAM JEST ochroniony, oświecony, spełniony, utrzymywany przez Światło i Światło błogosławię.***

Zawsze pamiętaj: »Stajesz się *tym,* nad czym medytujesz«, a jako że wszelkie rzeczy wyszły ze Światła, Światło jest Najwyższą Doskonałością i Władzą nad wszystkimi rzeczami.

Kontemplacja i *adoracja* Światła wymusza *oświecenie*, aby zaszło ono w umyśle – zdrowie, siłę i porządek, aby weszły do ciała – oraz pokój, harmonię i sukces, aby zamanifestowały się w sprawach każdego człowieka, który to rzeczywiście wykona i będzie usiłował to utrzymać.

Przez wszystkie stulecia wszystkich minionych er, w każdych warunkach uczeni byliśmy i jesteśmy przez tych, którzy przejawili większe osiągnięcia Życia wiedząc, że Światło jest Nadrzędne,że Światło istnieje wszędzie oraz że w Świetle istnieją wszelkie rzeczy.

Prawda ta jest dziś tak samo prawdziwa jak milion lat temu. Od zamierzchłych czasów, gdy tylko pojawiła się jakakolwiek notatka o ludzkości, mądrzy i wielcy wszystkich epok portretowani byli z promieniowaniem Światła, które emanowało z ich głów i ciał.

Światło to jest realne – tak samo realne jak światła elektryczne w waszych domach. Niezbyt odległy jest dzień, w którym zostaną skonstruowane maszyny, które ukażą fizycznemu wzrokowi emanację Światła pochodzącą od człowieka każdemu, kto zechce ją obserwować. Maszyna taka będzie również ukazywała zanieczyszczenie czy przebarwienie, które ukazywać się będzie w formie chmury wokół Światła Boga, którą osobowe ja generuje na drodze nieharmonijnych myśli i emocji. To, i tylko to jest przyczyną, dla której energia Wielkiego Strumienia Życia zostaje sprzeniewierzona i niewłaściwie uwarunkowana.

Jeżeli będziesz wiernie wykonywał to ćwiczenie i poczujesz je w każdym atomie twojego umysłu i ciała z głęboką, głęboką *intensywnością*, otrzymasz obfity dowód Ogromnego Działania, Mocy i Doskonałości, która mieszka i jest wiecznie aktywna wewnątrz Światła. Jeżeli doświadczysz tego nawet przez krótki okres czasu, nie będziesz potrzebował żadnego dalszego dowodu. „Światło jest „Królestwem”. Wejdź w Nie i BĄDŹ – w Pokoju. Wróć do Domu Ojca.

Przy wykonywaniu tego ćwiczenia przez pierwszych dziesięć dni dobrze jest powtarzać je trzy razy dziennie – rano, w południe i w nocy. Często słyszymy zarzut: „Och! Nie mogę poświęcić na to tak wiele czasu”. Każdemu, kto podziela tę opinię chcę po prostu powiedzieć, co następuje:

»Jeżeli czas jaki człowiek poświęca średnio na krytykowanie, potępianie i osądzanie ludzi i warunków o to, że nie są czymś innym niż są, zostałby wykorzystany na uznawanie i używanie Światła, sprawiłoby to, że Niebo zamanifestowałoby się na Ziemi każdemu indywiduum, które ośmieliłoby się spróbować i miało wystarczająco determinacji, aby je utrzymać. Niemożliwe nie istnieje. Światło nigdy nie ponosi porażki!«

Światło jest Sposobem Boga na kreowanie i utrzymywanie Porządku, Pokoju i Doskonałości pośród całej Jego Kreacji. Każdy człowiek na świecie może mieć wszelki czas, jaki tylko chce, w którym może to wykonać, o ile jego *pragnienie* wykonania tego jest wystarczająco silne. *Intensywność* samego pragnienia przestawi świat ludzi, okoliczności i rzeczy tak, aby dostarczyć owy czas – o ile indywiduum *szczerze* życzy sobie użyć go do swojej wspinaczki w górę. Żadna osoba nie jest wykluczona spod tego Prawa; albowiem intensywne pragnienie czynienia czegokolwiek konstruktywnego, o ile stanie się *wystarczająco intensywne*, jest Mocą Boga, która uwalnia energię konieczną do tworzenia i wyrażania upragnionej rzeczy.

Każdy ma ten sam najwyższy przywilej kontaktu z Wszechmocną Obecnością Boga i jest to Moc Jedności, która kiedykolwiek wznosiła, wznosi, czy będzie wznosić osobowe ja i jego świat ponad ziemski dysonans i ograniczenie.

Mój Ukochany Synu, próbuj tego z wielką determinacją i wiedz, że *Bóg w Tobie jest Twoim Pewnym Zwycięstwem.*"

Gdy skończyła się jego rozprawa, zacząłem uświadamiać sobie, że musi być on jednym z Wniebowstąpionych Mistrzów, gdyż dał mi nie tylko dowód swojego Władztwa nad żywiołami poprzez precypitację, ale również przekazał mi te instrukcje i wyjaśnienia. Siedziałem zastanawiając się, jak to możliwe, że mnie znał.

Synu mój – powiedział, odpowiadając natychmiast na moją myśl – „Znałem cię od eonów. Poprzez podnoszenie swojej myśli – dzięki twojemu własnemu wysiłkowi – stało się teraz możliwe moje przyjście do ciebie. Chociaż zawsze byłem w kontakcie z tobą, gdy oboje znajdowaliśmy się w naszych subtelnych ciałach, to twój świadomy wysiłek dotarcia do któregoś ze Wzniesionych Mistrzów otworzył mi drogę dostąpienia do ciebie w bardziej namacalny sposób. To znaczy namacalny dla twoich fizycznych zmysłów.

Widzę, że nie całkiem rozpoznajesz mnie w swojej zewnętrznej świadomości. Byłem obecny przy twoich narodzinach, śmierci twojej matki i odgrywałem znaczącą rolę w połączeniu ciebie i Lotus w odpowiednim czasie, tak aby osiągnięcia twoje nie cierpiały zwłoki. Potem zaś pomagałem w utworzeniu związku pomiędzy tobą i twoim synem w tej inkarnacji.

Jednakże bądź cierpliwy: Posiedź w spokoju kilka chwil, obserwuj mnie uważnie, a ja wyjawię ci moją tożsamość." Zrobiłem o co poprosił i po około minucie zobaczyłem jego twarz, ciało i ubranie stające się żyjącą, oddychającą, namacalną „Obecnością" Mistrza Saint Germaina, uśmiechającego się na widok mojego zdumienia i radującego się moim zaskoczeniem.

Stał tak przede mną jako wspaniała, przypominająca Boga postać w białej todze obsadzonej klejnotami, ze Światłem i Miłością błyszczącą w jego oczach, które ujawniały i dowodziły, że osiągnął Władztwo i Majestat.

„Oto" – wyjaśnił – „jest ciało, w którym pracuję sporo czasu, gdy zajęty jestem opieką nad ludzkością – chyba, że praca którą wykonuję w danej chwili wymaga bliższego kontaktu z zewnętrznym światem spraw, a w takim to przypadku sprawiam, że ciało moje przybiera charakterystykę i ubranie przynależne nacji, z jaką pracuję w danej chwili."

„Och!" – wykrzyknąłem – „teraz cię rozpoznaję, gdyż widziałem cię tak ubranego wiele razy na Wewnętrznych pokładach mej świadomości."

„Synu mój" – wyjaśnił – „czyż nie widzisz, czym jest

prawdziwe mistrzostwo? My, znajdujący się w Stanie Wniebowstąpionym, mamy możność kształtowania atomowej struktury naszego świata tak, jak garncarz kształtuje swą glinę. Każdy elektron i atom we wszechświecie posłuszny jest naszemu pragnieniu i rozkazowi z przyczyny Boskiej Mocy, za sprawą której je kształtujemy i co do których *wysłużyliśmy sobie prawo* bycia ich Zarządzcami.

Ludzkość w stanie nieoświeconym zachwyca się tymi rzeczami, zapewniam cię jednak, że nie jest dla nas większym wysiłkiem zmienić wygląd i działanie naszych ciał, niż dla zwykłej istoty ludzkiej jest zmienić swoje ubranie. Niefortunnym stanem ludzkiej świadomości, który utrzymuje ludzi przy ich samowytworzonych ograniczeniach jest postawa umysłu polegająca na lękaniu się, bądź ośmieszaniu tego, czego on nie rozumie, lub, co jest jeszcze gorsze, powiadania w ignorancji: »To nie jest możliwe«. Dana rzecz może nie być możliwa przy pewnych ludzkich uwarunkowaniach, lecz Boskie Ja, które jest Wielkim Światłem może zmienić wszelkie ludzkie okoliczności, a zatem nie ma nic niemożliwego.

Każdy człowiek posiada Święty Płomień Życia wewnątrz siebie i to jego Boskie Ja ma Władztwo, gdziekolwiek by nie był we wszechświecie. Jeżeli, kierowany własną mentalną bezwładnością, nie zastosuje on koniecznego wysiłku, aby zreorganizować swoje zamierzchłe nawyki umysłu i ciała, będzie zakuty w łańcuchy swojego własnego fałszerstwa. Jeśli jednakże wybierze świadomość Boga Wewnątrz siebie samego i *ośmieli* się dać temu Boskiemu Ja pełną władzę nad swoimi zewnętrznymi działaniami, na nowo otrzyma wiedzę swojego Władztwa nad wszelką substancją, które to było jego udziałem od samego początku.

Nadszedł czas, kiedy to wielu spośród ludzi wartko budzi się i w jakiś sposób trzeba uświadomić im, że żyli ciągle i ciągle w trakcie setek, a czasami tysięcy żyć, za każdym razem w nowym ciele fizycznym.

Prawo ponownych wcieleń jest częścią ludzkiego rozwoju, które stwarza indywiduum sposobność przywrócenia równowagi okolicznościom, które ono *świadomie* wytworzyło, a którego efektem było wybicie z równowagi. To tylko jedno z działań Prawa kompensacji – przyczyny i skutku – lub, co można by nazwać procesem automatycznego przywracania równowagi, Prawa które zarządza wszelkimi siłami we wszechświecie. Prawidłowe zrozumienie tego Prawa daje człowiekowi wyjaśnienie wielu okoliczności jego doświadczenia, które inaczej wydają się być całkowicie niesprawiedliwe. Jest to jedyne logiczne wyjaśnienie nieskończonej złożoności i doświadczeń ludzkiej kreacji, oraz wyjawienie działania Prawa, na którym opiera się wszelkie przejawienie. Powoduje ono u danej osoby zrozumienie, że nie istnieje taka rzecz, jak *traf* czy *przypadek*. Wszystko znajduje się pod bezpośrednim, ścisłym działaniem Doskonałego Prawa. Każde doświadczenie świadomości ma swą wcześniejszą przyczynę, a wszystko dziejące się w tej samej chwili jest przyczyną późniejszych efektów.

Jeżeli mężczyzna zranił kobietę w jakimś życiu, może być pewnym, że zostanie inkarnowany w kobiecej postaci i przejdzie przez podobne doświadczenie, aż uświadomi sobie i doświadczy tego, co spowodował i co przez niego musieli znosić inni. Ta sama rzecz ma zastosowanie, jeżeli kobieta była niesprawiedliwa lub skrzywdziła mężczyznę. Jest to jedyny sposób na to, aby człowiekowi zostało nakazane, czy raczej aby nakazał on sam sobie, doświadczyć zarówno przyczyny, jak i efektu wszystkiego, co generuje on w świecie. Każde indywiduum może kreować i doświadczać czego tylko zapragnie w swoim własnym świecie; gdy jednakże wybierze czynienie czegoś, co powoduje doświadczanie dysharmonii przez innych, wtedy będzie musiał zmusić sam siebie, aby przejść przez podobne okoliczności dopóki nie zrozumie, jaki skutek wywarła jego własna kreacja na resztę Życia we wszechświecie.

Pójdź ze mną i pozwól zrewidować swoje fizyczne życie, w którym używałeś żeńskiej postaci we Francji, gdzie byłeś śpiewaczką ze wspaniałymi osiągnięciami i głosem rzadkiej piękności i siły."

W tej samej chwili, bez najmniejszego wysiłku z mojej strony, stanąłem na zewnątrz swego fizycznego ciała, widząc jasno jak spoczęło ono na ziemi. Zastanawiałem się, czy będzie ono bezpieczne tam, na górskim zboczu, a w odpowiedzi na moją myśl Saint Germain odparł:

„Nie bądź zaniepokojony. Żadna rzecz na świecie nie jest w stanie skrzywdzić twego ciała podczas naszej nieobecności. Obserwuj!"

W tej samej chwili zobaczyłem, jak otoczył je Biały Płomień tworząc okrąg o średnicy około 15 metrów.

Otoczył mnie swoim prawym ramieniem i zobaczyłem jak gwałtownie wznosimy się ponad teren, lecz wkrótce dostosowałem się do działań jego wibracji. Nie miałem wyraźnego odczucia poruszania się w przestrzeni, lecz już wkrótce patrzyliśmy w dół na wioskę w południowej Francji, a on kontynuował:

Tutaj urodziłeś się jako jedyna córka pięknej kobiety, której życie było przykładem idealizmu, daleko wyprzedającym życie większości ludzi tamtego okresu. Ojciec twój był wielce oddanym mężem i towarzyszem, wysoce wykształconym i zainspirowanym przez wczesnego ducha chrześcijaństwa.

Eter atmosferyczny każdego otoczenia zapisuje wszystko, co kiedykolwiek wydarzyło się w tym rejonie. Przywrócę do życia te Eteryczne Zapisy, a ty zobaczysz żywe obrazy przekazujące ci każdy detal twojego życia.

Śpiewałeś w kościele tej wioski i studiowałeś z nauczycielką, która przekonała twoich rodziców, aby pozwolili jej uczyć ciebie. Robiłeś szybkie postępy, a potem otrzymywałeś coraz większe korzyści, gdy przeprowadziliście się do Paryża. Po roku intensywnych studiów pojawiła się okazja zaśpiewania przed królową Francji, a dzięki jej patronatowi miałeś wystąpienia we wielu z jej salonów. To zapewniło ci pełną sukcesów karierę muzyczną. Francja i sukces szczodrze obsypywały cię swymi prezentami przez następne pięć lat, przez co zebrałeś spore bogactwo.

Nagle oboje twoich rodziców przeszło przez zmianę zwaną śmiercią. Szok, który odniosłeś był wielki, a po nim nadeszła poważna choroba trwająca wiele tygodni. Gdy wyzdrowiałeś i powróciłeś na nowo do pracy koncertowej, nowa współczująca cecha pojawiła się w twym głosie, która pochodziła z niedawnego doświadczenia żałoby.

Człowiek, który prowadził cię przez większość twoich muzycznych studiów został dyrektorem twojej publicznej pracy, a ty zdałeś się na niego jako na osobę godną zaufania. Potem nadeszło czternaście lat wybitnych sukcesów, na koniec których nagle zachorowałeś i po tygodniu zmarłeś. Twoje klejnoty i majątek pozostały pod opieką dyrektora i miały zostać przeznaczone na pomoc innym oraz spełnienie pewnych planów, nad którymi pracowałeś całe życie. Nie zakończył się jeszcze rytuał pochówku, gdy w tym człowieku zaszła całkowita zmiana. Chciwość zawładnęła nim całkowicie. Teraz pokażę ci owego człowieka, którego spotkałeś kilka lat temu w Ameryce w trakcie twojego teraźniejszego życia. To wydarzenie w biznesie, jestem całkiem pewien, przypominasz sobie dokładnie."

W tym miejscu przypomniał mi sprawę, w której starałem się pomóc kilku osobom podczas mojego pobytu na Zachodzie około dziesięciu lat temu, w którą zaangażowany był przedstawiciel rządu belgijskiego.

„Temu człowiekowi" – kontynuował – została tutaj zaoferowana szansa naprawienia zła, którego dopuścił się we Francji. Zostały mu pokazane okoliczności i rozpoznał on sytuację, gdyż ukazaliśmy mu ją. Jednakże nie był jeszcze wystarczająco silny, aby zezwolić na działanie Wielkiego Kosmicznego Prawa Sprawiedliwości i wyrównać ten dług. Gdyby dokonał tego z własnej woli, dałoby mu to wolność we wielu sprawach i pozwoliło na dokonanie dużo szybszych postępów w obecnym wcieleniu.

W taki oto sposób zewnętrzne życie utrzymuje ludzi przykutych do koła potrzeby, ponownych narodzin, ciągłej walki i bólu dopóty, dopóki nie *pozwolą oni* Światłu Chrystusa Wewnątrz rozświetlić i oczyścić ich tak, abyśmy mogli zareagować jedynie na Plan Boga – Miłości, Pokoju i Doskonałości Jego Kreacji. Jest to rodzaj nauki, której się nie zapomina, ponieważ obiektywna nauka zapisuje doświadczenie zarówno w *wizji*, jak i w umyśle. Zapis w widzeniu jest głębszy i z konieczności spotyka się z większą uwagą ze strony zewnętrznego działania intelektu."

Istota tego dawno zapomnianego doświadczenia z całą pewnością na stałe zakorzeniła się w mojej pamięci, gdyż jestem w stanie przypomnieć sobie każdy jego szczegół aż do dnia dzisiejszego tak dokładnie, jak wtedy gdy obserwowałem je razem z nim.

„Tymczasem" – kontynuował – „pozwól przypomnieć sobie inne z twoich wcieleń – tym razem z Egiptu".

Podnieśliśmy się z ziemi i szybko ruszyliśmy naprzód. Byłem zupełnie świadom widoku Morza Śródziemnego, gdy przemieszczaliśmy się nad jego pięknymi wodami. Ruszyliśmy w kierunku Karnaku i do Luxoru, po czym ponownie zetknęliśmy się z ziemią.

„Obserwuj dokładnie" – powiedział – „Zapis ten pochodzi ze starożytnej świątyni w Luxorze, która nie jest jedną z tych, której ruiny badają dziś archeologowie, a taką która nie została jeszcze odkryta. Gdyby wiedzieli oni gdzie szukać, odkryliby wspaniałe świątynie zachowane w stanie prawie doskonałym."

Wskazując na miejsce wypełnione ruinami, co jest wszystkim, co dzisiejsi podróżujący są w stanie zobaczyć, sceneria została zamieniona przez działanie eteru na stan, w jakim znajdowała się kiedyś u szczytu piękna i splendoru, dalece bardziej wspaniała, niż pojecie, jakie ma o tym dzisiejsza generacja.

Ogrody i baseny otoczone były przez wielkie kolumny z białego marmuru i różowego granitu. Całe to miejsce stało się żywe, prawdziwe, wibrujące i tak samo namacalne, jak każde fizyczne miasto na ziemi w czasach dzisiejszych. Było to tak doskonale naturalne i zwyczajne, że spytałem, w jaki sposób czyni on te doświadczenia tak żywymi.

„Człowiek i jego kreacje" – odpowiedział – „tak samo jak Natura posiadają swój eteryczny odpowiednik – wzorzec – który wywiera wieczny odcisk na sferze, która go otacza, gdziekolwiek by nie poszedł. Wzorzec działalności człowieka i doświadczenie życia zawsze zawarte są wewnątrz jego aury. Podobny zapis istnieje w aurze każdego rejonu. Wzniesiony Mistrz może, jeżeli tak wybierze, wskrzesić do życia, czy przyodziać zapis wcześniejszej aktywności indywiduum, bez znaczenia, gdzie takowy człowiek się znajduje. Albowiem wzorzec atomowej struktury z jaką łączy się Mistrz zawsze znajduje się w aurze tego człowieka. Gdy Mistrz przyodziewa zapis danej miejscowości, musi dokonać tego w tym samym konkretnym miejscu. Zapis ten, gdy przywdziany, staje się taką samą żywą formą i strukturą, jaka istniała, gdy została ona pierwszy raz utworzona w fizycznej substancji.

W taki sposób możliwym jest ponownie łączyć się z fizyczną strukturą całych budynków i ich okolic – o ile Wniebowstąpiony Mistrz zapragnie tego dla osiągnięcia jakiegoś zacnego celu. Gdy osiągnie się takie przez Boga dane Władztwo, można ponownie przywdziewać i reanimować wszelkie Eteryczne Zapisy wedle pragnienia w celu uczynienia ich widocznymi dla dobra nauki i studentów oraz innych ludzi.

Gdy to uczyni, *to będzie to tak samo realne jak rzeczywistość,* a unaocznione obiekty będą mogły być fotografowane, przekładane i fizycznie namacalne dla zmysłów osoby je obserwującej."

„Zauważ!" – wyjaśnił mi – „doświadczasz tej aktywności w twoim subtelnym ciele, jednakże nie jest ona ze względu na to mniej realna. Albowiem twoje fizyczne ciało jest jedynie przywdzianiem, które ty, Samoświadoma, myśląca i doświadczająca istota, nosisz.

To tak samo jak gdybyś nosił ciężki płaszcz zimową porą, a lekki ubiór ciepłego słonecznego dnia. Doświadczenia zebrane w lekkim ubraniu zapewne nie byłyby mniej *realne* od tych przeżytych w ciężkim płaszczu. Zwracam na to twoją uwagę, abyś mógł zrozumieć pełniejszą i mniej ograniczoną aktywność Życia". Badaliśmy teren, otaczający go rejon i architekturę.

„Chodź, wejdźmy tu" – powiedział i w tej samej chwili postąpił naprzód, wchodząc przez główne wejście do świątyni. Staliśmy się wówczas żywymi *aktorami*, a jednocześnie *obserwatorami* następującego doświadczenia. Przeszliśmy przez główną część świątyni i ruszyliśmy w kierunku Wewnętrznego Sanktuarium. Wielki Kapłan postąpił bezpośrednio w naszym kierunku i wyglądało na to, że mnie znał.

„Kapłan ten ze starożytnych czasów” – wyjaśnił Saint Germain – „jest teraz twoim synem”. Pojawił się niższy w hierarchii kapłan i natychmiast poczułem, że go znam, a Saint Germain dodał: „Asystującym kapłanem byłeś właśnie ty”.

Wstąpiliśmy do Wewnętrznego Sanktuarium i zobaczyłem dziewicę westalkę, opiekunkę Świętego Ognia. Ta, na którą spoglądałem to była Lotus, mój ukochany Bliźniaczy Promień, którą poznałem i z którą ożeniłem się kilka lat temu i która była matką naszego syna.

Scena uległa zmianie i zobaczyliśmy odwiedziny księcia z dalekiej prowincji, zamierzającego uczynić dziewicę westalkę swoją narzeczoną. Wszystko wydawało się postępować w jak najlepszym porządku, dopóki Wielkiemu Kapłanowi nie została pokazana wizja tego, co miało się wydarzyć. Był nią poruszony, nie wyjawiał jednak swoich zamiarów. Stojąc na baczność, obserwował wchodzących niewolników księcia i podchodzących do Sanktuarium. Gdy się zbliżyli, wystąpił naprzód i wypowiedział tylko jedno słowo:

„Stop!”.

Jeden z niewolników, śmielszy od innych, postępował nadal naprzód. Wielki Kapłan ostrzegł go by zawrócił, ten jednak podchodził coraz bliżej. Gdy osiągnął pewien Święty Krąg mocy emanującej z Ołtarza, kapłan nie zwlekał już dłużej. Dostąpił do zewnętrznego krańca tego Ochronnego Promieniowania, podniósł prawą rękę i skierował ją bezpośrednio na niewolnika.

Błysk płomienia wystrzelił jak piorun i niewolnik opadł bez życia na posadzkę. Książę, który się temu przyglądał, wystąpił naprzód w szalonej wściekłości.

„Stop!" – rozkazał ponownie kapłan głosem przypominającym grzmot pioruna. Książę zawahał się na moment oszołomiony siłą słowa, a kapłan powiedział:

„Słuchaj mnie! *Nie* będziesz bezcześcił największego z Boskich Podarunków dla Świątyni Życia. Precz, zanim podążysz za przykładem swojego zbyt bezczelnego i mylnie pokierowanego niewolnika !".

Wielki Kapłan był w pełni świadomy władzy, jaką dzierżył, i gdy stał tak obserwując księcia, był ucieleśnieniem samokontroli – nieskończonej mocy świadomie utrzymywanej w posłuszeństwie jego woli. Był Majestatem – ukoronowanym Wieczną Mocą.

Wola księcia również była silna, lecz nie miał on kontroli nad samym sobą. Gdy zalała go następna fala ślepej wściekłości, znów przeszedł do opozycji i dając pełen upust żądzy pospieszył naprzód.

Kapłan z szybkością błysku podniósł dłoń. Płomień wystrzelił ponownie i książę podążył za losem swojego niewolnika.

Saint Germain odwrócił się do mnie i wyjaśnił mi to doświadczenie jeszcze dokładniej.

„Jak widzisz" – zaczął – „w taki oto sposób właściwość znajdująca się w wewnątrz każdej siły *reaguje* na tego, który ją wysyła. Książę i jego niewolnik przybyli z właściwością nienawiści, egoizmu i zepsucia, leżącymi u źródła ich emocji, a kiedy kapłan skierował siłę, której był mistrzem w ich kierunku, nabrała ona ich właściwości w chwili, gdy zetknęła się z ich aurą. On jedynie skierował ich własne uczucia i samolubstwo na powrót w ich kierunku. Kapłan w swej bezinteresownej dbałości o to, aby chronić innych sam również był chroniony."

Wydarzenie to zostało zamknięte, scena egipskich wspaniałości zniknęła i ponownie staliśmy wśród ruin świątyni. Saint Germain mówił mi jeszcze więcej, czego nie mogłem tutaj spisać.

„Istnieje tylko jeden sposób" – kontynuował – „aby uniknąć kosmicznego koła przyczyny i skutku – konieczności ponownych wcieleń – i dokonuje się tego poprzez świadomy wysiłek zrozumienia Prawa Życia. Trzeba szczerze poszukiwać Boga Wewnątrz siebie, nawiązywać ciągły, świadomy kontakt ze swoim Wewnętrznym Ja i trzymać się go usilnie w obliczu *wszelkich okoliczności* zewnętrznego życia.

Będzie dla mnie przyjemnością i zaszczytem pokazać ci więcej, przyniesie to jednak tobie i innym korzyść jedynie wtedy, gdy będzie potraktowane jako pouczenie. Chodź! Musimy już wracać". Gdy zbliżyliśmy się do mego ciała, pouczył mnie ponownie:

„Zobacz, jak znika okrąg Białego Płomienia!" Spojrzałem, rzeczywiście zniknął. W chwilę później znajdowałem się na powrót w swoim ciele. Słońce zachodziło, więc pomyślałem, że będzie około północy, gdy dotrzemy do domu.

„Połóż rękę na moim ramieniu" – powiedział Saint Germain – „i zamknij oczy." Czułem jak moje ciało unosi się z podłoża, nie byłem jednak szczególnie świadomy jego ruchu naprzód. W końcu moja stopa dotknęła podłogi, otworzyłem oczy i zobaczyłem, że stoimy w hotelowej loży. Saint Germain był wielce rozbawiony, gdy spytałem jak to możliwe, że powróciliśmy w taki sposób nie przyciągając uwagi ludzi wokół i odpowiedział:

„Wiele razy otaczamy nasze ciała peleryną niewidzialności, gdy poruszamy się wśród tych, znajdujących się w formie fizycznej," a w następnej sekundzie nie było już po nim śladu.

Słyszałem wcześniej o Wielkich Wzniesionych Mistrzach, którzy byli w stanie zabierać swoje ciała wszędzie tam, gdzie się udawali oraz materializować, czy czynić widzialnym wszystko, czego zapragnęli do swego użytku bezpośrednio z Wszechświata. Jednakże doświadczanie bezpośredniego kontaktu z jednym z nich to już całkiem inna sprawa, starałem się zatem uświadomić sobie w pełni cud mojego doświadczenia. Dla Saint Germaina było to ewidentnie jak najbardziej powszechne wydarzenie.

Usiadłem w cichej kontemplacji na długi czas, odczuwając wielką, wielką wdzięczność i próbując pojąć i w pełni uświadomić sobie jego wyjaśnienia Prawa odnoszącego się do pragnienia. Podkreślał jego wagę i działanie jako siły napędowej we wszechświecie popychającej do przodu nowe idee i nakazującej rozszerzanie świadomości, odbywające się w Życiu każdego człowieka. Wyjaśniłby to tymi słowy:

„Konstruktywne pragnienie jest rozszerzającą się aktywnością Życia, gdyż tylko w ten sposób coraz to większe idee, działalności i osiągnięcia przepychane są do stanu ekspresji w zewnętrznym świecie substancji i formy. W każdym *Prawym Pragnieniu* leży siła jego realizacji. Człowiek jest Synem Boga. Ojciec nakazuje mu dokonywanie wyboru co do tego, jak ma kierować energią Życia i jakich właściwości życzy sobie, aby wyrażały one jego spełnione pragnienie. *Musi* tego dokonać, gdyż wolna wola jest prawem jego pierworództwa.

Funkcją zewnętrznej aktywności intelektu jest kierowanie *wszelkiej* ekspansji do konstruktywnych kanałów. Jest to celem i obowiązkiem zewnętrznego ja. Pozwalanie na to, aby Wielkie Życie, czy Energia Boga była używana wyłącznie w celu zaspokajania pragnień zmysłów – co jest nawykiem większej masy ludzkości – prowadzi do użytku destruktywnego, którego następstwem zawsze, *bez żadnego wyjątku*, jest brak harmonii, słabość, upadek i destrukcja.

Konstruktywne użycie pragnienia polega na świadomym kierowaniu nieograniczoną Energią Boga za pomocą Mądrości. Wszelkie pragnienie kierowane przez Mądrość nosi w sobie jakiś rodzaj błogosławieństwa dla reszty stworzenia. Wszelkie pragnienie prowadzone przez Boga Wewnątrz wypływa w uczuciu Miłości i zawsze błogosławi".

Następne kilka dni spędziłem na sporządzaniu tych właśnie zapisków moich doświadczeń. Wtedy pewnego poranka po przebudzeniu się znalazłem złotą kartę leżącą na stoliku w pobliżu mojej kanapy. Wyglądała na kawałek metalizującego złota, a napisane na niej było pięknym cieniowanym pismem ślicznego fioletowego koloru tylko jedno krótkie zdanie:

„Bądź w miejscu naszego spotkania na górze o siódmej rano." Podpisano: „Saint Germain".

Ostrożnie odłożyłem kartę i ledwo byłem w stanie czekać przez pozostający mi czas, tak wielkie było moje oczekiwanie. Wcześnie rano podczas przygotowywania lunchu otrzymałem wyraźny impuls, aby nie zabierać czegokolwiek ze sobą. Posłuchałem go i zdecydowałem *zaufać*, że moje potrzeby zostaną spełnione bezpośrednio z Wszechświata.

Lekki na sercu byłem już wkrótce w drodze, z postanowieniem, aby nie utracić żadnej okazji do zadawania pytań, o ile otrzymałbym na to pozwolenie. Gdy zbliżałem się do umówionego miejsca, moje ciało stawało się coraz lżejsze, a w momencie gdy byłem w odległości kilkuset metrów, moje stopy ledwo co dotykały ziemi. Nie było nikogo w zasięgu wzroku, usiadłem zatem na kawałku kłody, czekając na Saint Germaina i nie odczuwając żadnego zmęczenia, pomimo że trasa mojej wędrówki wyniosła około piętnastu kilometrów.

Gdy kontemplowałem nad tym wspaniałym zaszczytem i błogosławieństwem, które mnie spotkało, usłyszałem trzaśniecie gałązki i odwróciłem się w nadziei ujrzenia go. Wyobraź sobie moje zaskoczenie, gdy w odległości około piętnastu metrów dostrzegłem powoli zbliżającą się panterę. Zdawało mi się, że wszystkie włosy stanęły mi dęba. Chciałem uciekać, krzyczeć – zrobić cokolwiek – tak szalone było we mnie uczucie lęku. Nie było sensu się ruszać, gdyż pantera mogłaby mnie dopaść jednym skokiem.

Cały mój umysł wirował, tak wielki był mój lęk, jednakże jedna myśl wyraźnie przychodziła do mnie i stale przykuwała moją uwagę. Uświadomiłem sobie, że mam we własnym wnętrzu Wielką „Obecność Boga", oraz że ta

„Obecność" jest wszelką Miłością. To piękne zwierze też było częścią Życia Boga i odważyłem się spojrzeć mu prosto w oczy. Potem przyszła do mnie myśl, że jedna część Boga nie mogłaby skrzywdzić innej części. Moja świadomość skupiła się jedynie na tym fakcie.

Owładnęło mną uczucie Miłości i wyszedł ze mnie Promień Światła bezpośrednio do pantery, a wraz z nim odszedł mój lęk. Ustał jej skradający się krok, a ja powoli ruszyłem w jej kierunku czując, że Boska Miłość wypełnia nas oboje. Dzikie spojrzenie w jej oczach złagodniało; zwierze wyprostowało się i powoli podeszło do mnie pocierając swym ramieniem o moją nogę. Wyciągnąłem rękę i pogłaskałem miękką głowę. Przez chwilę patrzyła mi w oczy, po czym położyła się i przekręciła na plecy jak bawiące się kociątko. Miała piękną, ciemną, czerwono-brązową sierść, a ciało długie, giętkie i o wielkiej sile. Bawiłem się z nią, a gdy nagle podniosłem wzrok, ujrzałem Saint Germaina stojącego obok mnie.

„Mój synu" – powiedział – „widziałem wielką siłę w twym wnętrzu, inaczej nie pozwoliłbym na tak wielką próbę. Pokonałeś *lęk.* Gratulacje! Gdybyś nie pokonał swego zewnętrznego ja, nie pozwoliłbym panterze, aby cię skrzywdziła, ale nasz związek ustałby na pewną chwilę."

Nie za moją sprawą znalazła się tutaj ta pantera. Była to część Wewnętrznego działania Wielkiego Prawa, które zrozumiesz zanim rozstaniesz się z twoim nowo poznanym przyjacielem. Teraz, gdy przeszedłeś test odwagi, jest dla mnie możliwe wspomóc cię jeszcze bardziej. Każdego dnia będziesz czuł się silniejszy, szczęśliwszy i wyrażał coraz większą wolność.

Wyciągnął rękę, a po chwili ukazały się na niej cztery małe ciasteczka pięknego złoto-brązowego koloru, każde rozmiarów około pięciu centymetrów. Poczęstował mnie nimi i zjadłem je za jego namową. Były wyjątkowo wyśmienite. Natychmiast odniosłem wrażenie ożywiającego mrowienia w całym ciele – poczucie nieznanego dotąd zdrowia i jasności umysłu. Saint Germain usadowił się obok mnie i rozpoczęło się jego pouczenie.

3. *Pustynia Sahara*

„Zamiast opuszczania ciała, jak to miało miejsce podczas twoich ostatnich przygód, użyjemy dzisiaj Projektowanej Świadomości,” powiedział i położył kciuk swojej prawej ręki pomiędzy moimi oczyma, a resztę palców na mej głowie. Uczucie przypominające silny prąd elektryczny przeszyło całe moje ciało. Cofnął rękę i mówił dalej:

Chcę abyś utrwalił w swym umyśle i regularnie przypominał sobie w rozmyślaniach fakt, że Prawa, które ci tłumaczę i nauczam używać mają wprowadzić cię w stan Świadomego Mistrzostwa nad wszystkimi siłami i rzeczami na Ziemi. To oznacza, że niezależnie od tego, czego doświadczasz, masz zawsze, w każdej chwili, pełną, świadomą kontrolę nad swoim umysłem i ciałem i jesteś w stanie *w każdym momencie* użyć swej wolnej woli.

W tym stanie Rzutowanej Świadomości pozostajesz zupełnie świadom i masz w każdej chwili pełną kontrolę nad wszystkimi swoimi mocami. Instrukcje te i ich użycie nie dotyczą w żadnym wypadku stanów transu i hipnozy. Albowiem zarówno w transie, jak i w hipnozie doświadczająca Świadoma Wola człowieka nie funkcjonuje, co jest jak najbardziej niebezpiecznym, katastrofalnym działaniem dla *każdego*, który dopuszcza do tego działania w swoim umyśle i ciele."

Nie ma Świadomego Mistrzostwa czy Władztwa w praktykach transu lub hipnozy i są one *jak najbardziej niszczące* i *niebezpieczne* dla Wzrostu Duszy tej osoby, która zezwala na takie praktyki. Proszę, zrozum dogłębnie, że Świadoma Władza, Mistrzostwo i użytek sił i rzeczy na Ziemi powinny zawsze znajdować się pod przewodnictwem twojego Wewnętrznego czy Boskiego Ja w akcie doskonałej kooperacji i posłuszeństwa *wszystkich* zewnętrznych mocy zarówno umysłu, jak i ciała temu Wewnętrznemu Prowadzeniu.

Nie ma czegoś takiego jak Mistrzostwo bez tego, a ci, znani jako Wniebowstąpieni Mistrzowie, *nigdy*, *przenigdy* nie zakłócają żadnego działania przywileju wolnej woli danemu człowiekowi przez Boga.

Uczniowi może być dane doświadczenie Rzutowania, jeżeli Wniebowstąpiony Mistrz postanowi rozszerzyć chwilowo jego świadomość – w taki sposób, że doświadczy on rzeczy, które dziać się będą o jednym czasie w dwóch lub więcej miejscach. W takim stanie moce ucznia znajdować się będą przez cały czas pod *całkowitą* kontrolą i prowadzeniem jego własnej wolnej woli. Będzie on w pełni świadomy i aktywny, gdziekolwiek nie znajdowałoby się jego ciało, również w miejscu do którego Wzniesiony Mistrz zdecyduje się poprowadzić jego uwagę w celu pouczenia go.

Powodem, dla którego Wniebowstąpiony Mistrz podnosi czasowo świadomość ucznia jest pokazanie mu, w jaki sposób mógłby dokonać tej samej rzeczy poprzez własny wysiłek *świadomie* i na żądanie.

Rzutowana Świadomość jest niczym innym jak podniesieniem poziomu wibracji struktury atomowej w ciele i umyśle ucznia. Dokonuje się to poprzez *promieniowanie* pochodzące od Wzniesionego Mistrza i działanie jego Światła, które podnosi częstotliwość wibracji do poziomu, który On ustala dla danego eksperymentu. Na wyższej częstotliwości używa się mocy widzenia i słyszenia dokładnie tak samo, jak w codziennym życiu, tyle tylko, że moce te rozszerzone zostają do następnej oktawy, czy strefy znajdującej się powyżej ludzkiej.

Jest to takie samo używanie naszych mocy jak podczas stanu czuwania, ponieważ możemy stać się świadomi tego, co jest blisko i tego, co jest daleko w dokładnie tej samej chwili. Rozszerzanie, czy też kurczenie świadomości zależne jest całkowicie od pragnienia człowieka. Jest to zawsze podległe wolnej woli i *świadomemu* ukierunkowaniu indywiduum."

Można stać się na *własne życzenie* świadomym istnienia jakiegoś drzewa we własnym ogrodzie lub całego ogrodu. Indywiduum używa mocy widzenia, aby obserwować jedno i drugie, i używa jej w dokładnie ten sam sposób. Jeżeli chce ono widzieć *cały* ogród, powiększa swoje pole widzenia, aż ogarnie wszystko, czego zapragnie. Szersze pole nadal zawiera w sobie mniejsze; jak więc widzisz, musisz być świadom *pełnej* kontroli *wszystkich* twoich mocy w *obydwu* miejscach i w tym samym czasie. Działanie to jest w rzeczywistości powiększeniem pola mocy, w jakim działa wzrok.

Używanie mocy widzenia w tym rzutowaniu, czy rozszerzeniu świadomości dokonuje się poprzez zwiększenie poziomu wibracji nerwu optycznego. Cały ten proces zbliżony jest do tego, który występuje przy używaniu lornetki.

Podczas zwykłego doświadczania ludzka świadomość przywykła do używania swoich mocy jedynie wewnątrz pewnych stref, czy pół mocy. Dowodem na to jest fakt, że osoba jest w stanie słuchać dźwięku głosu osoby obecnej fizycznie w danym pomieszczeniu, która mówi do niej, oraz słyszeć dzwonienie telefonu pochodzące z jakiegoś innego miejsca w domu w tej *samej* chwili. Wszystkie moce zewnętrznej działalności są elastyczne. Mogą zostać użyte zarówno jako mikroskop, jak i teleskop, co uzależnione jest wyłącznie od *pragnienia* i *woli* człowieka.

Jeżeli ktoś jest w stanie uświadomić sobie odgłos pochodzący z pomieszczenia, w którym znajduje się jego ciało fizyczne i jednocześnie być świadomym odgłosu pochodzącego z miejsca oddalonego o dwa, trzy pomieszczenia używając przy tym tego samego procesu, to może rozszerzając moc słuchu usłyszeć miejsce jeszcze bardziej oddalone. Aby tego dokonać trzeba podnieść poziom wibracji swego słuchu aż dosięgnie on bardziej oddalonej strefy.

Gdy kontemplujesz tę Wielką Wewnętrzną Aktywność Boga, czyż nie widzisz jak *doskonale* i *chętnie* twe zewnętrzne zmysły łączą się w zmysł Wewnętrzny i tam gdzie było dwoje, staje się *Jedno*."?

To działanie świadomości ma zastosowanie nie tylko dla zmysłu wzroku i słuchu, ale i dla *wszystkich* pozostałych zmysłów. Taki proces wznoszenia jest naturalny, normalny i harmonijny – i tak prosty jak dostrajanie waszych odbiorników radiowych do pożądanej długości fali. Fale radiowe oraz te wzroku i słuchu są częścią tej samej działalności. Dźwięk zawiera kolor, a kolor zawiera dźwięk. W zwykłym codziennym doświadczaniu istoty ludzkie są w stanie słyszeć kolor i widzieć dźwięk, o ile staną się wystarczająco *wyciszone*.

W zakresie pewnych oktaw, czy stref wibracje rejestrowane są przy pomocy nerwów oczu, a rezultatem tego jest to, co nazywamy wzrokiem. Inne rejestrowane są przy pomocy nerwów uszu, a rezultatem tego jest to, co nazywamy słuchem. Oczy przeciętnego człowieka widzą jedynie przedmioty, których poziom wibracji znajduje się w zakresie pewnych oktaw, albowiem nie widzi on poniżej strefy czy promienia podczerwonego oraz powyżej strefy czy promienia ultrafioletowego. Poprzez Promieniowanie Wniebowstąpionego Mistrza atomowa struktura mózgu i oka wibruje wystarczająco szybko, aby doznać rozszerzenia na obszar następnej oktawy ponad oktawą ludzką.

To samo działanie może zostać rozszerzone o dalszych kilka oktaw za sprawą albo Promieniowania Mistrza, albo Wewnętrznego czy Boskiego Ja człowieka. Wielu ludzi doświadcza czegoś takiego mimowolnie, rzadko jednak rozumieją oni, co one oznaczają, czy jak do nich dochodzi. W przypadkach, w których osoby miały doświadczenia Transcendentującej Świadomości, czy były głęboko zainspirowane, takie właśnie wydarzenia miały miejsce, pomimo że rzadko zdają one sobie sprawę ze wsparcia, jakie zostało im udzielone.

Rzutowana Świadomość czy Wizja nie ma zupełnie nic wspólnego z mentalnymi obrazami, które są produktem sugestii istniejących jedynie w umysłach innych ludzi. Takie myśli czy obrazy są niczym innym jak błyskami przesyłanymi bezpośrednio z umysłu osoby wysyłającej do osoby otrzymującej sugestię. To takie samo działanie, które ma miejsce, gdy ktoś odzwierciedla obraz słońca w lustrze, po czym odbija je na ścianę.

Sugestia jest czymś innym niż Rzutowana Świadomość, tak samo jak myślenie o jakimś miejscu różni się od przebywania w nim fizycznie. Projekcja jest *jaskrawa*, *żywa*, *rzeczywista*, taka jak wtedy, gdy twoje fizyczne ciało przechodzi przez jakieś doświadczenie; albowiem jest to działanie twojego Wewnętrznego Boskiego Ja, z którym Wzniesiony Mistrz jest JEDNOŚCIĄ – stanem Najwyższym."

Saint Germain i ja staliśmy się w tym momencie obserwatorami i aktorami w scenie dziejącej się dawno temu. Ponownie byłem zewnętrznie świadom przechodzenia przez doświadczenia pokazywane mi w myśli, uczuciu i działaniu. Cała ta operacja była tak naturalna i normalna, jak oddychanie, a jedynym niezwykłym wrażeniem było poczucie większej wolności i większego władztwa. Oboje staliśmy się bardzo wyciszeni przez kilka chwil, po czym ożywił on Eteryczne Zapisy, i tak rozpoczęło się jego pouczenie.

„Oto pustynia Sahara" – powiedział – „w czasach, gdy była to żyzna kraina o półtropikalnym klimacie".

Znajdowało się tam wiele strumieni wodnych rozprowadzających obficie nawodnienie na cały kraj. Pośrodku tego imperium leżała stolica słynna na cały świat ze swojego przepychu. Budynki zarządzających znajdowały się w centrum na lekkim podwyższeniu, a od nich miasto rozprzestrzeniało się równo w każdym kierunku.

„Ta cywilizacja" – kontynuował – „osiągnęła swój szczyt siedemdziesiąt tysięcy lat temu".

Wstąpiliśmy do miasta i poczuliśmy niezwykłe, rytmiczne oddziaływanie, które dawało dziwne wrażenie *lekkości* naszego spaceru. Wszyscy ludzie wokół poruszali się z wielką łatwością i gracją. Zapytałem Saint Germaina o przyczynę tego stanu rzeczy, a on odpowiedział:

Ci ludzie pamiętali swoje Źródło i rozpoznawali siebie jako Synów Boga – w związku z czym byli właścicielami i operatorami władzy i mądrości, która tobie może wydawać się cudowna i nadludzka. Prawdę mówiąc takie rzeczy jak cuda nie istnieją; albowiem wszystko jest zgodne z Prawem, a to, co wydaje się cudowne dla obecnej koncepcji ludzkości nie jest niczym innym, jak zastosowaniem praw, do których obecna ludzka świadomość nie przywykła. W taki to sposób wydaje się to dziwne i niecodzienne.

Gdy Rzeczywistość Życia zostanie właściwie zrozumiana, wszelkie przejawienie, które wydaje się cudowne dla twojej obecnej świadomości, zostanie postrzeżone jako doświadczenie tak naturalne i normalne, jak formowanie słów dla kogoś, kto nauczył się używania alfabetu. Wszystko to jest działaniem ciągle rozszerzającego się i ciągle postępującego naprzód przejawienia Życia w formie, które ma zastosowanie zawsze, poprzez uporządkowany proces Prawa, w miłości i pokoju.

Jakkolwiek dziwne, niecodzienne czy niemożliwe wydaje się dane doświadczenie dla obecnego stanu mentalnego ludzkości, to nie jest ono dowodem na to, że nie istnieje Większe Prawo i Mądrzejsza Inteligencja działająca, aby wyprodukować większe cuda ciągle nas otaczającego stworzenia.

Dzisiejsza wiedza największych umysłów ludzkości w świecie zewnętrznym w porównaniu do tej Wielkiej Wewnętrznej Mądrości i Władzy jest jak rozumowanie małego dziecka porównane do studiów nad rachunkiem różniczkowym."

W jednym z budynków centralnego kompleksu znaleźliśmy osoby obsługujące przywdziane w najwspanialsze tkaniny o łagodnych promiennych kolorach, które harmonizowały z wewnętrzną dekoracją. Jedna z nich okazała się przewodnikiem, który zabrał nas do głównego budynku, gdzie przedstawił nas królowi tych wielkich ludzi. Królem okazał się być Saint Germain.

Obok niego stała młoda, bardzo piękna kobieta. Jej włosy przypominały skręcone złoto, zwisające prawie do posadzki, a oczy miały przeszywający filotetowo-niebieski kolor. Cała jej postura wyrażała miłosne kierownictwo. Spojrzałem pytająco na Saint Germaina, zastanawiając się, kim mogłaby być, a on odpowiedział:

„Lotus".

Obok niej stał młody mężczyzna w wieku około lat dwudziestu i chłopiec mający lat może czternaście. Młody mężczyzna był tym, którego widzieliśmy już jako Wielkiego Kapłana w świątyni w Luxorze, a chłopiec był młodszym kapłanem. Były to dzieci króla. Ponownie więc cała czwórka pracowała wspólnie.

Wraz z tą migawką z wcześniejszych żyć – powiedział – pozwól, że przejdziemy do działalności tych błogosławionych ludzi. Z rozmysłem mówię »błogosławionych«, a już wkrótce zobaczysz dlaczego. Większość z nich czyniła w pełni świadomy użytek z całej swej mądrości i władzy jako Synów Boga, dzierżąc ją niemal bez granic i doskonale wiedząc, jakie było jej źródło i kogo byli następcami.

Zewnętrze było jedynie instrumentem Świętego Ja – tak jak to być powinno – któremu pozwalano jedynie na wykonywanie tego, do czego zostało ono stworzone. Naturalnie, Wielkie Wewnętrzne Ja mogło działać nieskrępowanie i oczywiście doskonałość i działanie w tej epoce naznaczone były wspaniałymi osiągnięciami.

W czasach tej wczesnej cywilizacji całe imperium przepełnione było wielkim pokojem, szczęśliwością i dobrobytem. Król – Imperator był mistrzem Starożytnej Mądrości i prawdziwym Dzierżycielem Pucharu Światła. Rządził przy pomocy tego Światła, a jego imperium było żywym przykładem Doskonałości.

Przez setki lat – mówił dalej Saint Germain – doskonałość ta utrzymywana była bez wojska i marynarki jakiegokolwiek rodzaju. Władza ludu powierzona była opiece czternastu Wniebowstąpionych Mistrzów Światła, z których po dwóch zajmowało się każdym z Siedmiu Promieni. Oni to utworzyli punkty skupienia, aby unaocznić działanie Potężnej Działalności Boga. Poniżej tych czternastu Świetlanych Istot znajdowało się czternastu mniejszych Mistrzów, którzy powołali zarządców siedmiu departamentów, które kontrolowały działalność nauki, przemysłu i sztuki. Każdy z owych zarządców departamentów prowadził prace, nad którymi sprawował pieczę poprzez świadomy i bezpośredni kontakt z samym Bogiem. W taki oto sposób wszelkie wskazówki i instrukcje spływały ze Źródła na tych znajdujących się poniżej. Tak oto Święta Doskonałość nieustannie przepływała bez żadnej ingerencji ze strony człowieka.

Taka forma rządu była w najwyższym stopniu niezwykła, prosperująca i zadawalająca w każdym zakresie. Od tamtego czasu nie wydarzyło się na Ziemi nic, co choćby zbliżało się do takich wyżyn. W starożytnych zapiskach, które dostępne są do dzisiejszego dnia ta wczesna cywilizacja zawsze wspominana jest jako Złota Era, a było tak w każdej działalności Życia.

We wielu miejscach na Ziemi w niedalekiej przyszłości pojawi się podobne uznanie dla Prawdziwego Wewnętrznego Ja, a to wyrazi się w jej narodzie w formie wielkich osiągnięć. Wiele z tych miejsc przypomina Krainy Światła, a ich Światło będzie olśniewająco jaśniało, jak słońce w południe wśród narodów na Ziemi. Były ona Krainami Wielkiego Światła przed eonami i ponownie obejmą swoje duchowe pochodzenie; albowiem *nic* nie może temu zapobiec. Są one silne wewnątrz swego umysłu i ciała – silniejsze niż myślisz – i siły tej użyją, aby od granicy do granicy powstać i zrzucić wszystko to, co ciężko uciska je w obecnym czasie.

Miejsca te noszą przeznaczenie wielkiej wagi dla innych nacji na Ziemi, a Ci którzy dbali o nie przez stulecia, *nadal o nie dbają*. Poprzez Ich ochronę i Miłość wypełnią one swoje przeznaczenie. O Cudowne Krainy! My, Wzniesione Zastępy Światła, kochamy i ochraniamy Was. Świecie! Kochamy Cię.

Podobna forma doskonałego rządu pojawi się w późniejszym okresie, gdy zerwiecie pewne kajdany, które otaczają was jak grzyb i nadwątlają waszą siłę jak wampir. Ukochani gdziekolwiek jesteście, nie zniechęcajcie się, gdy pozornie ciemne chmury zwisają nisko. Każda z nich ukaże wam swoją złotą podszewkę. Z tyłu chmury, która zdaje się zagrażać, znajduje się Kryształowo Czyste Światło Boga i Jego Posłańców, Wniebowstąpionych Mistrzów Miłości i Doskonałości, stojących na straży waszych krajów, rządów i narodów. Ponownie mówię: Świecie! Kochamy Cię.

Jedna po drugiej, nadchodzą wielkie przebudzone dusze, które staną się całkowicie świadome swojej mocy, wrodzonej Władzy Boga, i jako takie zostaną umieszczone na wszystkich oficjalnych stanowiskach w rządzie. Będą one bardziej zainteresowane dobrobytem kraju niż osobistymi ambicjami i prywatną fortuną. Tak oto następny Złoty Wiek rządził będzie na Ziemi i zostanie utrzymany przez eon.

W okresie poprzedzającym ten, którego doświadczałeś, masy ludzkości używały wielkich statków powietrznych do celów własnego transportu. Gdy ich rozwój osiągnął jeszcze wyższy punkt, nie było już nań takiego zapotrzebowania, z wyjątkiem oddalonych regionów. Cała grupa urzędowa, ponieważ były to dusze bardziej zaawansowane duchowo w tej rasie, była w stanie podróżować z miejsca na miejsce w *ciałach subtelnych* i czynić to, czego zapragnęła, tak samo jak ty w twoim niedawnym doświadczeniu z Luxoru. Byli też oni w stanie przenosić swe fizyczne ciało wedle swojej woli; albowiem używanie swej mocy do pokonywania siły przyciągania było rzeczą tak naturalną, jak dla ciebie jest oddychanie.

Złoto było powszechnym towarem w tamtych czasach, jak we wszystkich Złotych Erach, ponieważ jego naturalną emanacją jest energia, czy też siła, która jest oczyszczająca, równoważąca i ożywiająca. Zostało ono umieszczone wewnątrz Ziemi przez Władców Stworzenia – te Wielkie Istoty Światła i Miłości, które tworzą i kierują światami, systemami światów oraz rozszerzaniem Światła na istoty je zamieszkujące.

Zewnętrzny umysł czy wiedza intelektualna ludzkości zawiera mało – bardzo mało – zrozumienia *prawdziwego* celu, dla jakiego złoto istnieje na tej planecie. Rośnie ono wewnątrz Ziemi jak roślina, a poprzez nie dokonuje się ciągłe wylewanie oczyszczającego, ożywiającego, równoważącego strumienia energii na ten właśnie grunt, po którym spacerujemy, jak również na wzrost Natury i atmosfery, którą oddychamy.

Złoto zostało umieszczone na tej planecie dla różnorakich celów, z których dwa jak najbardziej trywialne i nieistotne stanowią: użycie złota jako środka wymiany oraz do zdobnictwa. O wiele istotniejszym jego działaniem i celem wewnątrz i na powierzchni Ziemi jest rozprowadzanie jego wrodzonej właściwości i energii, która oczyszcza, ożywia i równoważy atomową strukturę świata.

Dzisiejszy świat nauki nie ma na tę chwilę pojęcia o owym zjawisku. Złoto spełnia jednakże ten sam cel dla naszej Ziemi, co kaloryfery w naszych domach. Złoto jest jednym z najistotniejszych środków, poprzez który energia naszego Słońca zostaje dostarczana do wnętrza Ziemi, oraz poprzez który utrzymywana jest równowaga zachodzących działań. Działa ono jak pas transportowy, transformator przenoszący moc Słońca do fizycznej substancji naszego świata oraz Życia rozwijającego się na nim. Energia wewnątrz złota jest w rzeczywistości promieniującą elektronową siłą naszego Słońca działającą w niższej oktawie. Złoto jest czasami nazywane zmaterializowanym (sprecypitowanym) promieniem słonecznym.

Ponieważ energia wewnątrz złota posiada wybitnie wysoki poziom wibracji, może ono działać jedynie na delikatniejsze i bardziej subtelne przejawy Życia przy pomocy absorpcji. We wszystkich Złotych Erach metal ten występował obficie w powszechnym użytku mas ludzkości; a gdy dochodziło do takiego stanu, rozwój duchowy tych ludzi osiągał bardzo wysoki poziom. W takich erach *nigdy* nie gromadziło się zapasów złota, lecz szeroko się je rozpowszechniało do masowego użytku ludzkości, która poprzez absorbowanie jego oczyszczającej energii podnoszona była do większej doskonałości. Taki jest właściwy użytek złota, a gdy indywiduum to Prawo świadomie rozumie i będzie mu posłuszne, to będzie ono mogło przyciągnąć do siebie, poprzez użycie tego Prawa, każdą ilość złota jakiej zapragnie.

Ponieważ złoto zdeponowane jest we wszystkich łańcuchach górskich, indywiduum może znaleźć w terenach górskich zdrowie i żywotność, w stopniu nie spotykanym w żadnym innym miejscu na powierzchni Ziemi. Nikt nie słyszał o efektach ubocznych oddziaływujących na tych, którzy nieustannie zajmują się czystym złotem. Gdy znajduje się ono w czystym stanie, jest miękkie i łatwo się oddziela – jednakże jego cechą główną jest spełnianie swojego celu, o którym właśnie mówiłem.

Ci bardziej zaawansowani z tego ludu produkowali wiele złota poprzez jego *precypitację*, bezpośrednio ze Wszechświata. Kopuły wielu budynków pokrywane były płytkami z czystego złota, a wnętrza dekorowane klejnotami z brylantów o ciekawych, a zarazem zachwycających wzorach. Klejnoty te również były precypitowane bezpośrednio z Jednej Wiecznej Substancji.

Jak we wszystkich minionych erach, istniała część ludzi, którzy stawali się bardziej zainteresowani tymczasowymi przyjemnościami zmysłów niż szerszym twórczym planem Wielkiego Boskiego Ja. Powodowało to utratę świadomości Mocy Boga w kraju, aż pozostała ona aktywna jedynie na obszarze trochę większym niż samo miasto. Stolica nazywana była Miastem Słońca.

Rządzący uświadomili sobie, że muszą się wycofać i pozwolić ludziom uczyć się poprzez twarde doświadczenie tego, że cała ich szczęśliwość i dobrobyt pochodzą z adoracji Boga Wewnątrz i że muszą powrócić do Światła, jeżeli chcą być szczęśliwi.

Król – Imperator, poprzez swą Wewnętrzną Mądrość, widząc że naród coraz głębiej zaplątywał się w sieć spełniania zachcianek zmysłowych dostrzegł, że dalsze utrzymywanie królestwa nie jest już Świętym Planem. Został on poinstruowany przez tych, którzy posiadali większy duchowy autorytet niż on sam, aby wydać bankiet oznajmiający jego decyzję ustąpienia i w taki sposób pożegnać się ze swoimi poddanymi.

Zwołał on radnych i wydał wskazówki dotyczące bankietu, nakazując aby odbył się on w najbardziej wspaniałym miejscu imperium, znanym jako Sala Klejnotowa i znajdującym się w pałacu króla. Była ona oświetlana samoświecącymi kulami emitującymi olśniewająco białe promieniowanie. Zwisały one z sufitu na sznurach z kryształu. Mimo iż światło wewnątrz kul było intensywne i olśniewające, to jednak miało ono wybitnie kojące działanie na ciało, dając znajdującym się w ich zasięgu poczucie wielkiej lekkości i spokoju. Światło środkowej kuli ustawione było w sposób przypominający słońce prześwitujące przez chmury, którego promienie rozświetlały klejnoty formujące wielki medalion na środku sufitu.

Wielka sala bankietowa została misternie udekorowana i wyposażona w dwadzieścia cztery stoły z onyksu, przy których zasiadły dwadzieścia cztery osoby. Była to pierwsza okoliczność, przy której w tym samym czasie gośćmi króla byli wszyscy radni oraz ich pracownicy. Zapowiedź bankietu wywołała wiele komentarzy wśród ludu, który gruntownie o tym dyskutował, każdy ze swym sąsiadem; dla wszystkich jednak była to tajemnica, gdyż nikt nie był w stanie odgadnąć jego celu.

W końcu nadszedł wieczór tego wydarzenia. Nikt nie podejrzewał boleści skrytej w sercu szlachetnego władcy, nikt też nie wyobrażał sobie zmian, które miały nadejść dla narodu już tak wkrótce. Nadeszła wyznaczona godzina.

Goście zebrali się. Wszyscy wyczuwali w powietrzu tajemnicę.

Wielkie drzwi z brązu prowadzące do sali bankietowej majestatycznie otwarły się na oścież i zagrzmiała nagle transcendencyjna muzyka, jak gdyby zagrana przez gigantyczną niewidzialną orkiestrę symfoniczną, zaskakując nawet tych, którzy znali olbrzymią moc ich uwielbianego monarchy. Ludność postrzegała go prawie jak Boga, tak wielka była ich miłość i uwielbienie dla mądrości i pomocy, którą nieustannie on na nich przelewał.

Gdy triumfalna muzyka ucichła, na salę wystąpił król w towarzystwie swoich dzieci. Dziewczyna była przejawem urokliwości. Ubrana była w suknię z miękkiej złotej tkaniny, niepodobną do żadnego materiału naszego nowoczesnego świata. Jej fałdowanie sprawiało wrażenie, jakby pokryta była tysiącami diamentów, gdyż z każdym ruchem jej ciała rozbłyskiwały na niej punkciki światła. Złote włosy opadające z jej ramion spięte były dwoma szmaragdowymi klamrami. Na jej czole znajdowała się pojedyncza obręcz z białego metalu wysadzana diamentami. W centrum wydawał się być umieszczony wielki diament, w *rzeczywistości* była to jednak silna *kondensacja* Światła, skupiona i utrzymywana w tym miejscu przez jej ojca.

Król był jedynym w całym imperium, któremu powierzona była taka Transcendentalna Moc. Królewska rodzina nigdy nie używała tych Klejnotów ze Światła w kontakcie ze światem zewnętrznym, aż do tamtej nocy. Użycie tej władzy dozwolone było jedynie podczas ich prywatnego oddawania czci Wielkiemu Boskiemu Ja, którego to Najwyższej Obecności byli żywo i nieustannie świadomi.

Władca i jego dwaj synowie nosili przyległe do ciała stroje z tej samej złotej tkaniny, którą miała na sobie córka. Były one giętkie jak skóra, lecz wykonane z metalizującego złota z płytami na piersiach przypominającymi słońce z klejnotów. Stopy przyodzianie mieli sandałami z tego samego materiału, również wysadzanego szlachetnymi kamieniami, a wspaniały Klejnot ze Światła spoczywał na czole każdego z nich.

Na sygnał króla zebrani goście usiedli. Głosem majestatycznym i potężnym wylał on wezwanie z głębi swojego serca do „Nieskończonej Najwyższej Jedni":

»O Ty Potężne, Wszechobecne Źródło, Ty który rządzisz Wszechświatem, Płomieniu w sercu każdego człowieka! Dajemy miłość, chwałę i wdzięczność Tobie, za Twoje własne Życie, Światło i Miłość we wszystkich rzeczach. Wielbimy Ciebie i spoglądamy jedynie na Ciebie, Obecność we wszystkich rzeczach – widocznych i niewidocznych, rozwiniętych i nierozwiniętych – Ty nieustannie płynący Strumieniu Życia, który na zawsze wlewasz Siebie we wszelkie stworzenie, Jedno Ja we Wszechrzeczy.

Serce moje woła do Ciebie jak nigdy wcześniej, aby obudzić ten mój naród na ich zagrożenie, gdyż niedawna obojętność na Ciebie skrada się za nimi jak zatruty oddech, tworząc sen duszy i wkładając na nich woal, który zamyka na Twoją Jaśniejącą Obecność.

Jeżeli muszą oni przejść przez doświadczenia, które pochłoną i spalą odpady i obłoki ich zewnętrznego ja, to proszę

Ty utrzymaj, a na koniec poprowadź ich do Twej Wiecznej doskonałości. Wołam do Ciebie, Twórco Wszechświata – Największy Wszechmocny Boże«.

Król zasiadł, a wszyscy spoczywali w cichym oczekiwaniu. Za kilka chwil pojawiła się obsługa dla każdego z zebranych. Danie po daniu serwowane było jakby przez niewidzialne ręce. Potrawy pojawiały się we wspaniałych kryształowych i pokrytych klejnotami pojemnikach, znikających gdy tylko spożywanie dobiegło końca, po czym natychmiast pojawiały się następne. W końcu najbardziej kunsztowny bankiet, jaki kiedykolwiek widziało imperium dobiegł końca. Wszyscy ponownie zamilkli, w oczekiwaniu wstrzymując oddech i przewidując jakieś niezwykłe wydarzenie.

Król powstał i czekał spokojnie stojąc kilka chwil. Wkrótce kryształowy kielich pojawił się przy prawej ręce każdego z gości. Był on wypełniony skondensowaną Czystą Elektronową Esencją, a każdy kto ją wypił, bez znaczenia na jak wiele wieków rozciągał się strumień jego życia lub jak zróżnicowane byłyby jego doświadczenia, nigdy nie mógł całkowicie zapomnieć swego Wewnętrznego Boskiego Ja. Ta ochrona dla duszy była przyznana uczestnikom bankietu jako nagroda za ich wiarę i lojalność Bogu w nich samych, królowi i imperium. Doradcy i wszyscy obecni szczerze i bez ustanku służyli dobru imperium i za tę służbę została im dana ochrona duszy na nadchodzące wieki.

Wszyscy podnieśli kielichy i wypili za Boga w sobie – za swój własny Ogień Najwyższego Żyjącego. Przebieg bankietu był emitowany na całe imperium przez radio, podobne do tego, jakiego my używamy w dniu dzisiejszym. Odbiornik nie był większy niż talerz, jednakże wystarczająco silny, aby odbierać aktualne wydarzenia w każdym miejscu na Ziemi.

Po pozdrowieniu swego Świętego Wewnętrznego Ja wszyscy stali się bardzo spokojni. Atmosfera wydawała się doskonale nieruchoma. Po kilku chwilach Cudowna Obecność powoli stała się widoczna obok króla.

„Obecnością" tą był Kosmiczny Mistrz przychodzący z Wielkiej Ciszy. Na jego widok szmer respektu i niespodzianki przeszedł po zebranych gościach, gdyż zadziwieni rozpoznali w nim Jednego z Tych, o których słyszeli od wielu stuleci, jednak Których widocznej Obecności nikt nigdy nie poznał. Podnosząc swą prawą rękę, odezwał się on do zebranych oraz wszystkich zamieszkujących imperium:

»O Dzieci Ziemi, przynoszę wam ostrzeżenie dużej wagi w czasie wielkiego kryzysu. Przebudźcie się z pułapki zmysłów, która was ogarnia! Obudźcie się z letargu, zanim będzie za późno! Ten oto mój Brat Światła musi wycofać się i pozostawić was doświadczeniu, które wybraliście i które powoli kusi was do wielu swych pułapek. Otwarliście się na niekontrolowaną ignorancję i emocje swego zewnętrznego ja.

Dajecie niewiele uwagi i coraz mniej uwielbienia waszemu Źródłu – Najwyższej, Potężnej, Promiennej, Majestatycznej, Nieskończonej Przyczynie wszystkiego, co istnieje – Stwórcy i Utrzymującemu wszystkich światów. Nie dajecie wdzięczności Wielkiej Wspaniałej Obecności, Panu Miłości, za Życie, dzięki któremu istniejecie.

Och! Dlaczego nie jesteście nawet wdzięczni za błogosławieństwa, które Natura przekazuje wam tak szczodrze, za obfitość, która trafia do was dzięki tej sprawiedliwej krainie oraz waszemu mądremu i bezinteresownemu władcy? Dziękujecie sobie nawzajem za przysługi – rzeczy zmysłów i formy, które są tak ulotne – które przechodzą od jednego do drugiego, a później zanikają; lecz dlaczego, och, dlaczego zapominacie o *Źródle* wszelkiego Życia, wszelkiej Miłości, wszelkiej Inteligencji, wszelkiej Mocy?

Ludzie! O ludzie! Gdzież podziała się wasza wdzięczność Życiu za Miłość, za jego wspaniałość, której doświadczacie w każdym momencie, w każdej godzinie, każdego dnia, rok po roku? Wszystko to nazywacie waszą własnością, lecz zawsze należało to, należy i zawsze będzie należało do Jedności Wielkiego Źródła Życia, Światła, Miłości i wszelkiego Dobrodziejstwa – do Boga Najwyższego, Cudownego, Wszechprzenikającego.

Przez wasze nadużywanie energii Życia, którą ten Wszechprzenikający nieustannie was obsypuje, jako czystą, doskonałą i niezanieczyszczoną, wytworzyliście warunki tak destrukcyjne i bolesne, że nie da się ich dłużej wytrzymać. Dlatego wpadacie w desperację, agonię lub rebelię i prosicie Boga o wyzwolenie z tej nędzy. Tylko to oferujecie Dawcy wszelkiego Dobrodziejstwa w zamian za tę Nieustanną Doskonałość, którą ciągle obdarza was w swej Najwyższej Miłości. Jedynym warunkiem, pod jakim Jedność Wielkiego Ja rozdaje to wszystko jest tego prawidłowe użycie, tak aby błogosławiło ono resztę stworzenia nieskończoną radością, harmonijnym działaniem i Doskonałością.

Gdy znajdując się w otchłani nędzy, na powrót zwracacie się do waszego Źródła po ulgę od waszych błędnych uczynków, to albo płaczecie w agonii i desperacji, albo wpadacie w rebelię oskarżając Życie i Źródło Wszelkiego Dobrobytu o pozwalanie na to, co nazywacie niesprawiedliwością i złymi warunkami, które istnieją w was i w waszym świecie.

To wy, wasze małe osobowe ja, którzy jesteście niesprawiedliwi w stosunku do Życia, którzy jesteście nieuczciwi, którzy tworzycie nędzę Ziemi. Albowiem jedynie ludzkość – ponieważ ma ona wolną wolę tworzenia tego, co wybierze poprzez własne myśli i uczucia – śmie czynić niezgodę, upadek i kalectwo, które znajdują swój wyraz na Ziemi. Oto skaza na Stworzeniu i Doskonałości, która po wsze czasy kołysać się będzie do Wielkiej Kosmicznej Melodii Wiecznej Pieśni.

Jedynie ludzkość jest winna tworzenia dysharmonii w muzyce sfer, albowiem wszystko inne żyje i działa w zgodzie z Prawem Miłości, Prawem Życia, Harmonii i Światła. Wszystko inne miesza się w harmonijną całość – w Ciało Nieskończonego, Wszechmiłującego, który jest Jednością.

Wszystkie pozostałe sfery Życia i Światła poruszają się i tworzą w zgodzie z fundamentalną zasadą, na której spoczywa wszelka Doskonałość. Zasadą tą jest Miłość. Gdyby nie Wielcy Bezinteresowni, tacy jak wasz władca – Wielkie Zastępy Wzniesionych Mistrzów, których pierwszą myślą przewodnią istnienia jest Miłość – ludzkość już dawno zniszczyłaby siebie i planetę, na której istnieje.

Transcendentalna i Wspaniała aktywność Miłości i

Światła jest stanem naturalnym, w którym Bóg stworzył i oczekiwał, że Jego ludzkie dzieci będą się przejawiały, będąc posłuszne Jego rozkazowi Miłowania. Nigdzie we wszechświecie nie ma czegoś takiego jak stan nadprzyrodzony. Wszystko to, co transcendentalne, piękne i Doskonałe jest *naturalne* i zgodne z Prawem Miłości. Wszystko inne jest *nienaturalne*. Codziennym doświadczeniem Zastępów Wniebowstąpionych Mistrzów jest Doskonałość, która na zawsze miała być udziałem życia dzieci Boga. Dzieci Ziemi wyrażały tę Doskonałość we wcześniejszym cyklu, który był Złotym Wiekiem.

Ta wcześniejsza cywilizacja – ta Starożytna Doskonałość – jest starsza niż jesteście w stanie sobie wyobrazić.Nie sądzicie nawet, że wasza planeta ma tyle lat. Cała ludzkość żyła w tym okresie w stanie przypominającym stan Wzniesionych Mistrzów. Stan upadku, który postępował od tego czasu w ciągu wieków nadszedł, ponieważ ludzkość wybrała odwrócenie się od swojego Źródła – Miłości – czyli planu według którego należy żyć Życie.

Gdy dzieci Ziemi odwracają swój wzrok od Miłości, to celowo i świadomie wybierają doświadczenie chaosu. Ktokolwiek poszukuje egzystencji bez Miłości nie może długo przeżyć pośród stworzenia. Takie wysiłki skazane są na porażkę, nędzę i rozpad. Jeżeli czemuś brakuje Miłości, to musi to coś powrócić do chaosu, do stanu bez formy, aby jego substancja mogła zostać użyta ponownie w połączeniu z Miłością i w ten sposób utworzyć nową, doskonałą formę.

To jest prawo tak Uniwersalnego, jak i indywidualnego Życia. Jest ono Niezmienne, Nieodwołalne, Wieczne, a jednak Dobroczynne. Albowiem stworzenie w formie istnieje po to, aby Bóg miał coś, na co może wylewać swą *Miłość* i w ten sposób wyrażać się w działaniu. To jest prawo Najwyższego, od którego wywodzi się wszystko inne. Takie jest Rozporządzenie Wieczności, a *ogrom* i *błyskotliwość* tej Doskonałości nie mogą być wyrażone w słowach.

Gdyby nie było tych *rzeczywistych*, *prawdziwych*, *ciągłych* i Doskonałych warunków Życia i doświadczenia, które daleko wykraczają ponad możliwość ludzkiego opisu, istnienie nie byłoby niczym innym jak parodią odgrywającą się w zadziwiająco wielkiej działalności Życia, które wiecznie wibruje w całym stworzeniu. Istnieją wyższe, harmonijne, Transcendentalne Sfery, królestwa działania i świadomości – indywidualne i kosmiczne – gdzie stworzenie przebywa w ciągłej Radości, Miłości, Wolności i Doskonałości.

Są one *prawdziwe*, *prawdziwe, prawdziwe* i dużo trwalsze niż wasze ciała i budynki w świecie fizycznym roztaczającym się wokół was. Owe Królestwa Życia utworzone są z Substancji, która tak bardzo przesycona jest *Miłością*, że nie sposób nałożyć na nie, czy zaobserwować w nich właściwości lub działania nieharmonijnego, niedoskonałego czy dezintegracji. Ponieważ bazują one na Miłości, to Doskonałość takiego przejawienia jest podtrzymywana zawsze, zawsze jest aktywna, zawsze rozszerzająca się, zawsze błogosławi z radością wszystko, co istnieje.

Przynosicie nieszczęście samym sobie, popychając siebie do coraz to nowych wcieleń w ignorancji zmysłów, ludzkich apetytów i pragnień swego zewnętrznego ja. Apetyty te są w czującej naturze ludzkości niczym innym, jak akumulacją energii, której indywiduum nadało taką czy inną właściwość poprzez myśl i uczucie. Ta błędnie użyta energia zdobywa przez ludzką ekspresję bezwładność i staje się nawykiem. Nawyk nie jest niczym innym jak energią, której nadano specyficzną właściwość i utrzymywano przez pewien czas w skupieniu na jednym przedmiocie.

Apetyty zmysłów waszych wcześniejszych wcieleń stają się siłami napędowymi i nawykami następnych wcieleń, utrzymując was w niewoli, przykutych do koła rydwanu zwanego niezgodą, brakiem i koniecznością, które wiruje wraz z wami po labiryncie ludzkich problemów i doświadczeń waszych własnych kreacji, *zmuszając* was do nauki i posłuszeństwa *Prawu* tego, który jest *Jeden – Miłości.*

To wasze własne błędne kreacje będą was przykuwać do tego koła, aż staniecie się chętni do zrozumienia Życia i posłuszeństwa Jego *Prawu Jedności* – Miłości. Będziecie się kręcić Życie po Życiu, doświadczając dysonansu za dysonansem, aż nauczycie się żyć Prawem Miłości.

Jest to działanie przymuszające, któremu nikt nie umknie i działa ono tak długo, aż zewnętrzne ja nie spyta o przyczynę swojego nieszczęścia i nie zrozumie, że uwolnienie się od doświadczania cierpienia może nadejść jedynie poprzez posłuszeństwo Prawu Miłości. Takie posłuszeństwo zaczyna się od odczuwania pokoju i łagodności w uczuciach, których *centrum* znajduje się w *sercu.* Jego kontakt ze światem zewnętrznym musi nastąpić poprzez Wewnętrzne Uczucie.

Miłość nie jest działaniem umysłu, lecz Czystą i Świecącą Esencją, która tworzy umysł. Esencja ta pochodząca z Wielkiego Boskiego Płomienia, wpływa do substancji i nieustannie wyraża Siebie jako Doskonałość w formie i działaniu. Miłość jest przejawioną Doskonałością. Może wyrażać jedynie pokój, radość i przekazywać te uczucia wszelkiemu stworzeniu bezwarunkowo. Nie prosi o *nic* dla Siebie, ponieważ jest Wiecznie Samotworząca, będąc Biciem Serca Najwyższego. Miłość posiada *Wszystko* i jej jedynym zajęciem jest wprowadzanie do działania Planu Doskonałości we wszystkich rzeczach. A zatem jest to nieustanne wyrażanie Siebie. Miłość nie zauważa tego, co dała w przeszłości, lecz czerpie radość i utrzymuje równowagę poprzez nieustanne Wylewanie Samej Siebie. Ponieważ ta Doskonałość zawarta w Miłości wiecznie wypływa, nie jest ona w stanie dostrzec czegokolwiek innego jak Samej Siebie.

To właśnie Miłość jest podstawą harmonii i prawidłowego używania wszelkiej energii Życia. W ludzkim doświadczeniu przeradza się to w pragnienie, danego człowieka aby dawać, dawać i jeszcze raz dawać pokój i harmonię całej reszcie stworzenia.

Ludzie! O ludzie! Tylko *wystarczająca ilość* Miłości może zaprowadzić was do Nieba, które kiedyś znaliście, i w którym mieszkaliście. Tam będziecie mogli ponownie objąć pełnię Wielkiego Światła, które daje wszystko poprzez Miłość.

Do waszych granic zbliża się z wizytą książę. Wejdzie on do tego miasta, poszukując córki waszego króla. Dostaniecie się pod rządy tegoż księcia, lecz nie rozpoznacie swojej pomyłki. Nic nie może temu zapobiec, albowiem rodzina królewska zostanie objęta ochroną i opieką tych, których władza i autorytet są od Boga i nad którymi żadne ludzkie pragnienie nie może wziąć góry. Są nimi Wielcy Wniebowstąpieni Mistrzowie Światła, pochodzący ze Złotego Eterycznego Miasta znajdującego się ponad tą krainą. Tam wasz władca i jego ukochane dzieci zamieszkają na pewien okres czasu«. Odwracając się do króla, zwrócił się do niego tymi słowami:

»Błogosławię cię, mój szlachetny, cierpliwy Bracie! Twoja służba poddanym była pełna miłości i bezinteresowności. Głębokie i wieczne jest twoje oddanie Najwyższemu – Źródłu Wszelkiego Stworzenia. Złote Eteryczne Miasto oczekuje i radośnie wita ciebie i twoje dzieci.

Dane ci będzie żyć wewnątrz Jego promieniowania, służąc poprzez Promienie Światła, które na zawsze świecą od tych, którzy w nim przebywają, aż do czasu kiedy twoi poddani odkupią się poprzez *posłuszeństwo* Prawu Miłości.

Imperium Światła istnieje ponad krainą, którą tak bardzo pokochałeś. Utworzone jest z Promieniującej eterycznej substancji i spoczywa ponad fizycznym miastem, które jest tą oto stolicą. Jest ono *prawdziwe*, bardzo *prawdziwe* i dużo bardziej trwałe niż jakiekolwiek ziemskie miasto. Albowiem Światło jest niezniszczalne, a Złote Miasto utworzone zostało ze Światła. Nie ma do niego dostępu żadna nieharmonijna myśl, czy wibracje niepokoju.

Powrócę za siedem dni, aby zabrać ciebie i twoje dzieci do Miasta Światła – gdzie wspólnie będziemy obserwować postęp ludzkości i przeprowadzać do Światła wszystkich, którzy poddadzą się dyscyplinie i wprowadzą się w stan gotowości. Złote Miasto otoczone jest pasem elektronowej mocy, której nie może przeniknąć nic nieproszonego«.

Gdy skończył mówić, pobłogosławił królewską rodzinę, gości i imperium. W chwilach ciszy, które potem nastapiły Jego Światło i zarys Jego Ciała stawały się coraz słabsze, aż znikły całkowicie.

Po wielkiej sali bankietowej przeszedł szmer, wszyscy patrzyli na króla, którego głowa pochylona była w pełnej czci ciszy. Potem wstał on wolno i życzył swym gościom dobrej nocy.

Siódmego dnia Brat pochodzący z Ciszy powrócił i otaczając króla i jego dzieci swoją błyszczącą aurą, przeniósł się wraz z nimi do Złotego Eterycznego Miasta Światła.

Następnego dnia pojawił się z wizytą książę, rozpoznał sytuację w imperium oraz konsternację, która nadal rządziła jego mieszkańcami. Natychmiast subtelnie zaplanował, aby zostać jego władcą. Udało mu się to bez żadnych oporów. Dwa tysiące lat później większość imperium stała się jałową ziemią, rzeki wyschły, a rozpacz zagościła wszędzie. Wszystko to było rezultatem dysonansu i egoizmu ludzkości, które rzuciły zły urok na wzrost świata roślin. Królestwo to rozciągało się od wschodu na całą szerokość Afryki i kończyło się na górach Himalajskich.

Nastąpił wielki kataklizm, który objął cały kraj. Na skutek tej zmiany utworzyło się wewnętrzne morze w miejscu, które dziś zajmuje pustynia Sahara. Inna zmiana na Ziemi, która miała miejsce około dwunastu tysięcy lat temu wysuszyła to morze, a jego część stała się później pustynią Sahara. Nil dzisiejszych czasów bardzo przypomina piękne rzeki tamtego dawno zapomnianego okresu.

W taki sposób zakończyła się obserwacja tych bardzo starożytnych scen. Z trudem wierzyłem moim zmysłom i byłem wielce zdumiony sposobem w jaki doświadczenia przeszłości zostały przywrócone do życia: obrazami wyświetlanymi we wszystkich trzech wymiarach oraz sposobem, w jaki zostały ukazane działania postaci z tej odległej epoki.

Widząc moje zaskoczenie i brak przygotowania na tego typu doświadczenia, Saint Germain obiecał zabrać mnie do fizycznych zapisków tej epoki i jej mieszkańców i dać mi fizyczny dowód na to, że nie była to wizja wyczarowana przez niego.

„Wieczna Młodość" – wyjaśnił – jest Płomieniem Boga zamieszkującym w ciele człowieka – Prezentem Ojca z Siebie Samego dla Swojego Stworzenia. Młodość i piękno zarówno umysłu, jak i ciała może zostać utrzymana na *stałe* jedynie przez te osoby, które są wystarczająco silne, aby wykluczyć dysonans; a kto tego dokona, może i będzie wyrażał Doskonałość oraz utrzyma ją.

Jeżeli Pokój, Miłość i Światło nie zamieszkują w myślach i uczuciach istoty ludzkiej, to żadna ilość fizycznego wysiłku nie jest w stanie utrzymać jej zewnętrznego ja w młodości i pięknie. Istnieją one Wiecznie wewnątrz Boskiego Płomienia, którym jest Święte Ja każdego człowieka. Jeżeli zewnętrzne ja pozwoli, aby jakikolwiek dysonans przemknął przez myśli i uczucia, to zostaje on *natychmiast* odciśnięty na ciele fizycznej powłoki. Wieczna Młodość i Piękno są Samotworzące się i na zawsze Samoistniejące wewnątrz Płomienia Boskiego Życia każdej ludzkiej istoty.

Taki Jest Boski Plan przejawienia Swojej Doskonałości w świecie formy oraz utrzymania jej na zawsze.

Młodość, Piękno i Doskonałość są atrybutami Miłości, którymi Boskie Ja nieustannie zasila Swoje Stworzenie. W każdym człowieku złożona jest moc i środki potrzebne do zamanifestowania i wzmocnienia tej doskonałej, wiecznie-rozszerzającej się funkcji stworzenia.

Moc osiągania jest energią Boskiego Ja, która znajduje się w każdej ludzkiej istocie urodzonej w tym świecie. Jest ona aktywna w każdej chwili w jej umyśle, ciele i świecie. Nie ma nawet chwilki, w której ta ogromna energia nie przepływałaby przez wszystkie ludzkie istoty. Masz przywilej określać ją wedle własnego uznania, przy pomocy swojej wolnej woli, poprzez świadome ukierunkowanie swych myśli i uczuć.

Myśl jest jedyną rzeczą we wszechświecie, która może wykreować wibrację, a poprzez wibrację nadajesz charakter tej wiecznie płynącej energii, która określa manifestację tego, czego zapragniesz dla swojego życia i świata. Ta nieograniczona, inteligentna, promienna energia nieustannie płynie przez twój system nerwowy i jest Wiecznym Życiem i witalnością kursującą w twym krwioobiegu. Jest to wszechmocna, wszechobecna, inteligentna działalność dana ci przez Ojca – Boską Zasadę Życia – celem świadomego kierowania nią w zgodzie z twoją wolną wolą. Prawdziwa Inteligencja, która wszystkiego używa konstruktywnie, pochodzi jedynie z wnętrza Boskiej Zasady – Płomienia Życia – i nie jest ona jedynie działaniem intelektu. Prawdziwa Inteligencja jest Mądrością, czy Boską Wiedzą, a ta nie ma, a nawet nie może mieć złych myśli. Złe myśli pochodzą jedynie z impresji odciśniętych na intelekcie przez zewnętrzny świat człowieka. Jeżeli osoby rozróżniałyby własne myśli – czyli widziały różnicę pomiędzy myślami pochodzącymi od Boskiego Płomienia a sugestiami, które wyrzucane są przez intelekty innych ludzi i sygnałami pochodzącymi od zmysłów (które rejestrują jedynie pozory) byłyby w stanie uniknąć wszelkich dysharmonijnych działań i warunków w świecie doświadczania.

Światło pochodzące z wnętrza naszego Boskiego Płomienia jest kryterium, standardem Doskonałości, przy pomocy którego wszystkie myśli i uczucia napływające z pięciu zmysłów powinny być poddawane analizie. Nikt nie może utrzymywać swoich myśli i uczuć w jedności z Doskonałością, jeżeli nie zwróci się do Źródła Doskonałości; albowiem cechy te i funkcje przebywają jedynie wewnątrz Boskiego Płomienia.

Dlatego człowiekowi potrzebna jest medytacja i komunia ze Światłem Boga wewnątrz jego samego. Czysta Esencja Życia nie tylko nada i utrzyma Wieczną Młodość i Piękno w twym ciele, lecz pozwoli ci utrzymać *doskonałą równowagę* pomiędzy twoim Boskim Ja a twym ja zewnętrznym czy osobowym. W rzeczy samej ta Czysta Energia Życia jest siłą, której zewnętrzne ja używa do utrzymania połączenia ze swym Świętym Źródłem – Boskim Ja. W rzeczywistości obydwa one są Jednym, pomijając przypadek, w którym intelekt, czy zewnętrzna funkcja umysłu – to znaczy świadomość zmysłów – akceptuje niedoskonałość, dysharmonię, niekompletność lub myśli o sobie jak o tworze odłączonym od Wszechprzenikającej „Obecności" Życia, będącej Jednością. Jeżeli świadomość zmysłów widzi siebie odłączoną od Boga – Doskonałości – wtedy takie uwarunkowanie zostaje na nią nałożone; albowiem to, co świadomość zmysłów „wmyśli" w swój świat, to zostanie jej przez świat zwrócone.

Jeżeli ktoś pozwoli myślom o niedoskonałości, czy odłączeniu od Boga zaprzątnąć swoją uwagę, a co za tym idzie swój umysł, uwarunkowania z nimi zgodne zaczną wyrażać się w jego ciele i świecie. To spowoduje, że osoba taka odczuwać będzie siebie samą jako oddzieloną od swego Źródła. W chwili, w której pomyśli o sobie jako o oddzielonej od Boga, wyda jej się, że Życie, Inteligencja i Moc mają początek i koniec.

Życie zawsze było, jest i zawsze będzie. Nikt tak naprawdę nie jest w stanie zniszczyć Życia. Poprzez różnorakie działania w świecie mentalnym i fizycznym forma może się rozpaść, czy zostać czasowo zburzona, lecz świadomość indywiduum jest Wieczna i jest w stanie kontrolować wszelką przejawioną substancję w każdym miejscu, gdy tylko Boskie Życie wewnątrz uznane zostaje za Wiedzącego, Dającego i Czyniącego wszelkie dobro dla stworzenia.

Mówię ci Prawdę, twierdząc, że istnieje tylko jedno źródło wszelkiego Dobra – Bóg. Świadome rozpoznanie i akceptacja tej Prawdy przy uznaniu jej przez zewnętrzne działanie umysłu, nie dwa czy trzy razy dziennie, lecz co kilka chwil w ciągu dnia – bez znaczenia na to czym zewnętrzne ja się zajmuje – i podtrzymywanie jej w czasie doprowadzi każdego do wyrażania doskonałej wolności i władztwa nad wszystkimi ludzkimi rzeczami.

Dla większości ludzi powyższe zadanie wydaje się być trudne, ponieważ żyli oni tak wiele stuleci w przekonaniu, że są istotami oddzielonymi od Boga, podczas gdy w każdej chwili każdego dnia używali oni Boskiego Życia, Boskiej Energii, Boskiej Substancji i Boskiego Działania we wszystkich swoich myślach, nie uświadamiając sobie tego. Jednakże wymagane jest świadome uznawanie tego faktu w zewnętrznym działaniu swego umysłu oraz konstruktywne ukierunkowywanie, aby móc uwolnić Jego Pełną Moc w swym osobowym ja.

Uznawanie, świadome kierowanie i konstruktywne używanie Energii Boga, utrzymywane ciągle wewnątrz siebie, jest drogą do Doskonałości, Mistrzostwa i Władztwa nad wszystkimi rzeczami na Ziemi, wliczając w to świadomą kontrolę nad *wszystkimi* siłami natury. Instrukcja, którą ci przekazałem całkowicie usunie wszystkie błędne przekonania, jeżeli będzie pielęgnowana. Prędkość twych osiągnięć zależy od częstotliwości, wytrwałości i głębokości uczucia i identyfikacji z twoim Boskim Ja.

„Jeżeli pragniemy zostać Mistrzem lub Adeptem, to świadoma kontrola wszelkich sił i manipulacja substancją uzależnione są po pierwsze od uznania swojego indywidualnego Boskiego Ja; po drugie od doskonałego spokoju uczuć we wszystkich sytuacjach; po trzecie zaś od bycia ponad *wszelką* pokusą nadużywania władzy. Uspokojenie wszystkich emocji na żądanie świadomej woli jest koniecznością, a potrzeba realizacji tego u Adepta jest bezwarunkowa, jeżeli ma zostać osiągnięte Władztwo.

Nie oznacza to tłumienia dysonansu wewnątrz siebie w jakiejkolwiek chwili, lecz uspokajanie i harmonizowanie uczuć, bez znaczenia jakie okoliczności otaczają umysł czy ciało studenta. Kontrola taka nie jest łatwą rzeczą dla ludzkości świata zachodniego, ponieważ temperament większości ludzi w Okcydencie charakteryzuje się drażliwością, emocjonalnością i impulsywnością. Właściwość ta jest energią o olbrzymiej mocy. Musi być ona kontrolowana, trzymana w zapasie i uwalniana jedynie przez świadome ukierunkowywanie, mające służyć osiągnięciu czegoś konstruktywnego. Dopóki utrata energii nie będzie powstrzymywana i w zupełności kontrolowana, indywiduum nie będzie mogło i nigdy nie poczyni trwałego postępu.

Studenci często pytają, czy osiągną punkt na ścieżce swojego rozwoju, w którym wzniosą się ponad używanie afirmacji. Gdy indywiduum szczerze używa afirmacji, to osiąga pełną akceptację Prawdy odnośnie tego, co afirmuje. Albowiem celem takiego działania jest skupianie uwagi zewnętrznego umysłu tak wytrwale na Prawdzie, aż indywiduum zaakceptuje ją w swoich uczuciach zupełnie – ponieważ uczucie jest w rzeczy samej uwolnioną Energią Boga, która przedstawia afirmowaną Prawdę.

Ciągłe używanie afirmacji prowadzi indywiduum do punktu, w którym osiąga ono tak głębokie urzeczywistnienie Prawdy we wszystkim, co afirmuje, że nie ma już świadomości tego, że to afirmacja. Człowiek używa afirmacji, mantr, czy modlitwy, gdyż pragnie aby coś się przejawiło. Odpowiednie pragnienie jest najgłębszą formą modlitwy. A zatem poprzez używanie afirmacji student podnosi swoje zewnętrzne ja do pełnej akceptacji Prawdy, którą ona zawiera i generuje uczucie, przy pomocy którego rzecz ta się przejawia. Z tej głębokiej akceptacji bierze się przejawienie; albowiem poprzez koncentrację wypowiedziane słowo zaczyna powodować natychmiastowe działanie".

Moja wdzięczność dla Saint Germaina za wszystko, co otrzymałem była zbyt wielka, aby wyrazić ją słowami. Czytał moje myśli i uczucia tak, jak ktoś czyta książkę i tak oto obydwoje siedzieliśmy w milczeniu kilka chwil w doskonałym zestrojeniu. Wybudził mnie on z moich marzeń, abym popatrzył na wspaniałe kolory zachodniego nieba – wieczorną zorzę zachodu słońca.

Zapragnąłem pozostać w górach całą noc i powrócić do domu rankiem, ciesząc się wschodem słońca. Gdy tylko powstało we mnie to pragnienie, u moich stóp natychmiast pojawił się wspaniały śpiwór. Nie przypominał niczego, co kiedykolwiek widziałem. Pochyliłem się, aby zbadać niezwykły materiał, z którego był wykonany i ze zdumieniem odkryłem, że promieniował ciepłem. Spojrzałem na Saint Germaina, który uśmiechając się podał mi kryształowy puchar wypełniony złotym płynem, który w konsystencji przypominał miód. Posłuszny jego delikatnemu życzeniu wypiłem go, po czym promieniujące ciepło natychmiast przeszło przez moje ciało. Gdy skończyłem puchar zniknął w mojej ręce.

„Och, dlaczego nie mogłem zatrzymać tego wspaniałego tworu?" – zapytałem zaskoczony. „Cierpliwości! Mój synu" – odpowiedział – „Czyż nie spełniają się twoje pragnienia jedno po drugim? Twój śpiwór pozostanie tutaj do brzasku dnia, a twoja przyjaciółka pantera będzie cię strzegła podczas nocy".

Pochylając się lekko i z uśmiechem, który był uosobieniem wytworności, jego ciało stawało się stopniowo coraz mniej wyraźne, aż zniknęło całkowicie.

Położyłem się do mojego wspaniałego śpiwora i natychmiast zasnąłem. Gdy różowe odcienie poranka dotknęły wschodniego horyzontu obudziłem się, a pierwsza ma myśl dotyczyła śpiworu, którym tak bardzo się cieszyłem. Na tę myśl zniknął, powracając do uniwersalnej substancji, z której został stworzony.

Podeszła do mnie pantera i wspólnie poszliśmy w kierunku domu. Po przejściu pewnej odległości dotarł do naszych uszu dźwięk ludzkich głosów. Pantera obwąchiwała powietrze, po czym nagle zatrzymała się bezpośrednio naprzeciw mnie i spojrzała na mnie. Pochyliłem się i głaskając ją powiedziałem:

„Możesz już odejść". Jednym skokiem dostała się do gęsto zalesionej części stoku, znajdującej się po prawej stronie ścieżki. Bez przeszkód kontynuowałem moją wędrówkę, aż w końcu krótko po południu dotarłem do mojej kwatery w stanie umysłu, który trudno opisać słowami.

Chciałem myśleć, kontemplować, przetrawić, i przystosować się do całkowicie nowego zbioru idei. Niezwykłe, a jednak bardzo realne doświadczenia, przez które przeszedłem przez minione czterdzieści osiem godzin powodowały konieczność reorganizacji mojego całego świata. Byłem szczęśliwy znajdując się w tym ekstremum, a jednak miałem wrażenie, jakby inny wszechświat pojawił się wokół mnie.

Na zewnątrz znajdował się nadal ten sam prozaiczny świat, który znałem od zawsze, to pewne, a jednak czy rzeczywiście było to pewne? Wewnątrz niego przez cały czas działy się te wspaniałe doświadczenia, ta ogromna moc, te cudowne objawienia wolności i władztwa nad wszelkim przejawieniem, których byłem tak bardzo nieświadomy.

Całe moje życie otoczony byłem tymi, wydawało mi się, cudami, których istnienia w świecie we wcześniejszych latach byłem nieświadomy. Rozmyślałem coraz głębiej – podczas mojego całego wcześniejszego istnienia nie kontemplowałem niczego głębiej.

Nadeszła godzina kolacji, lecz nie byłem głodny. Jednakże przed rozpoczęciem wieczornego posiłku zamówiłem szklankę mleka. Przyniesiono ją, a po kilku chwilach posmakowałem je. Wyobraźcie sobie moje zdziwienie, gdy odkryłem, że stało się ono tym *samym kremowym płynem*, który Saint Germain podał mi na początku.

Skończyłem posiłek, wróciłem do domu i przygotowywałem sobie kąpiel przed snem, gdy nagle znajomy elektryczny prąd przeszedł mnie od stóp do głowy. Mimowolnie wyciągnąłem rękę, a po kilku sekundach pojawiła się na niej mała ilość kryształowej substancji. Skądś wiedziałem, że trzeba ją wrzucić do kąpieli, a gdy tylko to uczyniłem, woda natychmiast zaczęła musować i skrzyć się, jakby była żywa.

Wszedłem do środka, a odczucie mrowienia przeszyło każdą komórkę mojego ciała. Czułem się *naładowany* przez elektryczny strumień wielkiej mocy, który oświecił i wzmocnił całą moją istotę. Skończyłem kąpiel, położyłem się i wkrótce zapadłem w głęboki sen.

4. *Królewskie Teton*

Minęły cztery dni bez jakichkolwiek niezwykłych wydarzeń, a ja starałem się w pełni uświadomić sobie głębsze znaczenie moich wcześniejszych doświadczeń. Właśnie ściemniało się wieczorem piątego dnia, gdy usłyszałem odgłos pukania w szybę mojego pokoju. Wyjrzałem na zewnątrz, a na parapecie stał śnieżnobiały gołąb z małą karteczką w dziobie.

Podszedłem do okna i otworzyłem je. Gołąb wszedł do środka i spokojnie czekał. Wziąłem karteczkę i przeczytałem wiadomość napisaną tym samym pięknym pismem jak ostatnio, tym razem złotym atramentem na białej karteczce. Na niej znajdowały się słowa:

„Bądź w naszym punkcie spotkań o siódmej rano." Podpisano: „Saint Germain".

Gdy tylko wziąłem karteczkę gołąb wleciał na moje ramię i pocierał swoją głową o mój policzek, jak gdyby przekazując mi wiadomość miłości. Potem ponownie podleciał do okna i zniknął jak strzała. Ostrożnie odłożyłem karteczkę w nadziei, że pozostanie; lecz następnego ranka, gdy spojrzałem na nią przed wyjściem na wędrówkę, już jej nie było. Złota karta, na której napisana była pierwsza wiadomość wytrwała do trzeciego dnia. Patrzyłem na nią wiele razy w nadziei, że zatrzymam ją na stałe. Gdy zobaczyłem, że wróciła do wszechświata, pękło mi serce, tak wielkie było moje rozczarowanie.

Aby wykonać piętnastokilometrową wędrówkę i dotrzeć na miejsce o siódmej, musiałem wyjść z mojej kwatery krótko po północy. Wstałem wcześnie i o trzeciej godzinie byłem już w drodze. Idąc szybkim krokiem dotarłem do lasu o poranku. Nie uszedłem stamtąd daleko, gdy do mych uszu doszło żałosne zawodzenie. Zanim to sobie uświadomiłem, odpowiedziałem tym samym tonem. Moja reakcja była zupełnie mimowolna. Usłyszałem szelest wśród drzew, gdy doskoczyła do mnie moja przyjaciółka pantera, która była ucieleśnieniem radości. Pogłaskałem ją i wspólnie ruszyliśmy na miejsce spotkania.

Dokładnie o siódmej pojawił się Saint Germain i przywitał mnie z otwartymi ramionami. Ponownie wręczył mi kryształowy puchar, wypełniony tym razem przezroczystym, musującym płynem. Wypiłem go, a jego smak nie przypominał niczego, co wcześniej doświadczyłem w świecie fizycznym. Smakował prawie tak, jak schłodzony sok z grapefruita, jednakże był iskrzący i musujący. W chwili w której go wypiłem, odczucie przypominające błyskawicę przeszło przez moje ciało, przenosząc swoje rozbłyskujące działanie do każdej żyły.

Wtedy Saint Germain dał panterze małe brązowe ciasteczko, które ta szybko pożarła. Za chwilę jej sierść zjeżyła się na całym ciele, a on powiedział: Twój przyjaciel już nigdy więcej nie zabije zwierzyny. Dla następującego doświadczenia i instrukcji koniecznym będzie pozostawienie twojego ciała tutaj w górach, gdyż nie zaapelowałeś jeszcze do Wewnętrznej Mocy wystarczająco, aby być w stanie zabrać je tam gdzie się dziś wybieramy. Pantera będzie twoim wartownikiem, a jako dodatkowe zabezpieczenie umieszczę pelerynę niewidzialności wokół was obojga. Wybierzemy się do Królewskiego Teton. Chodź.

W tej samej chwili stanąłem na zewnątrz w moim subtelnym ciele, ubrany w bogate *świecące samo z siebie* ubranie, wykonane ze złotej *tkaniny*.

„Przyjrzyj się dokładnie materiałowi, w który jesteś ubrany" – kontynuował – „Substancja, z której wykonana jest tkanina, jaką masz na sobie posiada pewne wyjątkowe właściwości i moce, a jedną z nich jest umożliwienie noszącemu ją podnoszenie i transportowanie fizycznych obiektów. Tkanina sama w sobie posiada czystą elektronową energię i może być używana do przemieszczania obiektów w taki sam sposób, w jaki używa się do tego ciała fizycznego. Jest to jej fenomenalne działanie, którego Wielcy Mistrzowie Światła zezwolili użyć na tej planecie po raz pierwszy".

Dla wiadomości czytelników pragnę oznajmić jasno i wyraźnie, że chociaż byłem odziany w ciało, które funkcjonowało w czterech wymiarach w trakcie tych doświadczeń, to jednak dawało mi ono możliwość odczuwania i obchodzenia się z obiektami w świecie fizycznym w taki sam sposób, w jaki każdy z nas robi to w swoim fizycznym ciele. Ciało, którego wtedy używałem *nie* było tym, które nazywane jest czasami ciałem astralnym.

Wkrótce osiągnęliśmy szczyt majestatycznej góry stojącej na straży ponad jednym z najbardziej pięknych i widowiskowych pasów górskich Stanów Zjednoczonych. Poniżej nas rozpościerały się olbrzymie lasy i wielkie łańcuchy gór wraz z ich wciąż nietkniętymi skarbami mineralnego bogactwa.

Podchodząc do punktu, w którym olbrzymie masy kamienia leżały przemieszane, jak gdyby giganci rzucali nimi w wojnie na siebie nawzajem, Saint Germain dotknął wielkiego głazu. W tej samej chwili ta olbrzymia masa przesunęła się o około półtora metra od swojej pierwotnej pozycji. Skinął, abym za nim podążył. Weszliśmy i ku mojemu zdziwieniu stanęliśmy przed wielkimi drzwiami z brązu.

„Znajduje się to tutaj od czasu sprzed zatonięcia Atlantydy, od ponad dwunastu tysięcy lat” – wyjaśnił.

Podszedł do przodu i nacisnął pewne punkty na drzwiach. Wielka masa brązu ważąca wiele ton powoli przesunęła się, wpuszczając nas do przestronnej komnaty, z której schody wykute w litej skale prowadziły w dół. Zeszliśmy około pięćdziesiąt metrów w dół i wkroczyliśmy do następnej sali o okrągłym kształcie. Saint Germain przeszedł w poprzek pomieszczenia do drzwi leżących naprzeciw schodów i położył na nich swoją prawą dłoń. Gdy się otwarły stanęliśmy przed wejściem do winy o kształcie tuby. Wnętrze wyglądało na matowane srebro, a w odpowiedzi na moją myśl Saint Germain powiedział:

„Tak, jednakże jest twardsze i silniejsze niż stal oraz niezniszczalne". Do poziomu podłogi podjechał cienki metalowy dysk z tego samego metalu, wypełniający tubę prawie całkowicie. Platforma była sterowana i obsługiwana przez Mistrza. Wstąpił na nią a ja podążyłem za nim. Drzwi zamknęły się i zaczęliśmy jechać w dół. Była to długa droga, pomimo że nie poruszaliśmy się gwałtownie. Platforma zatrzymała się przy innych drzwiach z brązu o zupełnie innym deseniu.

„Zjechaliśmy siedemset metrów w głąb góry" – skomentował, gdy opuściliśmy tubę.

Miejsce, w którym się znaleźliśmy miało osobliwy kształt i układ. Tworzyło prostokąt ze wschodu na zachód, którego północno-wschodnie i północno-zachodnie rogi zostały ucięte pod kątem. Tworzyło to zewnętrzną powierzchnię, czy też recepcję. Ciężkie drzwi z brązu zamykające windę otwarły się w kierunku ściany północno-wschodniej.

Na północnej ścianie znajdowały się dwa inne duże wrota, dokładnie takie same i prowadzące do wielkiej widowni. Na ścianie północno-zachodniej były jeszcze jedne, czwarte drzwi, podobne do tych, przez które przeszliśmy. Po przeciwnej długiej stronie nie złamanego kątami odcinka ściany południowej wisiał olbrzymich rozmiarów gobelin.

Wykonany był on z zupełnie niezwykłego materiału; podczas gdy podkład był szorstki, to jego włókno było miękkie jak włosie wielbłąda. Tło było delikatnego kremowego koloru, a na nim znajdowały się dwie naturalnej wielkości postaci reprezentujące Boskie Istoty o Wielkim Majestacie i Sile. Postać po prawej była rodzaju męskiego, a po lewej żeńskiego. Obydwie one stały w pozycji, jak gdyby rozkazywały Kosmicznym Siłom posłuszeństwo ich dekretom.

Postać męska miała na sobie spływającą togę, wykonaną z bogatego materiału o ciemnoszafirowym kolorze z obwódką i bogatymi haftami wykonanymi ze złota. Była to jednoznacznie toga męża stanu lub symbol władzy. Pod togą postać nosiła tunikę ze złotej tkaniny o metalicznym wyglądzie. Pancerz wykonany z rubinów, diamentów, szafirów i szmaragdów pokrywał klatkę piersiową. Talia opasana była wysadzanym klejnotami pasem, od którego zwisała przyczepiona wstawka długości około dwudziestu centymetrów. Ona też była bogato inkrustowana klejnotami tego samego rodzaju. Tunika sięgała do kolan, a jej dolna krawędź przyozdobiona była taśmą o szerokości około dziesięciu centymetrów, bogato haftowaną jedwabiem tego samego koloru co klejnoty.

Wywierało to na obserwatorze takie wrażenie, jakoby *wszystkie* części garderoby świeciły same z siebie. Stopy odziane były w buty przypominające sandały ze złotej skóry, podchodzące prawie do kolan. Były bardzo ozdobne ze sznurowadłami koloru szafirowo-niebieskiego. Opaska szerokości około 5 centymetrów zatknięta była na wysokości czoła, spinając pofalowane złote włosy, które opadały do wysokości około piętnastu centymetrów poniżej ramion.

Karnacja postaci była bardzo jasna o lekkim różowym odcieniu, a oczy koloru głęboko fioletowo-niebieskiego. Palce lewej ręki spoczywały lekko na sercu, a podniesiona prawa ręka trzymała błyszczącą kryształową laskę, symbolizującą władzę i autorytet. Jej dolna część zakończona była szpicem, a na górnej części spoczywała kula o przekroju około siedmiu centymetrów, z której wychodziły promienie błyszczącego Białego Światła.

Widać było wyraźnie, że postać z portretu znajdowała się w trakcie dzierżenia gigantycznej mocy i kierowania Wielką Kosmiczną Siłą. Całość jej wyglądu sugerowała pełnię młodości, jednakże mądrość wieków mówiła przez oczy świadczące o bogatej przeszłości.

Żeńska postać nosiła togę koloru głęboko fioletowego z obwódką wykonaną ze złotego haftu, podobną do tej, którą nosił jej towarzysz i również symbolizującą władzę. Pod spodem znajdowało się okrycie z miękkiego, złotego, błyszczącego materiału, który zwisał prawie do samej ziemi. Nici użyte do wykonania gobelinu pokazujące części garderoby musiały być właściwie tego samego rodzaju, z którego wykonane były pierwotnie ubrania. Istota ta miała na sobie wykładany klejnotami pas ze wstawką, która sięgała kilku centymetrów poniżej kolan. Ozdobiona była tymi samymi kamieniami, które ujrzałem na ubraniu męskiej postaci.

Koniuszek jej prawego sandała wystawał spod krawędzi

ubrania i wykonany był ze złotej skóry. Na głowie nosiła prostą opaskę ze złota dokładnie taką samą jak on, oczy były takiego samego fioletowo-niebieskiego koloru, lecz o jaśniejszym odcieniu, jej złote włosy zaś opadały do kolan.

Na klatce piersiowej, zawieszona na złotym łańcuszku, wisiała siedmioramienna gwiazda oszlifowana z jednego kawałka diamentu. W lewej ręce postać trzymała kryształową kulę o średnicy około piętnastu centymetrów, a w prawej, podniesionej jak u drugiej postaci, znajdowało się berło wielce dziwnego wyglądu. Około dwie trzecie niższej jego części wykonane były ze złota z końcówką przypominającą ostrze włóczni, a górna część utworzona była z materiału przypominającego kryształ, który promiennie świecił. Tworzyło to wzór, którego góra przypominała fleur-de-lis (berło przedstawiające 3 złączone z sobą stylizowane lilie, godło królów Francji, przyp. tłumacza), z wyjątkiem tego, że środkowa część była o wiele dłuższa i zwężała się w formę o smukłym wierzchołku utworzonym z czterech faset.

Zakrzywiony płatek znajdujący się po prawej stronie centralnej części miał piękny różowy kolor, ten po lewej głęboko szafirowo-niebieski, a środkowy był kryształowo biały. Wszystkie trzy były przezroczyste i błyszczały Światłem. Złota i kryształowa część mieszały się ze sobą doskonale, nie było linii przejścia pomiędzy tymi dwoma materiałami. Jej berło symbolizowało Trzy Działalności Kreatywnej Mocy.

Kryształowa kula w jej lewej ręce ukazywała nie

przejawioną Doskonałość przyszłości w Kosmicznej Aktywności. Obydwa berła reprezentowały wprowadzanie Stwórczej Mocy do uniwersalnej substancji celem konkretnego przejawienia i kierowanie tą mocą. Obydwa były promienne i piękne, nawet na gobelinie, i mogłem się tylko zastanawiać jak musiały wyglądać w *rzeczywistości*. Saint Germain stał cierpliwie oczekując, podczas gdy ja studiowałem całą tę koncepcję, tak bardzo zafascynowany byłem wspaniałością całego dzieła.

„Te dwie Wielkie Istoty były założycielami tego Ustronia" – dodał, gdy odwracając się przechodziliśmy przez wrota z brązu po naszej prawej stronie, wchodząc do dużego pomieszczenia, które natychmiast rozpoznawało się jako wielką salę narad używaną dla celów jakichś tajemnych ceremonii.

Cała atmosfera przepełniona była wspaniałością i pięknem. Słowa całkowicie zawodzą przy przekazywaniu tego, co oglądały moje oczy, oraz doświadczały moje uczucia. Kilka chwil zabrało mi, aby przyzwyczaić się do olśniewającego widoku i wspaniałości otoczenia.

Pomieszczenie to miało co najmniej siedemdziesiąt metrów głębokości, trzydzieści pięć szerokości, a sufit znajdował się na wysokości piętnastu metrów. Miękkie białe światło zalewało całe to miejsce, które – jak wyjaśnił Saint Germain – jest wszechobecną siłą, której Ci Wielcy zawsze używają jako światła, ogrzewania i mocy. Około pięć metrów bocznych ścian oraz ściany przeciwległej ułożonych było z białego onyksu. Zaraz za tym ułożeniem budowniczy położyli szeroką strugę czystego złota, szerokości około siedemdziesięciu centymetrów.

Główny obszar obydwu bocznych ścian zajmował jasny, niebieski granit; lecz od strony, od której weszliśmy ich naturalna struktura zmieniała się w różowy granit, jeszcze wyższej jakości. Powierzchnia ścian, sufitu i podłogi została bardzo silnie wypolerowana, ewidentnie jakąś niezwykłą metodą.

Łukowaty sufit, wznoszący się na około trzy metry od bocznych ścian inkrustowany był w absolutnie niezwykły wzór. W jego centrum znajdował się złoty dysk szerokości około czterech metrów. W dysk wrysowana była błyszcząca siedmioramienna gwiazda, której koniuszki stykały się z obwodem, utworzona w całości z *żółtych diamentów* – litej masy brylantowego złotego Światła.

Z tego Centralnego Słońca promieniowały dwa kolorowe pierścienie, każdy z nich szerokości około czterech metrów, tworząc wyraźny pas Światła wokół gwiazdy. Wewnętrzny pierścień był koloru różowego, a zewnętrzny miał kolor intensywnie fioletowy. Tło, na którym umieszczona była gwiazda przypominało złoty szron, a sama gwiazda wysyłała w dół długie promienie błyszczącego kryształowego światła.

Wokół gwiazdy umieszczonych było siedem mniejszych dysków, o szerokości około siedemdziesięciu centymetrów każdy, przedstawiających planety naszego układu i siedem kolorowych promieni wchodzących w skład spektrum białego Światła. Powierzchnia każdego dysku miała aksamitny wygląd i do ich przedstawienia zostały użyte jedynie najczystsze, najbardziej intensywne i wyraźne odcienie każdego z kolorów.

Jak dowiedziałem się później, tutaj w określonym czasie i dla konkretnych celów Wielkie Kosmiczne Istoty wylewają przez owe dyski swe mocarne prądy mocy. Docierają one tutaj do Owych Wielkich Oświeconych i bezinteresownych znanych jako Wniebowstąpieni Mistrzowie Światła, którzy następnie wysyłają je ludzkości na Ziemi. Promieniowanie to wpływa na siedem wirujących centrów znajdujących się wewnątrz każdego ludzkiego ciała na naszej planecie, jak również na wszystkie zwierzęta i rośliny. Tło całego sufitu miało kolor bardzo czystego nieba podczas nocy oświecanej brylantowym światłem księżyca, jednak jego powierzchnia w wysokim stopniu załamywała światło.

W centrum przeciwległej ściany, na wysokości około dziesięciu metrów umieszczone było duże Oko, które w przekroju miało około siedemdziesiąt centymetrów. Symbolizowało ono „Wszechwidzące Oko Stwórcy" wiecznie spoglądające na Swoje Stworzenie, przed Którym nic nie może się ukryć.

Olbrzymia moc była skupiana przy użyciu tego Oka w pewnych okresach w celu uzyskania określonych rezultatów. Mogłem jedynie domniemywać, jakie byłyby moje odczucia, gdybym zobaczył Tę Moc w pełni działania.

W odległości około trzynastu metrów od przeciwległej ściany, na ścianie wschodniej znajdowała się płyta o długości około dwudziestu kilku metrów i wysokości dziesięciu metrów, która została utworzona z jakiegoś precypitowanego materiału. Została ona umieszczona na wysokości trochę powyżej półtora metra ponad podłogą i wpuszczona w boczną (dłuższą, przyp. tłumacza) ścianę na głębokość około pięciu centymetrów, tworząc wklęsłą powierzchnię wokół całej jej krawędzi.

Substancja, z jakiej była wykonana wyglądała jak piękny aksamit głębokiego koloru indygo-niebieskiego, nie była to jednak żadnego rodzaju tkanina. Najbliższym fizycznym materiałem, do którego można by ją porównać byłby minerał. Substancja ta nie jest w użyciu nigdzie w zewnętrznym świecie ludzkości, może być jednak czasami precypitowana przez Wielkich Wzniesionych Mistrzów Światła dla szczególnych celów.

Saint Germain wyjaśnił, że płyta ta została precypitowana i służy jako uniwersalne zwierciadło do instruowania Inicjowanych i Wewnętrznych członków grupy Wysoko Rozwiniętych Istot. Ci Wielcy nieustannie pracują wspomagając ludzkość naszej Ziemi, aby stała się ona Udoskonalonymi mężczyznami i kobietami i umożliwiają im przejawienie w ich zewnętrznym życiu tak wielkiej Doskonałości i Władztwa, jakiej dostąpił Jezus Chrystus.

Nie istnieje żadna zewnętrzna organizacja tych Udoskonalonych Istot. Jedynie przez życie i wyrażanie tej

Doskonałości, poprzez samokorektę ludzkich słabości i zupełną adorację Świętej Istoty Wewnątrz może człowiek stworzyć związek z Tymi pracującymi *na tak wysokim* stopniu rozwoju.

„Na ten ekran" – powiedział Saint Germain – „projektowane są sceny z Ziemi, obrazy pochodzące z eteru, zapisy akaszy, działania mające miejsce na Wenus, czy w jakimkolwiek innym miejscu, a które instruujący pragnie ukazać swoim studentom. Sceny te nie są jedynie obrazami z przeszłości i teraźniejszości, lecz mogą też ukazywać działania mające nastąpić w dalekiej przyszłości. Zobaczysz je później".

Przeszliśmy przez ostatnie drzwi po naszej prawej stronie i wkroczyliśmy do pomieszczenia o rozmiarach około dwudziestu pięciu metrów głębokości, piętnastu szerokości i siedmiu wysokości z sufitem o łukowatym sklepieniu podobnym do tego w dużej hali, z której właśnie przychodziliśmy.

Powierzchnia całego wnętrza wykonana została z matowanego złota. „Te fioletowe i zielone żyły, które widzisz na ścianach, a które wyglądają jak gdyby były tłoczone zostały precypitowane" – kontynuował Saint Germain.

Przeciwległa ściana oraz ściana po naszej prawej od podłogi aż po sufit pokryta była szkieletem wykonanym z białego metalu, który wyglądał jak matowane srebro. W konstrukcji tej znajdowały się pojemniki ulokowane na łożyskach, wykonane z tego samego materiału. Hieroglify wytłoczone na ich pokrywkach wskazywały na zawartość czterech rolek znajdujących się w każdym z nich.

Rolki miały około dwadzieścia pięć centymetrów szerokości, a na każdą z nich nawinięta była taśma szerokości około dwudziestu centymetrów wykonana z prasowanego złota, która pokryta była jakimś materiałem, który sprawiał, że była ona wytrwała i giętka, a jednocześnie nie grubsza niż karta zwykłego papieru.

Długość złotych taśm na rolkach wynosiła od dwóch do piętnastu metrów, a na każdej znajdowały się znaki wyryte w złocie, czymś w rodzaju rylca, czy igły. Znaki te były wykonane tak idealnie, że całość sprawiała wrażenie rękopisu.

„Zapisy te są spełnieniem mojej obietnicy złożonej tobie" – powiedział Saint Germain, wskazując na konkretne miejsce znajdujące się po odległej stronie bocznej ściany. „Opisują one miasto, kraj i cywilizację, która istniała kiedyś w miejscu dzisiejszej pustyni Sahara, w czasie w którym byłeś moim synem, a ja władcą tego starożytnego imperium. Pomieszczenie to zawiera zapisy mówiące o wielu krajach oraz wzlotach i upadkach wielu cywilizacji.". Podając mi jedną z rolek, usunął zapięcie, a ja ze zdumieniem odkryłem, że jestem w stanie czytać jej zawartość.

„To ja ci to umożliwiam" – kontynuował – „poprzez czasowe wzniesienie twojej świadomości i wywołanie twej ukrytej pamięci – wcześniejszego zapisu tamtych doświadczeń, przez które niegdyś przeszedłeś. Kwestia poznania Boga i Jego Wszechświata jest niczym innym jak nawiązaniem kontaktu z zapisem Życia, znajdującym się w każdej formie. Wszystkie formy zawierają w sobie Życie, a w emanacji Światła każdej formy znajduje się zapis jej całej przeszłości. Każdy może spróbować wyszkolić samego siebie, aby go odkryć i zrozumieć, o ile zechce poświęcić uwagę i czas na samodyscyplinę konieczną, aby uciszyć zamęt w zewnętrznej aktywności swojej codziennej egzystencji. Ten wieczny zapis znajdujący się we wszystkich rzeczach istniał od samego początku.

W zamierzchłych czasach ludzkość wyrażała Doskonałość na wszelkie sposoby. Ten wcześniejszy stan rasy został zapisany przez historyków w kronikach jako Rajski Ogród, Eden, lub E-Don, co oznacza Świętą Mądrość. Gdy pozwolono świadomej uwadze, czy zewnętrznej aktywności umysłu, spocząć w świecie fizycznych zmysłów Święta Mądrość – Wszechwiedząca aktywność świadomości – została spowita mgłą, czy też zakryta, a Kosmiczny Święty Plan życia jednostki uległ zanurzeniu. Doskonałość i świadome panowanie ludzkości nad wszelką formą przeszło w stan ukrycia, a wraz z nim zapomniane.

Człowiek stał się świadomym swych zmysłów zamiast świadomym Boga i zaczął się przejawiać jako *to*, do czego została skierowana jego uwaga i o czym najwięcej myślał. *Celowo* i *świadomie* odwrócił się on plecami do Doskonałości i Władztwa, w które wyposażył go

Ojciec na początku. Wykreował on własne doświadczenia braku, ograniczeń i niezgody wszelkiego rodzaju. Zidentyfikował się on z częścią zamiast z całością, czego oczywistym rezultatem była niedoskonałość.

Wszelkie ograniczenia ludzkości wynikają ze sprzeniewierzenia Boskiej cechy – wolnej woli jednostki. Przymusza się ona do życia w granicach swoich własnych kreacji do chwili, gdy poprzez bezpośrednie użycie woli zewnętrznej aktywności umysłu, na nowo świadomie spojrzy ona wstecz na swój Królewski początek – Boga, Wielkie Źródło Wszechrzeczy. Gdy do tego dojdzie, człowiek zaczyna sobie przypominać *To* czym kiedyś był i czym może stać się ponownie, gdy tylko zdecyduje się raz jeszcze spojrzeć na Wielką Kosmiczną Koncepcję Samego Siebie.

Zapis, który byłeś w stanie przeczytać opisywał Życie i ludzi, jakie widzieliśmy, odgrywające się siedemdziesiąt tysięcy lat temu. Miałeś wiele wspólnego z pracą polegającą na wykonywaniu tych zapisów, co działo się na przestrzeni wielu twych wcieleń, które nie zostały ci jeszcze wyjawione.

Przeszliśmy przez salę narad, wchodząc przez drzwi znajdujące się naprzeciw do pomieszczenia podobnego rozmiarem do tego, które właśnie opuściliśmy z dwoma mniejszymi salami przyłączonymi do niego od strony ściany północnej. Ściany większego pomieszczenia pokryte były prawie w całości następną metalową strukturą, wypełnioną takimi samymi pojemnikami, jak we wcześniejszym pomieszczeniu.

„Te sale" – kontynuował – „zawierają jedynie złoto i

klejnoty używane w specjalnym celu, który pobłogosławi cały świat, gdy ludzkość przemieni swój *nieokiełznany* egoizm". W tym momencie wysunął pojemnik wypełniony złotymi monetami i rozpoczął wyjaśnianie: „Oto Hiszpańskie Złoto zagubione na morzu, a my, widząc że nie zostanie ono odzyskane innymi środkami, sprowadziliśmy je tutaj używając działania pewnych mocy, którymi władamy. Później, w czasie, który rychło nadchodzi, na nowo zostanie ono wysłane do użytku w świecie zewnętrznym".

„W tych pojemnikach" – powiedział wskazując na inny dział – „przechowywane jest złoto pochodzące z zaginionego kontynentu Mu i Atlantydy, ze starożytnych cywilizacji powstałych na pustyniach Gobi i Saharze, z Egiptu, Chaldei, Babilonu, Grecji, Rzymu i innych. Gdyby złoto to zostało wprowadzone do zewnętrznej działalności świata, wzbudziłoby nagłą przemianę w każdym zakresie ludzkiego doświadczania. W chwili obecnej *nie* byłoby to działaniem mądrości. Nieskończona Mądrość i Moc Wielkich Kosmicznych Mistrzów, którzy byli Opiekunami tej rasy od czasów jej pierwszego pojawienia się na Ziemi znajduje się prawie poza możliwością pojęcia poprzez ludzki umysł.

Nikt na tym świecie nigdy nie zgromadził wielkiej ilości bogactwa bez pomocy i promieniowania któregoś z Wniebowstąpionych Mistrzów. Są sytuacje, w których jednostki skupiające wielkie bogactwa mogą zostać użyte w konkretnym celu i przy takich okazjach zostaje na nich silnie wypromieniowana dodatkowa moc; albowiem poprzez nią mogą one otrzymywać osobiste wsparcie. Doświadczenie takie jest próbą i okazją do rozszerzenia ich Światła. Wszelkie wyjątkowe osiągnięcia mające miejsce w ludzkiej sferze, bez znaczenia jaki byłby to w danym przypadku kanał, zawsze dopełniają się przy pomocy ponadludzkiej Miłości, Mądrości i Mocy pochodzącej od Wzniesionego Mistrza, gdyż przemienia on wszystkie ograniczenia fizycznego świata. A zatem każdy ponadprzeciętny sukces pochodzi od Jego większej mocy, mającej swe źródło w *promieniowaniu.*

W roku 1887 Zastęp Wniebowstąpionych Mistrzów założył na Wewnętrznych poziomach szkołę celem instruowania tych, którzy sprzeniewierzyli bogactwo i ukazywania im w pełni rezultatów ich pomyłek. Przedstawia się im Prawdę dotyczącą Uniwersalnych Praw rządzących wszelkim bogactwem oraz następstwa wynikające z wpływania na innych, celem utrzymywania własnych fałszywych idei i błędów. Daje im się zupełną wolność, co do tego, czy zaakceptują, czy odrzucą oferowane im dowody. *Zawsze* jednak akceptują oni i postępują według danej im instrukcji.

Następnie weszliśmy do dwóch mniejszych pomieszczeń, w których znajdowały się podobne pojemniki, były jednakże trochę mniejsze. Wypełnione były one najróżniejszymi klejnotami – diamentami, rubinami, perłami, szmaragdami i szafirami – posortowanymi według rodzaju i jakości. Saint Germain uśmiechając się, zwrócił się do mnie i powiedział:

Teraz wiesz i rozumiesz, że Wielki Bóg jest jedynym Prawdziwym Właścicielem i Zarządcą *wszelkiego* bogactwa. Jego »Obecność« wyznacza opiekunów Jego bogactw na każdej płaszczyźnie Życia, czy jest to Światło, Mądrość, Substancja, czy skarby fizyczne. Jesteś spokojny i opanowany, jak widzę, w czasie gdy przyglądamy się tej fazie naszego działania, i tak jest dobrze. Ujawnia to twą Wewnętrzną moc i zdolność do dokonania tego, co dojrzało już do realizacji, gdy tylko będziesz zewnętrznie gotów. Stanie się to wkrótce, zapewniam cię.

Pokazano ci *dowód* na to, że to my jesteśmy zarządcami bogactw świata, a używamy ich jedynie do tego, aby sprawdzić siłę duszy jednostki. Zawsze jest to kwestia *zaufania* danego tym, którzy powinni być wystarczająco silni, aby używać ich wyłącznie konstruktywnie. Jednakże nieliczni, bardzo nieliczni, rzeczywiście przechodzą ten test, znajdując się pod wpływem pokusy istniejącej w dzisiejszym świecie. Jeżeli postanowimy, możemy wznieść najpokorniejsze dzieci Boga, które są wystarczająco przygotowane do przyjęcia bogactwa, władzy i sławy, jeżeli w ten sposób możemy dać pomoc wielu innym.

Po obejrzeniu następnych pojemników wypełnionych klejnotami na powrót weszliśmy do sali narad. Patrząc w kierunku wejścia przez które wcześniej przechodziliśmy, ujrzałem moich ukochanych – Lotus i naszego syna – będących pod opieką jednego ze Wzniesionych Mistrzów, który, jak powiedział Saint Germain, znany jest jako Amen Bey. Po wymianie pozdrowień zostaliśmy zaprowadzeni do siedzeń znajdujących się naprzeciw płyty na wschodniej ścianie. W grupach od trzech do dwunastu zaczęły schodzić się Zastępy Wniebowstąpionych, do chwili gdy zasiadło ich siedemdziesięciu.

Wielka cisza zapadła nad wszystkimi zebranymi, na parę chwil wręcz bez najmniejszego nawet oddechu, jakby w oczekiwaniu. Naprzeciw płyty zaczęła się formować kula łagodnego Białego Światła, przybierając na wielkości i jasności, aż stała się owalem o wysokości około dwóch i pół metra. Ze światła, tak jakby z niego zrodzona, wystąpiła Wspaniała Istota – wysoka, majestatyczna i pełna mocy. Wykonała ona znak łączący skończone z Nieskończonym i zapytała głosem, który poruszył każdy atom mego umysłu i ciała, czy wszyscy są gotowi.

Jaskrawe światło zabłysnęło z substancji, z którego wykonana była płyta, aż w końcu przybrała ona wygląd lustra wykonanego z Żywego Światła. Po chwili zmieniła się w kryształowo przezroczystą kulę, a potem stała się kosmicznym ekranem, na którym można było pokazywać żywe obrazy we wszystkich wymiarach, bez ograniczeń wielkości obrazu. Stało się oczywiste, że wszystko, co mogłoby się kiedykolwiek wydarzyć we Wieczności mogło zostać pokazane na tymże ekranie, jeżeli Kierująca Inteligencja by tego zapragnęła.

Pierwsze sceny ukazywały Mu, działania i osiągnięcia tamtejszego ludu oraz pełnię rozkwitu, którą osiągnęła tamta cywilizacja. Działo się to na przestrzeni tysięcy lat. Następnie doszło do wydarzeń, które z pewnością wydały się jej mieszkańcom rządami terroru. Doszło do kataklizmu, który tak długo szarpał powierzchnią Ziemi, aż wszystko zapadło się w sobie. Starożytna ziemia Mu zatonęła pod falami dzisiejszego Pacyfiku, gdzie nadal się znajduje, otoczona płaszczem wody. Powstanie ona na nowo i ponownie przyjmować będzie Życie i Światło fizycznego słońca.

Następnie urosła do piękna, mądrości i mocy Atlantyda, wielki kontynent pokrywający sporą powierzchnię tego, co dzisiaj jest Oceanem Atlantyckim. W tamtych czasach istniał trwały ląd pomiędzy tym, co dzisiaj stanowi Amerykę Centralną i Europę. Rzeczy osiągnięte w tamtej epoce były ogromne; jednakże ponownie sprzeniewierzenie przez lud Potężnej Energii Boga pokonało go i gdy sprawy zaczęły być wybijane coraz bardziej ze stanu równowagi, rozdarta na nowo powierzchnia Ziemi zmusiła swój lud do kolejnego doświadczenia kataklizmu.

Pozostał jedynie mały szczątek Atlantydy: wyspa na środku oceanu, odcięta od bliskiego kontaktu z resztą cywilizowanego świata. Wschodnia i zachodnia część kontynentu zatonęła pod wodami Oceanu Atlantyckiego, pozostawiając jedynie wyspę nazwaną Posejdonią. Była ona sercem znanego wtedy cywilizowanego świata i zostały tam przedsięwzięte działania, aby ochronić i utrzymać jego najważniejsze inicjatywy, skierowane głównie na kontynuowanie pewnych nie dokończonych prac. W tym okresie dokonały się wielkie postępy, zarówno w sferze duchowej, jak i materialnej.

Rozwój w zakresie mechaniki osiągnął w tych czasach wysoki stopień zaawansowania, a jednym z najwybitniejszych osiągnięć była doskonałość powietrznej nawigacji. Transport powietrzny naszych czasów (lata 30. XX wieku przyp. tłum.) może być nazwany prymitywnym, jeśli porównamy go do tego, co osiągnięto wtedy na Atlantydzie.

Wielcy Mistrzowie Światła i Mądrości sprawili, że stało się to możliwym dla ludu Posejdonii, ponieważ inspirowali, instruowali, zachowywali i udostępniali wiedzę wielkiego postępu w każdej fazie ludzkiej działalności.

Duża ilość mieszkańców Posejdonii stała się świadoma Wielkiej Boskiej Mocy znajdującej się wewnątrz jednostki, jednakże tak jak wcześniej ludzka strona ich natury, czy też zewnętrznego działania, zaczęła uzurpować sobie Wielką Energię Egoizmu i sprzeniewierzenie tej transcendentalnej mądrości i władzy rozpowszechniło się jeszcze bardziej niż wcześniej. Mistrzowie Starożytnej wiedzy widzieli, że ludzie zmierzają w kierunku następnego niebezpiecznego Momentu oraz że grozi im nadejście następnej katastrofy. Ostrzegali oni mieszkańców wciąż na nowo, tak jak wcześniej, jednakże jedynie Ci, którzy służyli Światłu zwrócili na to uwagę.

Wielkie budowle zostały skonstruowane z niezniszczalnego materiału, gdzie złożone zostały zapisy zbierane na przestrzeni wieków. Znajdują się one *teraz* w stanie doskonałego zachowania na dnie Oceanu Atlantyckiego, hermetycznie zamknięte.

Wydobyte zostaną na światło dzienne przez tych Wielkich, którzy zajmowali się ich przygotowaniem i którzy sprawują pieczę nad ich ochroną.

Znajdują się w nich zapisy dotyczące ludzkiego postępu i osiągnięć tego okresu, mające przeciwdziałać trwałej utracie działań Atlantyckiej Cywilizacji przedsięwziętych dla ludzkości. Oprócz zabezpieczenia tych zapisów, wielkie bogactwa składające się głównie ze złota i klejnotów zostały przeniesione w inne, bezpieczne miejsca. Były one i nadal będą chronione na przestrzeni stuleci w celu użycia ich w przyszłości do podniesienia i rozwoju nienarodzonych jeszcze generacji.

Nadszedł końcowy kataklizm a wraz z nim zakończył się ostatni fragment wcześniejszego światowego imperium, aby spocząć na wieki celem oczyszczenia pod wodami dzisiejszego Oceanu Atlantyckiego. Pamięć Atlantydy i jej narodu, w odróżnieniu do zaginionego kontynentu Mu, nie została całkowicie wymazana, czy unicestwiona dla historii ludzkości. Została ona bowiem zapisana na różne sposoby na przestrzeni minionych wieków, pomimo, że od zatonięcia minęło dwanaście tysięcy lat. Fragmenty informacji o niej docierają do nas najbardziej nieprzewidywalnymi kanałami. Mity i legendy odnoszące się do Atlantydy są takimi obfitymi w informacje kanałami, które zachowują wiedzę o tym, co działo się na Ziemi w tej czy innej epoce,. W miarę upływu czasu ukażą się niepodważalne dowody jej egzystencji i osiągnięć, które wyjawi oceanografia, geologia i inne naukowe źródła.

Potem ukazane nam zostały starożytne cywilizacje rozwijające się na pustyni Gobi i pustyni Sahara, oraz wzrost i upadek ich głównych przejawów. Upadek każdej z nich nie wyniknął tym razem z kataklizmów lecz z naporu inkarnacji hord prymitywnych dusz, który miał miejsce w tamtym okresie.

Następnie pokazały się obrazy z Egiptu, jego wzrost i upadek. Ten ostatni spowodowany był świadomym sprzeniewierzeniem wiedzy i władzy przez dużą ilość mieszkańców inkarnowanych w owej krainie, których głównymi cechami były duma z intelektualnych osiągnięć oraz rebelia przeciwko dystansowaniu się wobec swojej niskiej natury. Cechy te zawsze oznaczają upadek, czy to jednostki, czy mas ludzkich.

Egipt wzniósł się na najwyższe wyżyny poprzez właściwe użycie władzy i wiedzy. One zawsze wymagają pokory i posłuszeństwa dla Boskiego Ja Wewnątrz oraz absolutnej i bezwarunkowej kontroli ludzkiej, czy też niskiej natury tych, którzy poszukując takich darów chcą unikać własnej destrukcji. Dusze inkarnowane w Egipcie podczas jego upadku nie były prymitywne tak jak to miało miejsce w cywilizacjach na pustyni Gobi i pustyni Sahara. Przeciwnie – osiągnęły one stopień świadomego używania wiedzy i władzy i rozmyślnie wybrały ich sprzeniewierzenie. Takie działanie nie ma jednak nic wspólnego z mądrością; albowiem ci, którzy są Wiecznymi Spadkobiercami darów Świętej Bogini na zawsze muszą pozostać ponad *wszelką* pokusą sprzeniewierzania wiedzy i władzy. Mądrość to prawidłowe użycie wszelkiego przejawiania, a ten który rozpozna tę samopotwierdzającą się, Niezmienną Prawdę, staje się otwartymi drzwiami dla wszelkiego dobra, które obficie wypełnia wszelkie stworzenie.

Określenie Egiptu jako krainy ciemności jest jak najbardziej niesprawiedliwe, albowiem z Egiptu wyszło w jego wcześniejszej epoce *bardzo wielkie* Światło i z Egiptu ponownie wyjdzie *bardzo wielkie* Światło.

Następna scena ukazywała wzrost i upadek Imperium Rzymskiego. Gdy ciemność i degradacja tamtych stuleci osiągnęła najwyższy punkt, stała się rzecz niezwykła! Pojawił się Jezus, wylewając Swoje Jaśniejące Światło i Miłość jako Chrystus; a przez jego Transfigurację, Zmartwychwstanie i Wniebowstąpienie tak przytłaczająca powódź Boskiej Doskonałości rozprzestrzeniła się na Ziemi, że ludzkość nigdy już *w żadnej epoce* nie będzie mogła popaść w tak wielką ciemność,. Osiągnięcia Jego Życia *na zawsze zapisane* są w aurze tej planety i działają jak magnes przyciągający ludzkość do Podobnej Doskonałości.

Nadejście Jezusa było inicjacją dla ludzi naszego świata oraz Kosmicznym Rozkazem do używania Mocy Boskiej Miłości we wszelkiej jego przyszłej aktywności. To wylewanie Jego Miłości na Ziemię w jej najciemniejszym okresie stało się narodzinami Chrystusowego dziecka w jednostce. Raz jeszcze przywołał on kosmiczny Boski Plan i wyjawił Dekret dla nadchodzącej epoki. Planem tym jest Całkowite Władztwo pełnego Formatu Chrystusa, znajdującego się *wewnątrz* każdej ludzkiej istoty, nad wszelką skończoną materią.

Następnie nadeszło władanie Ryszarda Lwie Serce w Anglii. Ludzkość ma niewiele lub całkowity brak wiedzy o rzeczywistym duchowym działaniu, które miało miejsce w tamtych latach. To samo Światło, które inspirowało entuzjazm Ryszarda i jego zaangażowanie w krucjaty oraz które wyrażone zostało przez jego następców i ludzi tamtych czasów jest tym, którego Wzniesione Zastępy używały na Wewnętrznych poziomach świadomości.

Następnie nadeszły obrazy drugiej wojny światowej w Europie, które wyjawiły przyczyny jej powstania. Jedynie niewiele ludzi zna jej prawdziwą przyczynę i zapewne bardzo dobre jest to, że nie jest ich więcej. Rozmyślanie nad nią jest dla świadomości zbyt destrukcyjne. Nic nie można zyskać przez koncentrowanie uwagi na wojnie. Być może to było przyczyną tego, że okres pomiędzy panowaniem Ryszarda, a drugą wojną światową nie został ukazany. Tutaj zostały nam pokazane działania Wniebowstąpionych Zastępów. Widzieliśmy jak rozpuszczają one przyczynę i większą część zakumulowanej Siły tego światowego konfliktu.

Zostało to osiągnięte poprzez *świadome* koncentrowanie i kierowanie *olbrzymimi* Promieniami Światła, których siła pochłaniania i przemieniania jest zbyt ogromna, aby zawrzeć to w ograniczonym opisie.

Ci Doskonali wypatrywali Kosmicznego Momentu, aby zebrać się i móc wykonać dla ludzkości długo wyczekiwaną Posługę Miłości, o której ludzkość ma jedynie niewielkie lub całkowity brak pojęcia.

Te wielkie, godne uwagi obrazy postępowały nadal ukazując wydarzenia sięgające dalekiej przeszłości i wpływające na całą Ziemię. Pokazywały wiele nadchodzących zmian samej jej powierzchni.

Obrazy postępowały nadal przez około trzy godziny, ukazując wiele scen i wydarzeń, które całkowicie umknęły zapisom historyków i Świata ze względu na swą wielką starożytność. Nasze wspaniałe i piękne ruchome obrazy [taśma filmowa, przyp. tłumacza] są jedynie zabawkami w porównaniu z żyjącymi, oddychającymi i ukazującymi prawdziwe wydarzenia scenami wyświetlonymi na kosmicznym ekranie. Było tam możliwym obserwować Kosmiczną Przyczynę wypływającą z wielu wydarzeń i sytuacji, które mają miejsce na Ziemi – tak, że obserwujący otrzymywali pouczenia niezwykłej wagi. Ta Wewnętrzna instrukcja jest wielką pomocą dla studentów.

Na zakończenie instrukcji Saint Germain przedstawił nas Wielkiemu Wzniesionemu Mistrzowi Lanto, który zmaterializował się z Jaskrawego Światła, a następnie pozostałym siedemdziesięciu zebranym Mistrzom.

„W rzeczy samej mamy powód do radości" – powiedział Lanto zwracając się do nas – „widząc jak znów jesteś gotów połączyć się z nami w świadomej służbie dla wspaniałego dzieła. Okazja ta nadarza się tobie ze względu na wielkie zwycięstwa, jakich dokonałeś nad swym ludzkim ja i światem zewnętrznym. Zbliża się czas, w którym będziesz miał zaszczyt zobaczyć, jak naprawdę wielkie są te zwycięstwa. Każdego dnia akceptuj w całej Pełni Wielką Aktywną Obecność Wielkiego Boga wewnątrz ciebie, a nie będzie mogło zaistnieć na twojej drodze coś takiego jak porażka. Każdy, który szczerze szuka Światła zawsze jest znany Wniebowstąpionym Mistrzom. W Sylwestra spotkamy się tutaj ponowanie, będziemy też mieli dwunastu gości z Wenus. Naszym życzeniem jest, abyś był obecny. Saint Germain i Amen Bey będą twoimi sponsorami".

Na znak wszyscy ucichli i otrzymali miłosne błogosławieństwo Lanto przed swym powrotem do indywidualnych dziedzin służby. Większość z nich po prostu zniknęła z pomieszczenia w przeciągu kilku chwil, a reszta udała się do tuby.

Dzieci moje, widzę że nie straciliście świadomości czasu. Jest teraz trzecia nad ranem" – stwierdził Saint Germain, obracając się na pożegnanie do Lotus i naszego syna, którzy po objęciu mnie wyszli przez zewnętrzną komnatę przyjęć, gdy przechodziliśmy przez pierwsze drzwi po prawej stronie. „Jest jeszcze jedna rzecz" – kontynuował – którą chcę, abyście zobaczyli zanim wyjdziemy.

Znajduje się tutaj grupa wielce niezwykłych instrumentów muzycznych używanych do specjalnego celu, które zostały skonstruowane, czy stworzone, aby wydawać ton specjalnej jakości potrzebny przy pracy, jaką wykonujemy". Zbliżył się do klawiatury organów i kontynuował objaśnianie:

„Wydaje się, że są to organy pozbawione piszczałek, jednakże piszczałki, które są dużo mniejsze niż zwykle umieszczone są w ich obudowie. Tony wydobywane przez instrument są lepsze niż cokolwiek świat zdążył poznać wcześniej odnośnie muzyki. Organy te znajdą swe zastosowanie w świecie zewnętrznym, gdy postępowała będzie do przodu Złota Era".

Następnie obejżeliśmy cztery wspaniałe harfy, nieznacznie większe od tych, które znajdują się w powszechnym użyciu w dzisiejszym świecie muzycznym. Saint Germain usiadł przy jednej z nich i zagrał kilka akordów, aby dać mi pojęcie o ich dźwięku. Była to najwspanialsza muzyka, jaką kiedykolwiek słyszałem.

„Ta harfa to niespodzianka dla naszej Ukochanej Lotus" – powiedział – „albowiem w Sylwestra w tym Ustroniu usłyszysz jak zręczni artyści będą grali na organach i czterech harfach". Zakończyliśmy oglądanie komnaty i wyszliśmy drzwiami ulokowanymi na północno-zachodniej ścianie.

Zamiast wyjść z Ustronia drogą, którą przyszliśmy Saint Germain otworzył małe drzwi po lewej i wszedł do migocącego tunelu, którego ściany błyszczały kryształowymi wzorcami. Natychmiast rozbłysnęły one Białym Światłem, którym zawsze emanował, gdy manipulował elektronową materią wokół siebie. Szybko weszliśmy do tunelu, doszliśmy do drzwi z brązu, które otwarły się na jego dotyk, i ponownie stanęliśmy pod niebem obsypanym gwiazdami.

Przez chwilę pozostawaliśmy w całkowitej ciszy, po czym wznieśliśmy się około dwustu metrów nad ziemię, szybko pomknęliśmy przez powietrze i po kilku chwilach stanęliśmy obok mojego ciała fizycznego na południowym stoku Góry Shasta, gdzie nadal warowała pantera. Byłem poza ciałem dwadzieścia dwie godziny i gdy spojrzałem w górę, zobaczyłem jak świt wspina się po wschodnim horyzoncie.

„A oto i twoje śniadanie" – powiedział Saint Germain, podając mi Kryształowy Kielich zawierający przezroczystą białą, iskrzącą ciecz. „To zarówno cię wzmocni, jak i odświeży, tak abyś mógł cieszyć się spacerem do domu, ponieważ twoje ciało potrzebuje wysiłku i aktywności. Wyczuwam coś w twoim umyśle, co sprawia ci kłopot, lub nie całkiem jest jasne dla twojej świadomości".

„Rzeczywiście" – odpowiedziałem – „Mam pytanie, które zajmuje moją uwagę od dłuższego czasu i dotyczy wizualizacji. Czym jest prawdziwa wizualizacja i co dzieje się, gdy się wizualizuje?".

„Prawdziwa wizualizacja" – odpowiedział – jest Boską cechą oraz Mocą Wzroku działającą w umyśle człowieka. Gdy świadomie obrazuje się w umyśle pragnienie, którego spełnienia sobie życzymy, to używamy jednego z najsilniejszych środków wiodących ku sprowadzeniu go do widzialnego, materialnego doświadczania. Istnieje wiele nieporozumień i niepewności w umysłach wielu ludzi co do tego, co tak naprawdę odbywa się, gdy ktoś wizualizuje, czy tworzy mentalny obraz tego, czego pragnie. Żadna forma nie powstała nigdy gdziekolwiek we wszechświecie, jeżeli ktoś świadomie nie utrzymywał obrazu tej formy w swoich myślach. Albowiem każda myśl zawiera w sobie obraz idei. Nawet myśl abstrakcyjna posiada obraz jakiegoś rodzaju, lub co najmniej obraz będący czyjąś mentalną koncepcją tej myśli.

Dam ci ćwiczenie, przy pomocy którego można tworzyć, świadomie kontrolować i kierować swoją wizualizacją celem uzyskania konkretnych osiągnięć. Istnieje kilka kroków tego procesu, których student może używać zawsze i wszędzie. Praktyka ta przynosi widoczne, materialne rezultaty jeżeli rzeczywiście jest wykonywana.

Pierwszym krokiem jest wybranie konkretnego planu lub pragnienia, które chcemy urzeczywistnić. Musi to być coś konstruktywnego, szczytnego oraz wartego twojego czasu i wysiłku. Upewnij się co do *motywu,* dla którego taka kreacja miałaby znaleźć swój wyraz. Musi to być coś uczciwego, zarówno względem ciebie, jak i reszty świata, a nie jedynie podążanie za zachcianką lub spełnieniem apetytu fizycznych zmysłów. Zapamiętaj – istnieje wielka różnica pomiędzy użytkiem, pragnieniem i apetytem. *Użytek* jest spełnieniem Wielkiego Uniwersalnego Prawa Służby. *Pragnienie* jest rozprzestrzeniającą się aktywnością Boga, poprzez którą manifestacja jest nieustannie utrzymywana oraz Perfekcją, która się rozszerza. *Apetyt* to nawyk ustanowiony poprzez ciągłe spełnianie natury uczuć i skupiona energia nacechowana sugestiami pochodzącymi z zewnętrznej aktywności życia.

Bądź całkowicie pewien, że nie ma w tobie przyczajonych uczuć, które byłyby zadowolone z wyciągnięcia korzyści kosztem innych. *Prawdziwy* student – a tylko taki odniesie korzyść z takiego rodzaju szkolenia – przejmuje lejce we własne ręce i zdeterminowany jest, aby dyscyplinować i świadomie kontrolować swoje ludzkie ja. On wybiera co ma, a co nie ma znaleźć się w jego świecie, i poprzez proces obrazowania w swoim umyśle kształtuje i manifestuje konkretnie zdefiniowany plan życia.

Następnym krokiem jest opisanie planu w słowach tak treściwie i jasno, jak to tylko możliwe. Zapisz to. W ten sposób tworzysz zapis swojego pragnienia w zewnętrznym, widzialnym, namacalnym świecie. Trzecim krokiem jest zamknięcie oczu i *widzenie* w swoim umyśle mentalnego obrazu swojego pragnienia, czy planu w swoim końcowym, doskonałym stanie i funkcjonowaniu.

Kontempluj nad faktem, że twoja umiejętność kreowania i oglądania obrazu wewnątrz własnej świadomości jest Boską cechą wzroku działającą w tobie. Czynność *widzenia* i moc *kreowania* są cechami twojego Boskiego Ja, o którym wiesz i czujesz, że zawsze jest w tobie. Życie i Moc Boga działają wewnątrz twojej świadomości przenosząc obraz, który *widzisz i czujesz* wewnątrz siebie do twojego świata zewnętrznego.

Pamiętaj, aby przypominać swemu intelektowi, że umiejętność obrazowania jest Boską cechą – cechą wzroku. Moc czucia, doświadczania i identyfikowania się z doskonałym obrazem jest Boską mocą. Substancja wykorzystywana w świecie zewnętrznym, podczas tworzenia formy w twoim obrazie i planie, to czysta Boska substancja. Musisz więc *wiedzieć*, że Bóg jest Działającym, Tworzeniem i Czynem znajdującym się wewnątrz każdej konstruktywnej formy i działania, jaka kiedykolwiek została wysłana do świata manifestacji. Jeżeli zatem użyjesz wszystkich tych konstruktywnych procesów, to niemożliwym będzie, aby twój plan *nie* zrealizował się w twym namacalnym świecie.

Czytaj w przeciągu dnia swoje pragnienie lub plan tak

wiele razy, jak to tylko możliwe i zawsze na krótko przed zaśnięciem, ponieważ kładąc się spać natychmiast po kontemplacji obrazu w twoim umyśle, w twojej ludzkiej świadomości powstaje pełen wzorzec *pozostający w stanie niezakłóconym przez wiele godzin*, co pozwala na zapisanie go głęboko w zewnętrznej działalności i umożliwia wygenerowanie i zmagazynowanie mocy, która przeniesie go do zewnętrznego doświadczenia Życia. W taki sposób możesz przenosić każde pragnienie lub obraz do swojej świadomości w czasie, gdy wchodzi ona do Wielkiej Ciszy podczas snu. Tam zostaje ona naładowana przez Największą Moc i Aktywność Boga, które zawsze znajdują się w Sercu Wielkiej Ciszy.

Tysiące pragnień, ambicji, czy idei uległoby manifestacji w zewnętrznym doświadczaniu ludzi, gdyby nie dyskutowali oni o nich z przyjaciółmi, czy znajomymi. Jeżeli decydujesz się definitywnie dojść do doświadczania poprzez świadomie pokierowaną wizualizację, stajesz się Prawem – Bogiem – tego, który jest Jeden i w stosunku do którego nie istnieje nic przeciwnego. Musisz podjąć własną decyzję i stanąć za swoim własnym dekretem z całą swoją mocą. Oznacza to, że musisz przyjąć niezachwianą, zdeterminowaną pozycję. Aby tego dokonać, wiedz i czuj, że Bóg tego pragnie, Bóg czuje, Bóg wie, Bóg manifestuje i Bóg kontroluje wszystko, co się z tym wiąże. Oto Prawo tego, który jest Jeden – Boga – i wyłącznie Boga. Dopóki tego w pełni nie zrozumiesz, nie bedziesz w stanie wykonać i nie wykonasz swojej manifestacji. Albowiem w chwili gdy ludzki element dochodzi do głosu zabierasz to z rąk Bogu i oczywiście nie może się to wyrazić, gdyż neutralizujesz to ludzkimi cechami takimi jak czas, przestrzeń, miejsce oraz tysiącem i jednym innych wyobrażonych uzależnień, których Bóg nie uznaje.

Nikt nie jest w stanie poznać Boga tak długo, jak długo uznaje siłę stojącą w opozycji do Boga; albowiem gdy uznajesz, że dwie siły mogą działać, to jako rezultat otrzymujesz działanie neutralizujące. Jeżeli masz neutralizację, to tak czy inaczej nie posiadasz cech definitywnych. Jedyne co masz to nicość w swojej manifestacji. Gdy uznajesz Boga – który jest Jeden – masz wyłącznie Perfekcję manifestującą się natychmiast, albowiem nie ma niczego, co stoi w opozycji, czy neutralizuje – nie masz elementu czasu. A wtedy podstawa jest w tobie, bo nie ma nikogo w opozycji do tego, co Bóg dekretuje.

Sprawy nigdy nie ulegną poprawie do momentu, w którym nie zapragniemy Doskonałości i nie przestaniemy uznawać mocy stojącej w opozycji do Boga lub tego, że jest coś w środku lub na zewnątrz nas, co może zapobiec wyrażaniu się Boskiej Doskonałości. Sama akceptacja przez człowieka stanu gorszego od wszystkiego, czym jest Bóg, to świadomy wybór niedoskonałości i ten rodzaj wyboru jest upadkiem człowieka. Jest on świadomy i zawiera intencję, ponieważ człowiek ma w każdej chwili wolność myślenia tego, co akurat wybierze. Nawiasem mówiąc, nie potrzeba więcej energii, aby wytworzyć myśl czy obraz o Doskonałości niż by wytworzyć myśl, czy obraz o niedoskonałości.

Jesteś Twórcą *umiejscowionym*, którego zadanie polega na modelowaniu i tworzeniu Doskonałości w twoim świecie i Wszechświecie. Jeżeli mają się wyrazić Doskonałość i Władztwo, wolno ci znać i uznawać wyłącznie Prawo tego, który jest Jeden. Ten, który jest Jeden istnieje i posiada całkowitą kontrolę w każdym miejscu Wszechświata. Jesteś Samoświadomością Życia, Nadrzędną będącą w Jedności Obecnością Wielkiego Płomienia Miłości i Światła. Ty i tylko ty jesteś Wybierającym, Dekretującym cechy i formy, które pragniesz wlać w swoje Życie; albowiem ty jesteś jedynym źródłem energetyzowania swojego świata i wszystkiego, co on zawiera. Gdy myślisz i czujesz, część twojej energii Życia wychodzi od ciebie celem utrzymania twoich kreacji.

A zatem wyrzuć ze swojego umysłu wszelkie wątpliwości, czy lęk przed spełnieniem tego, co obrazujesz. Gdyby jakiekolwiek z takich myśli lub uczuć – które są, jakby nie było, niczym innym jak ludzką emanacją nie zawierającą doskonałości – doszły do twojej świadomości, natychmiast zmień je poprzez pełne uznanie twojego Ja oraz świata jako Życia Boga, który jest Jeden. Ponadto nie troszcz się o to więcej, chyba że podczas tych chwil, gdy wizualizujesz. Nie ustalaj w swoim umyśle określonego czasu realizacji, wyjąwszy to, żebyś wiedział, że istnieje tylko teraz, tylko aktualna chwila. Przyjmij tę dyscyplinę, używaj jej, a będziesz w stanie manifestować nieodpartą moc w działaniu, która nie będzie w stanie cię zawieść i która nigdy nie zawiodła.

Zawsze pamiętaj: jesteś Bogiem, który obrazuje. Jesteś

Boską Inteligencją, która kieruje. Jesteś Mocą Boga przenoszącą obrazy do namacalnego świata. Jesteś Twoją – Boską Substancją, która znajduje się w działaniu. Gdy uświadomisz to sobie i będziesz kontemplował tego pełnię, wszystko we Wszechświecie będzie spieszyć, aby spełnić twoje pragnienie, twój rozkaz, twój obraz. Albowiem wszystko to jest konstruktywne i stąd zgadza się z Pierwotnym Świętym Planem Samoświadomego Życia. Jeżeli nasza ludzka strona naprawdę zgadza się ze Świętym Planem i go akceptuje, to nie może zaistnieć taka rzecz jak opóźnienie lub porażka; albowiem wszelka energia posiada zawartą w sobie cechę Doskonałości i spieszy, aby służyć swojemu stwórcy. Doskonałość jest jedyną predestynacją jaka istnieje.

Ponieważ twoje pragnienie czy obraz jest konstruktywny, jesteś Bogiem oglądającym Swój Własny Plan. Gdy Bóg go widzi, to jest to nieodwracalny dekret czy rozkaz, aby pojawił się teraz. Podczas tworzenia tej Ziemi, oraz systemu światów Bóg powiedział: »Niech stanie się światło«, i światło pojawiło się. Wytworzenie Światła nie trwało eonów. Ten sam Wielki Bóg jest teraz w tobie; a gdy widzisz lub mówisz, to jest to Jego cecha wzroku lub mowy, która działa w tobie i przez ciebie.

Gdy uświadomisz sobie co to naprawdę oznacza, będziesz w stanie rozkazywać używając Jego Pełnej Mocy i Autorytetu; albowiem jesteś Jego Świadomością Życia, i tylko To jest Samoświadomością twojego Życia, które może rozkazywać, obrazować czy pragnąć konstruktywnego i Doskonałego Planu. Każdy konstruktywny plan jest Jego

Planem. Dlatego wiesz, że Bóg działa-rozkazuje: »Niechaj to pragnienie, czy plan spełni się teraz« i zostaje To dokonane.

W tym miejscu Saint Germain skończył mówić i posyłając mi na pożegnanie uśmiech, zniknął z pola widzenia. Zwróciłem się w kierunku domu, a pantera pospieszyła u mojego boku. Dwadzieścia cztery godziny wytrzymała bez pożywienia i nie trwało długo zanim dała susa i zniknęła za gęstymi drzewami. Dotarłem do domu około godziny jedenastej i spędziłem resztę dnia uświadamiając sobie pełną wagę tego, czego miałem zaszczyt doświadczyć oraz jak cała koncepcja mojego świata uległa tak nieoczekiwanej zmianie.

5. *Tajemnice Yellowstone*

Minęło siedem dni. Był pierwszy tydzień września. Wieczorem ósmego dnia siedziałem kontemplując Życie i jego nieskończone sposoby wyrazu, gdy moje myśli naturalnie zwróciły się ku Saint Germainowi. W tej samej chwili wyszła ode mnie do niego nieprzeparta miłość w głębokiej wdzięczności za wszystko, czego miałem zaszczyt doświadczyć dzięki jego pomocy i Światłu.

Zaczęło mnie nachodzić odczucie Obecności w pomieszczeniu, coś w rodzaju oddechu, a gdy popatrzyłem w górę, nagle On tam się pojawił stojąc, uśmiechając się i promieniejąc niczym wcielenie „Świętej Obecności".

„Synu Mój" – powiedział, czy jestem tak nieoczekiwanym odwiedzającym, że cię zaskakuję? Z całą pewnością dobrze wiesz, że gdy o mnie myślisz, to jesteś w kontakcie ze mną; a gdy ja myślę o tobie, to jestem z tobą. W medytacji twoja uwaga skupiona była na mnie, a zatem jestem. Czyż nie jest to zgodne z Prawem? A zatem dlaczegóżby nie akceptować tego jako sprawy naturalnej? O czym myślimy, to sobie przyciągamy.

Pozwól, że zasugeruję, abyś nauczył się nigdy nie być zdziwionym, rozczarowanym, oraz aby twoje uczucia nigdy nie zostały zranione, w żadnych okolicznościach. Albowiem doskonała Samokontrola wszystkich sił wewnętrznych, Władztwo nad nimi w każdej chwili, to nagroda dla tych, którzy stąpają po ścieżce Światła; gdyż jedynie poprzez korektę ludzkiego ja można osiągnąć Mistrzostwo.

Zawsze pamiętaj, że prawo do rozkazywania, a tym jest Władztwo, zachowują na stałe jedynie ci, którzy najpierw nauczyli się być posłusznymi, ponieważ ci, którzy nauczyli się posłuszeństwa w stosunku do Prawa tego, który jest Jeden, stają się niczym innym jak Istotami Przyczyny, a więc Miłości. A zatem w *rzeczywistości* stają się Prawem tego, który jest Jeden poprzez cechę podobieństwa. Uważaj, aby nie wychodziło od ciebie nic oprócz tego, co harmonijne, i nie pozwalaj, aby destruktywne słowa przechodziły przez twoje usta, nawet gdy żartujesz. Pamiętaj, że w każdej chwili Wieczności wchodzisz w interakcję z siłami takimi lub innymi i że to zawsze ty nadajesz im taką, czy inną cechę.

Przyszedłem, aby zabrać cię w bardzo ważną podróż. Nie będzie nas trzydzieści sześć godzin. Zasuń zasłony twojego pokoju, zamknij drzwi i pozostaw swe ciało w łóżku. Będzie ono chronione do momentu, gdy powrócisz. Poczyniłeś pewien Wewnętrzny postęp i czeka na ciebie pewne interesujące, czarujące doświadczenie oraz podróż".

Przygotowałem moje ciało do położenia się do łóżka i wkrótce stałem się bardzo spokojny. Chwilę później stałem na podłodze na zewnątrz mojego ciała ubrany w ten sam złoty strój, który nosiłem podczas wizyty w Royal Teton. Uczucie, że ściany zbudowane są ze zwartej materii odeszło, a gdy przez nią przeszedłem, to miałem uczucie podobne do tego, gdy przechodzi się przez gęstą mgłę. Sama ściana straciła cechę spoistości.

Tym razem miałem jasną świadomość poruszania się w przestrzeni. Nie pytałem dokąd się udajemy, nie minęło jednak wiele czasu, jak dotarliśmy do Royal Teton. Na wschód wznosiły się przypominające wieże Rocky Mountains, a za nimi rozciągały się szeroko niziny, które pewnego dnia zaroją się na wpół tropikalną roślinnością, gdzie ludzie będą żyli w pokoju i obfitości.

Na zachód widać było łańcuchy gór Sierra i Cascade Mountains, a za nimi łańcuch Coast Range, którego linia brzegowa całkowicie się kiedyś zmieni. Na północy spoglądaliśmy w dół na park Yellowstone, którego wspaniałe piękno kryje pradawne tajemnice i cuda wcześniejszej amerykańskiej cywilizacji.

Słowo »Yellowstone« – tłumaczył Saint Germain – zachowane było przez wieki od ponad czternastu tysięcy lat. Wtedy cywilizacja Posejdonii osiągnęła bardzo wysoki poziom osiągnięć, ponieważ Wielki Mistrz Światła był głową jej rządu. Upadek miał miejsce na przestrzeni ostatnich pięciuset lat, gdy doszło do władzy sprzeniewierzanie jej wielkiej mądrości. Na przestrzeni obecnych granic Yellowstone, które nadal są takie same, istniała najbogatsza w zasoby kopalnia złota, jaką kiedykolwiek widział świat. Należała do rządu i wiele z jej bogactw używane było do celów eksperymentów i badań w dziedzinach chemii, wynalazków i nauki.

Sześćdziesiąt kilometrów stąd umiejscowiona była kopalnia diamentów. Kamienie z niej wydobywane były najpiękniejszymi żółtymi diamentami, jakie kiedykolwiek zostały wydobyte z Ziemi, zarówno przed tym okresem, jak i po nim. Pośród kamieni pochodzących z tej kopalni znajdowało się kilka rzadkich okazów wielkiego piękna i doskonałości. Przy właściwej obróbce ukazywały w swym centrum maleńki niebieski płomień, wyglądający jak Płynne Światło. Gdy noszone były przez pewne osoby, promieniowanie pochodzące z tego płomienia można było zauważyć na wysokości około 3 centymetrów powyżej powierzchni kamienia.

Uznawane były za święte i używane wyłącznie przy największych, najświętszych rytuałach Wzniesionych Mistrzów. Szesnaście z nich nadal znajduje się w świętym powiernictwie Braterstwa Royal Teton i zostaną one przekazane do użytku, gdy nadejdzie wyznaczony czas. To właśnie z powodu tych wspaniałych żółtych diamentów nazwa »Yellowstone« [z ang. yellow – żółty, stone – kamień, przyp. tłum.] była nam przekazywana.

Ty, Synu Mój, byłeś odkrywcą obydwu kopalni. Wyjawię ci zapisy będące fizycznym dowodem na to, co właśnie ci powiedziałem. Zapisy te ukazują datę odkrycia, ilość wydobytego bogactwa, długość okresu w jakim kopalnia była eksploatowana, opis używanej w niej maszynerii, która rozłupywała kruszec, odzyskując osiemdziesiąt siedem procent jego wartości oraz zamieniała w sztaby jeszcze pod powierzchnią kopalni, co sprawiało, że wszelkie operacje na powierzchni stawały się niepotrzebne, skąd były wysyłane po wcześniejszym zapieczętowaniu. Tutaj znajdują się kopie zapisów.

W czasach Posejdonii mieszkałeś w pięknym domu ze swą siostrą, która dzisiaj jest Lotus. Obydwoje osiągnęliście i utrzymywaliście bliski kontakt ze swoim Wewnętrznym Boskim Ja, tak więc Bóg nieustannie był rzeczywiście w akcji. Byłeś jednym z zarządców kopalni, i ze względu na tę funkcję wynalazłeś i zbudowałeś piękny statek powietrzny. Podróżowałeś w nim sporo czasu ponad górami. Pewnego dnia, gdy znajdowałeś się w głębokiej medytacji, pokazano ci położenie tych kopalni, które później odkryłeś, otworzyłeś i przekazałeś rządowi. Po tym wyjaśnieniu pokażę ci teraz *dowód* na to, co opisałem, pomimo że na powierzchni nie pozostał po tym najmniejszy ślad. Chodź wejdziemy do środka kopalni.

Opuszczając Royal Teton byłem całkowicie świadom szybkiego ruchu w przestrzeni do chwili, w której dotarliśmy do pewnego miejsca w Parku Yellowstone. Tutaj zeszliśmy w dół i stanęliśmy przed ścianą litej skały.

„Czy widzisz jakąś sposobność wejścia?” – zapytał Saint Germain, zwracając się do mnie.

„Nie, ale czuję, że otwiera się tutaj” – odpowiedziałem, wskazując na pewne miejsce na granitowej ścianie. Uśmiechnął się i podchodząc do wskazanego przeze mnie miejsca, położył na nim rękę. Po chwili staliśmy przed nie zabezpieczonymi już niczym metalowymi drzwiami.

Jak widzisz – wyjaśnił – mamy swoje sposoby zabezpieczania każdego wejścia, które weźmiemy pod swoją ochronę i niemożliwym jest, aby takie miejsce znaleźć, lub do niego wejść. Substancja, jaką hermetycznie pieczętujemy miejsca i przedmioty pochodzi z materii uniwersalnej. Jest twardsza niż skała, pomimo że wygląda dokładnie tak samo.

W taki sposób jesteśmy w stanie zabezpieczać wejścia do ustroni, budynków, pogrzebanych miast, kopalni i tajnych komnat Wielkiego Wniebowstąpionego Braterstwa Światła, z których wiele utrzymywanych jest w stanie doskonałego zachowania od ponad siedemdziesięciu tysięcy lat. Gdy nie mamy potrzeby dalszego użytkowania takich miejsc czy rzeczy, to zwracamy je materii uniwersalnej. Jak więc widzisz, wszelka moc staje się chętnym sługą tego, który pokonał samego siebie. Wszelkie siły Wszechświata oczekują naszych rozkazów, jeżeli używamy ich z mądrością i miłością.

Na drzwiach, do których podeszliśmy, wkomponowana w metal, na poziomie moich ramion znajdowała się replika ludzkiej prawej dłoni. Wyglądała porażająco podobnie do mojej obecnej fizycznej dłoni.

„Połóż swoją dłoń na tej metalowej" – powiedział Saint Germain – „i mocno naciśnij". Usłuchałem. Jedna pasowała idealnie do drugiej. Nacisnąłem z całych sił. Powoli wielkie drzwi otworzyły się, a Saint Germain kontynuował: „Zachowałeś tę formę i rozmiar ręki od kilku inkarnacji. Została ona umieszczona na tych drzwiach celem uhonorowania ciebie jako odkrywcy kopalni. Ta ręka jest odbiciem twojej ręki sprzed czternastu tysięcy lat".

Przeszliśmy przez drzwi wchodząc do okrągłego tunelu, który kończył się wielkim wydrążeniem. Tam, ku mojemu całkowitemu zdumieniu, znalazłem narzędzia i maszynerię najróżniejszego rodzaju wykonaną z niezniszczalnego białego metalu, zachowane w tak doskonałym stanie, jak gdyby urządzenia te zostały skonstruowane nie wcześniej niż wczoraj. W środku wydrążenia znajdował się szyb. Nasi dzisiejsi inżynierowie kopalniani byliby zdumieni prostotą i doskonałością technologii wydobywczych tej wczesnej epoki. Ta sama metoda zostanie na powrót użyta tutaj w Ameryce w nadchodzącym wieku [czyli dwudziestym pierwszym, przyp. tłum.].

Saint Germain wszedł do szybu i pociągnął za dźwignię. Wkrótce klatka osobliwej konstrukcji wjechała na górę. Weszliśmy do środka, a on dotknął mniejszą dźwignię wewnątrz niej. Gdy zaczęliśmy się zbliżać do poziomu siedemdziesięciu metrów, dotarliśmy do stacji. Jechaliśmy dalej w dół, do poziomu dwustu dwudziestu metrów, gdzie zatrzymaliśmy się. Była to stacja centralna i od niej rozchodziło się pięć tuneli przypominających szprychy koła.

Były one idealnie okrągłe i pokryte tym samym białym metalem, z którego została skonstruowana maszyneria. Był on tak gruby i silny, że jedynie załamanie się całej góry mogłoby go zmiażdżyć. Dwa z pięciu tuneli były wydrążone w głąb góry na ponad sześćset metrów.

W stacji centralnej znajdował się silnik obsługujący wszystkie wagoniki.

„Ten biały metal, który widzisz" – wyjaśnił Saint Germain – „jest niezwykle wybitnym odkryciem; albowiem jest lekki, silniejszy niż cokolwiek nam znanego, nierdzewny i niezniszczalny. Można jedynie dać fragmentaryczny opis wszystkich tych cudów, które w rzeczy samej są fizycznym dowodem wielkiego zaawansowania tej pradawnej cywilizacji. Takie cuda istniały, znajdujesz się pośrodku nich i dopóki nie zostaną wyjawione, będą się wydawać niewiarygodne". Gdy doszliśmy do końca tunelu, pokazał mi świdry, których używano w tych odległych dniach. „Te świdry" – kontynuował – „wysyłały tubę niebiesko-białego światła, które w przekroju miało około dwa i pół centymetra. Działały przy niezwykłych prędkościach, topiąc skałę, gdy przez nią przechodziły".

Powróciliśmy do stacji i weszliśmy do pomieszczenia o kształcie trójkąta, znajdującego się pomiędzy dwoma tunelami. Na jego końcu znajdowały się pojemniki wykonane z tego samego białego metalu. Były wielkości około trzydzieści na trzydzieści centymetrów i miały długość około metra. Saint Germain otworzył jeden z nich i pokazał wspaniałe nieoszlifowane żółte diamenty. Odebrało mi mowę, takie były piękne. Mam wrażenie, że słyszę moich czytelników jak mówią: „Chcesz powiedzieć, że one były fizyczne?". Na to całkowicie naturalne pytanie pragnę odpowiedzieć: „*Tak* – tak samo fizyczne jak te, które nosicie dzisiaj na palcach". Inne pojemniki wypełnione były oszlifowanymi kamieniami o bajecznej wartości.

Gdy wróciliśmy do wejścia kopalni Saint Germain zamknął drzwi i zabezpieczył je jak przedtem. Nikt poza Wzniesionym Mistrzem nie odróżniłby ich od zwykłej skały. Podnosząc się z ziemi szybko pokonaliśmy dystans sześćdziesięciu kilometrów oddzielający nas od kopalni złota. Tym razem stanęliśmy na szczycie góry w pobliżu skały o stożkowatym kształcie, która wyglądała na całkowicie litą. Miała średnicę około pięciu metrów u podstawy i około trzy metry wysokości.

„Patrz uważnie" – powiedział, przykładając do niej swoją rękę. Powoli wysunęła się część kamienia o trójkątnym kształcie, ukazując schody prowadzące w głąb. Przeszliśmy pewien dystans schodami w dół, po czym wkrótce doszliśmy do wydrążenia leżącego na górze szybu podobnego do tego z kopalni diamentów.

„Zauważasz, że nie ma tutaj rozdrabniaczy" – kontynuował – „Wszystko wykonywane jest wewnątrz kopalni. Nic nie jest wykonywane na zewnątrz". Zatrzymaliśmy się na poziomie stu trzydziestu metrów, gdzie znajdowało się następne wielkie wydrążenie. Tutaj znajdowało się pełne wyposażenie do obróbki kruszcu. Wyjaśnił mi ekstremalną prostotę procesu, jaki był tam używany, co wydawało się niewiarygodne, tak wielce był on prosty.

Postępowaliśmy dalej do poziomu dwustu czterdziestu metrów, gdzie zobaczyliśmy ten sam układ, co w kopalni diamentów. Również tutaj znajdowały się tunele wychodzące z centralnego punktu, jak szprychy koła.

Pomiędzy tunelami wybudowano trzy pomieszczenia o kształcie trójkąta, mające gromadzić pozostały urobek kopalni na krótko przed jej zamknięciem. Również tutaj znajdowały się te same pojemniki z białego metalu, jak w innych pomieszczeniach. Wolno mi opisać jedynie trzy z nich.

Pierwszy pojemnik zawierał samorodki złota pochodzące ze złotonośnej formacji pradawnego koryta rzeki, leżącego na poziomie dwustu czterdziestu metrów, w którym złotonośny piasek spoił się w grudki utrzymujące złoto. Taka formacja rozciągała się aż do poziomu trzystu sześćdziesięciu metrów i posiadała niezmierzoną wartość. Drugi pojemnik wypełniony był drucikami złota pochodzącymi z żyły białego kwarcu występującego na poziomie stu dwudziestu metrów. Jeszcze inny zawierał złote dyski ważące po cztery kilogramy każdy.

„Miejsce w którym przechowywano całe złoto" – wyjaśniał – „znane było jako komnata sztab. Istnieją duplikaty zapisów tej kopalni – oryginały znajdują się w komnacie rejestrów w ustroniu Royal Teton, a duplikaty są tutaj".

Powróciliśmy na powierzchnię. Saint Germain ponownie zapieczętował wejście opisywaną wcześniej metodą i zwracając się do mnie, powiedział: „Mój Synu, odkryłeś te kopalnie i z pomocą twoich kolegów doprowadziłeś do ich eksploatacji oraz dałeś im tę doskonałość. Zrobiłeś również zapisy na niezniszczalnym metalu, które pokażę ci w Royal Teton. Wniebowstąpieni Mistrzowie wiedzieli dwanaście tysięcy lat temu, że zbliżał się kataklizm, a wiedząc że kopalnie nie ulegną uszkodzeniu, przygotowali je i zapieczętowali celem wykorzystania ich w przyszłej epoce, do której obecnie weszliśmy.

W siedmiu różnych okresach wielu twoich inkarnacji została ci przywrócona pamięć procesu wykonywania tych zapisów. Ukażesz je ponownie w obecnej erze celem pobłogosławienia całej ludzkości.

Powrócimy teraz do Royal Teton. Tam w komnacie przylegającej do wielkiej hali zebrań znajdują się zapisy, które wspominałem. Jest to miejsce przechowywania wynalazków i naukowych odkryć. Komnata, którą odwiedziliśmy podczas wcześniejszej wizyty zawierała jedynie zapisy dotyczące różnych cywilizacji".

Powróciliśmy do ustronia, wchodząc tym razem przez tubę, tak jak przy naszej pierwszej wizycie. Wychodząc przeszliśmy przez drugie drzwi na prawo, patrząc od wejścia. Prowadziły bezpośrednio do komnaty zapisów naukowych, pomieszczenia wielkości około dwudziestu trzech na trzynaście i na pięć metrów. Ściany, sufit i podłoga w całości wyłożone były w niej tym samym *niezniszczalnym białym metalem*, z którego wykonane były półki i pojemniki.

Saint Germain wyciągnął i podał mi zapis, który wykonałem odnośnie kopalni diamentów. Ponownie byłem w stanie go przeczytać, jednakże tym razem miałem odwołać się do Wewnętrznego Boskiego Ja i w taki sposób pozwolić, aby Ono wyjawiło mi całkowitą wcześniejszą wiedzę, którą miałem w tamtym czasie. Zapis dawał jasną, jednakże skondensowaną historię odkrycia i eksploatacji. Saint Germain podał mi inne wrzeciono, na którym znajdowała się całkowita historia kopalni złota.

„Teraz, gdy zobaczyłeś fizyczny dowód na to, co wyjaśniałem," – powiedział – „chciałbym abyś wiedział, że nigdy nie powiem ci czegoś, czego nie będę mógł udowodnić". Odwrócił się w moim kierunku z przenikliwym spojrzeniem, które zdecydowanie przeszyło mój umysł i ciało.

„Mój Synu" – kontynuował – „dobrze ci poszło, jesteś spokojny i zrównoważony po ostatnich doświadczeniach. Wiele zależy od twego następnego kroku. Skoncentruj całą swoją uwagę na Wewnętrznym Wszechkontrolującym Boskim Ja i *nie zapominaj* utrzymywać jej tam".

W świetle tego co stało się później dobrze było, że wzmocnił mnie tym napomnieniem. Po wymówieniu przestrogi poprowadził mnie wskroś wielkiej sali audytorium do wielkich drzwi z brązu, znajdujących się na zachodniej ścianie. Położył na nich rękę, po czym drzwi zaczęły poruszać się w górę do momentu aż weszliśmy, po czym zamknęły się za nami.

Zatrzymałem się – znieruchomiały ze zdumienia – albowiem ujrzałem coś, na co pozwala się ludzkim oczom patrzeć rzadko, o ile w ogóle. A widok sprawiał, że stałem w bezruchu, tak wielka była fascynacja jego pięknem i cudownością.

Około czterech metrów przede mną stał blok śnieżnobiałego onyksu o wysokości jednego metra i kwadratowej podstawie o rozmiarach czterdzieści na czterdzieści centymetrów. Spoczywała na nim kryształowa kula wypełniona nieustannie poruszającym się Światłem bez żadnego koloru, na której znajdowały się punkty promieniowania tworzące promienie wchodzące i wychodzące. Kula nieprzerwanie wysyłała promienie o pryzmatycznych kolorach na odległość około piętnastu centymetrów. Wydawała się być zrobiona z żywej substancji i iskrzyła się bez ustanku.

Z góry kryształowej kuli wypływały trzy Płomienne Pióra – jeden o kolorze ciekłego złota, drugi różowy, a trzeci elektrycznie niebieski – rozciągające się na wysokość co najmniej jednego metra. Blisko końcówek każda z części wyginała się jak strusie pióro – pełna gracji, piękna i ciągłego ruchu. Promieniowanie wychodzące z tej przepięknej kuli wypełniało całą komnatę, tworząc uczucie elektronowej energii, jakiej słowa nie są w stanie opisać. Światło, Życie i piękno tego widoku po prostu przekraczają ludzką możliwość opisania go.

Przeszliśmy w kierunku końca komnaty, gdzie jedna przy drugiej stały ustawione trzy kryształowe szkatuły, każda zawierająca ludzkie ciało. Gdy podszedłem bliżej, moje serce prawie przestało bić; albowiem wewnątrz znajdowały się postacie ciał, jakich Lotus, nasz syn i ja używaliśmy w pradawnym wcieleniu. Z łatwością je rozpoznałem; albowiem Lotus nadal zachowuje pewne podobieństwo do tego ciała, jednakże ciała naszego syna i moje miały cechy większej regularności i doskonałego wyglądu fizycznego. Wszystkie one prezentowały sobą całkowitą doskonałość, typu prawie takiego jak u starożytnych Greków.

Wyglądały tak żywo, jak gdyby tylko spały. Każde z nich miało falowane złote włosy i ubrane było w szaty wykonane ze złotej tkaniny, przypominającej tą, którą nosiły postacie z gobelinu. Wniebowstąpiony Mistrz potrzebował jedynie spojrzeć na te ciała, aby ujrzeć zarejestrowane w nich każde ważne wydarzenie, którego od tamtego czasu doświadczyły w każdym swym fizycznym wcieleniu. Służyły więc za lustra, które zarejestrowały przeszłe wydarzenia, co jednakże nie wpływało na ich pierwotną doskonałość.

Każda szkatuła stała na dużej podstawie wykonanej z tego samego białego onyksu, na którym spoczywała kula. Przykryte były one wiekiem wykonanym z kryształu, które bardzo dokładnie wpasowywało się w wyżłobienie biegnące wokół brzegu, nie były jednak zapieczętowane. Na zamknięciu wszystkich z nich, na wysokości nieco powyżej środka klatki piersiowej, umieszczona była *siedmioramienna gwiazda*. Poniżej znajdowały się cztery hieroglify. Nieznacznie powyżej głowy znajdowała się *sześcioramienna gwiazda*. Z boku, nieznacznie poniżej ramion, widać było dwie połączone dłonie, a dalej w dół nieopodal stóp płonącą pochodnię, której płomień dotykał wieka szkatuły. Płomień ten zawsze pozostawał koloru złotego, bez znaczenia jakie inne padały na niego kolory. Po drugiej stronie pod stopami znajdowała się *pięcioramienna gwiazda*. Wszystkie te emblematy sprawiały wrażenie, jak gdyby zostały wyciśnięte w krysztale.

„Ciała te" – wytłumaczył Saint Germain – „należały do waszej trójki w pewnym wcieleniu, gdy opuściliście

Złote Miasto, aby wykonać specjalną pracę. Wasze doświadczenia były takie straszne, a jednak tak wiele dobrego zostało przez was osiągnięte w tamtym życiu, że pojawiła się Wielka Kosmiczna Istota i wydała rozkaz zachowania waszych ciał do czasu, w którym będziecie mogli je podjąć i powrócić do Złotego Miasta. Poprowadziła ona cały proces konserwacji, który został sumiennie wykonany, jak widzisz.

Teraz wszyscy rozumiecie, jak ważne i konieczne jest, aby pozostawać dojmująco świadomym i głęboko skoncentrowanym na Mistrzowskim Chrystusowym Ja Wewnątrz siebie, tak aby w każdej chwili tylko Boska Miłość, Mądrość i Doskonałość mogły działać przez wasze umysły i ciała.

W tej chwili Oślepiające Światło i Ogromna Moc zakotłowała się we mnie i moje Boskie Ja przemówiło:

„Wielki Mistrzu Światła – Rodzicu, Bracie i Przyjacielu! O Wielki Synu Boga! W rzeczy samej posiadasz Wieczną Miłość, a przez Nią osiągnąłeś swój wielce zasłużony Wieczny Pokój i Mistrzostwo nad pięcioma niższymi królestwami. Wielkie Boskie Ja w tych dzieciach, które tak wiernie kochałeś pojawi się wkrótce w *Pełnym Świadomym Władztwie*, aby dać ci wszelką pomoc, której tak długo pragnąłeś. Albowiem każde z Boskich dzieci ma do wykonania służbę, której nikt oprócz nich wykonać nie może. Wzywam Wielkie Światło z samego Serca Boga, aby pobłogosławiło cię na zawsze".

Gdy wypowiedziane zostały te słowa, rozbłysnął wielki snop światła wypełniając komnatę punktami brylantowych pryzmatycznych kolorów. Ich ostrza pędziły we wszystkich kierunkach komnaty i przemieniły się w błyszczenie tęczowego Światła pulsującego Życiem.

„Widzisz! Mój Synu" – powiedział Saint Germain – jak doskonale potrafisz pozwolić wyrażać się twemu Wielkiemu Boskiemu Ja. Wkrótce będziesz w stanie robić to świadomie i wedle woli, gdy tylko tego zapragniesz.

Zwróć uwagę na stalaktyty na suficie i srebrno-białe wzory na ścianach. Wszystkie one wykonane zostały z wyprecypitowanej substancji, a pomieszczenie to zawsze posiada tę samą przyjemną temperaturę.

Przeszliśmy na drugi koniec komnaty i stanęliśmy naprzeciw wypolerowanego sklepionego przejścia w ścianie. Saint Germain położył rękę na drzwiach, a one otwarły się ukazując wspaniałe urządzenia z białego metalu służące do wykonywania zapisów. „W erze do której teraz wkraczamy" – kontynuował – „wiele z tych zabezpieczonych urządzeń zostanie przekazanych do użytku ludzkości i w ten sposób nie będzie musiało przejść przez drogę czy to wynalazku, czy odkrycia".

„W jaki sposób" – spytałem – „możliwym jest, że wszystko w tym ustroniu oraz w kopalniach wolne jest od kurzu, a wentylacja jest taka dobra?".

„Jest to bardzo proste" – wytłumaczył – „Wniebowstąpieni Mistrzowie używają tej samej siły do oczyszczania i wentylowania, przy pomocy której produkują ciepło, światło i moc. Emanacja każdego z nich natychmiast pochłania wszelkie niepotrzebne substancje, gdy tylko poruszają się oni po komnatach, czy kopalniach.

Zbliża się drugi poranek od momentu, w którym pozostawiliśmy twoje ciało i musimy teraz powrócić". Przeszliśmy przez salę audytorium i przez drzwi leżące po lewej stronie i ponownie stanęliśmy pod światłem gwiazd. Szybko powróciliśmy do mojego pokoju, a chwilę później byłem już w moim ciele. Saint Germain stał obok mnie, podając znany mi już kryształowy puchar, wypełniony tym razem płynem o bursztynowym kolorze. Wypiłem go i poczułem odżywczy efekt przechodzący przez każdą komórkę mojego ciała.

„A tera śpij tak długo, jak potrafisz" – powiedział i zniknął. Musiałem spać głębokim snem, gdyż obudziłem się wiele godzin później całkowicie odświeżony, z mocnym ciałem i nowymi siłami.

6. *Pamięć Inków*

Następnych dziesięć dni przeszło bez większych wydarzeń. Po otrzymaniu ostatnich ćwiczeń nigdy nie kładłem się spać bez utrzymywania uwagi na Wielkim Boskim Ja Wewnątrz mnie i wysyłaniu Saint Germainowi myśli miłosnej wdzięczności. Wieczorem jedenastego dnia kładąc się spać, usłyszałem jego wyraźny głos:

„Chodź!”.

Nauczyłem się być posłusznym temu wezwaniu i natychmiast stanąłem na zewnątrz mojego ciała, szybko przemierzyłem przestrzeń, a po kilku chwilach przybyłem do Royal Teton. Stał w jego pobliżu oczekując na moje przybycie. Tym razem wezwał mnie do przyjścia do miejsca, w którym on sam się znajdował. Byłem posłuszny i ukłoniłem się.

„Jestem do twych usług” – powiedziałem stając u jego boku, na co uśmiechając się do mnie powiedział:

„Mamy pracę do wykonania. Chodźmy!"

Byłem całkowicie świadom kierunku naszego ruchu i pewien, że zmierzamy na południowy zachód. Wkrótce zobaczyliśmy światła miasta, a Saint Germain skierował na nie uwagę i powiedział: „Los Angeles".

Po przebyciu dalszego dystansu dotarliśmy do następnych świateł miasta, a na moje zapytanie odpowiedział: „Mexico City".

Wreszcie dotarliśmy do lasu tropikalnego i zaczęliśmy się zniżać. Niebawem stanęliśmy na starych ruinach pradawnej świątyni. „Oto ruiny Mitla w stanie Oaxaca w Meksyku" – wyjaśnił. Wasza trójka była tutaj inkarnowana, aby wesprzeć cywilizację Inków, gdy osiągnęła ona swój szczyt. Za pozwoleniem prowadzących Wzniesionych Mistrzów wybraliście przyjście do rodziny Inków, aby spełnić służbę potrzebną w tamtych czasach.

Tutaj się urodziliście jako dzieci władcy Inków, który był silną duszą o wielkim rozwoju i iluminacji. W głębokiej miłości dla swojego narodu wzywał tego, który jest Jeden, Najwyższego Boga Światła, aby obfitość i doskonałość pobłogosławiła naród i kraj.

Oddanie władcy dla swojego Źródła było bardzo wielkie, albowiem wiedział on i świadomie uznawał moc Wielkiego Centralnego Słońca. To Prawdziwe Rozumienie nauczane było w narodzie Inków, a ponieważ wiedzieli oni jakie znaczenie miało Wielkie Centralne Słońce, używali Słońca jako symbolu Boskości. Mieli *prawdziwe, wewnętrzne zrozumienie* i uznawali *pełnię* mocy pochodzącej z Wielkiego Centralnego Słońca – które dzisiaj nazywamy Chrystusem. Albowiem jest to Serce Działalności Chrystusa we Wszechświecie.

Ze względu na oddanie władcy Inków, zarówno dla swojego Źródła, jak i swojego narodu, jego głębokie pragnienie błogosławieństwa i Światła, które miało ich prowadzić i pomagać im, zostało spełnione. Czternastu ze Złotego Miasta znajdującego się ponad pustynią Sahara odpowiedziało z chęcią wspomożenia władcy. Ty, Lotus i wasz syn byliście trzema z tej czternastki.

Gdy miałeś dziesięć lat, Lotus dwanaście, a wasz syn czternaście, wszyscy zostaliście powierzeni mojej opiece i prowadzeniu celem przygotowania i przeszkolenia was do zadania, które wykonaliście później. W tamtym czasie zamieszkiwałem w Złotym Mieście, lecz po tym jak doszło do wstępnego dostrojenia przybywałem do pałacu codziennie i przekazywałem konieczne promieniowanie i instrukcje. Trwało to cztery lata, zanim zostało wyjawione waszemu ojcu.

Władca Inków był zdumiony mądrością swoich dzieci i nieustannie odczuwał wdzięczność i wychwalał Boga za pobłogosławienie go w taki sposób. Gdy miałeś czternaście lat, ten sam Wielki Kosmiczny Mistrz, który zabrał nas wszystkich do Złotego Miasta na koniec naszego wcielenia w cywilizacji na Saharze, pojawił się przed władcą i powiedział mu, że jego prośba została spełniona w bardzo *realny* sposób.

Od tamtego momentu w ciągu siedemdziesięciu lat cywilizacja Inków doszła do najwyższego szczytu. Od chwili gdy miałeś czternaście lat codziennie przybywałem, instruowałem i zestrajałem zarówno władcę, jak i waszą trójkę. Odnoszono się do was jak do dzieci Inków pochodzących ze Słońca. Wdzięczność, miłość i współpraca władcy w rzeczy samej były wspaniałe i został on nauczony rozumienia i używania Wielkiego Kosmicznego Prawa.

Twoje dzieciństwo i młodość były wspaniałe, albowiem żadna chmura nie przysłoniła piękna tej nauki. Twój syn został wyszkolony w Prawie Rządzenia oraz Świętych Obowiązkach Władcy, Lotus zaś w Pracy Wewnętrznej. Otrzymała ona również pełne Prawo i Święcenia kapłanki w Świątyni Słońca. Ty uczony byłeś Kosmicznych Praw kapłaństwa oraz –potajemnie – dowodzenia Armiami.

Po dziesięciu latach specjalnych ćwiczeń, cała wasza trójka została wysłana na północ do jednej z nowych kolonii Imperium Inków celem pomagania ludności w rozszerzaniu ich działań i stymulowania postępów. Poszedłeś tam z całą miłością, honorem i błogosławieństwem, jakie władca Inków potrafił dawać i ustanowiłeś stolicę kolonii w miejscu, które teraz nazywa się Mitla i które leży w stanie Oaxaca w Meksyku, a którego chwała trwała przez wieki.

W tym właśnie miejscu wybudowałeś wielką świątynię pod przewodnictwem Tych ze Złotego Miasta, którzy cię instruowali i ci pomagali. Lotus w tamtym życiu nazywała się Mitla, a nazwa miasta była jej uhonorowaniem. Tutaj służyła jako kapłanka przez ponad czterdzieści lat. Była to jedna z najwspanialszych świątyń tamtego okresu i nie oszczędzano tu na żadnych wydatkach, albowiem jej tajemna część została wybudowana pod powierzchnią ziemi, aby pozostać i dać świadectwo tej znakomitej cywilizacji wieki później. Wiedziałeś o tym w chwili budowy i zostały wydane oraz wypełnione pewne konkretne rozkazy, dotyczące tego, ponieważ cała budowa prowadzona była przez jednego z Wielkich Wniebowstąpionych Mistrzów ze Złotego Miasta.

„Zewnętrzna część konstrukcji wykonana była z masywnych kamieni, które gdzieniegdzie nadal można zobaczyć wśród ruin. Wnętrza wyłożone były marmurem, onyksem i jadeitem. Jadeit pochodził z tajemnego źródła w Andach, które nie zostało nikomu wyjawione. Kolory dekoracji wnętrza były w najwyższym stopniu artystyczne i piękne. Dominował w nich złoty, purpurowy, różowy i jasno różowy.

Wewnętrzne Sanktuarium było złote z wstawkami z różu i bieli. Fotel, z którego odprawiała nabożeństwo kapłanka był również złoty. Tutaj koncentrowana i utrzymywana była Duchowa Moc, która promieniowała na imperium i jego naród. Z takim wyjaśnieniem na wstępie wstąpimy teraz do świątyni podziemnej, w której wśród ruin zachowane zostało pomieszczenie wcześniejszej wielkiej chwały. Poszliśmy jeszcze trochę dalej, gdy Saint Germain rozkazał:

„Zatrzymaj się!”.

Skoncentrował on Promień Wielkiej Mocy na stosie olbrzymich skał leżących przed nami. Nagle zostały one wyrzucone we wszystkich kierunkach, ukazując sześcian z różowego granitu. Podszedł do przodu i położył na nim rękę. Powoli przesunął się on, ukazując wejście szerokości około metra z równo uformowanymi schodami prowadzącymi w dół. Zeszliśmy dwadzieścia jeden schodów w dół przed drzwi, które wydawały się być wykonane z miedzi, jednakże Saint Germain powiedział, że jest to kombinacja stopu różnych metali, aby były one niezniszczalne.

Po naciśnięciu na kamień o kształcie sześcianu, znajdujący się po prawej stronie drzwi, otwarły się one powoli i wpuściły nas do małego pomieszczenia. Po przeciwległej stronie znajdowało się wielkie sklepienie łukowe z następnymi masywnymi wrotami. Tym razem Saint Germain nacisnął stopą na kamień o osobliwym wyglądzie znajdujący się na podłodze, a drzwi otwarły się ukazując komnatę wielkich rozmiarów, która sprawiała wrażenie wielkiej potrzeby wyczyszczenia i wentylacji. W tej samej chwili, gdy myśl ta pojawiła się w moim umyśle, pomieszczenie wypełniło się silnym Fioletowym Płomieniem, po którym nadeszła delikatna biała mgła i która stała się tak krystaliczna, jak gdyby zaświeciło słońce w samo południe. Oczyszczanie zakończyło się, wszystko było teraz świeże, czyste, a powietrze wypełniał zapach róż.

Gdy wstąpiliśmy do wspaniałego pomieszczenia uwagę moją przykuła seria najbardziej znakomitych obrazów, jakie kiedykolwiek widziałem. Były one wyryte w litym złocie i posiadały bardzo żywe kolory.

„One również” – wyjaśnił Saint Germain – „są *nie-*

zniszczalne. Pięć z nich przedstawia władcę Inków, Lotus, waszego syna, ciebie i mnie – ukazują nasze ciała takie, jakie mieliśmy w tamtych czasach. Jedynie w okresie imperium Inków wyrażano sztukę w ten specyficzny sposób. Ze względu na oddanie Lotus jej własnemu Boskiemu Płomieniowi w tamtym okresie, przyciągnęła ona Wielkiego Mistrza, który ją nauczał. Ta dziedzina sztuki różniła się od wszystkiego, co kiedykolwiek było znane na Ziemi. Mistrz z Wenus zezwolił na wykonanie wyłącznie pewnej ilości dzieł, ponieważ ten konkretny rodzaj sztuki o wieki wyprzedzał swój czas, stąd nie zezwolono na jego rozpowszechnienie w tamtym okresie rozwoju świata. Jednakże ukaże się on w obecnym Złotym Wieku, do którego teraz wkroczyliśmy.

Mój Synu! Gdyby tylko ludzie na świecie mogli pojąć, jakie kolosalne możliwości stoją przed nimi – czekając, czekając i jeszcze raz czekając na to, aby odwrócili się od wyznań, kultów, dogmatów, wszelkich „izmów" i wszystkiego tego, co ich wiąże i ogranicza, poprzez odwracanie uwagi od Wielkiej Boskiej Obecności w ich własnych sercach! Och, gdyby tylko mogli zrozumieć, jaka wolność, moc i Światło czeka na ich służbę, uzależniona *wyłącznie* od ich uznania i używania Wielkiej Miłującej Wewnętrznej Obecności, która oddycha przez nich w każdej chwili! Poznaj i po*czuj* Wszechmogącą Władzę, jaką ma Ona nad wszelką manifestacją! Och, gdyby tylko pojęli, że ich *ciała* są Świątyniami Najwyższego z Najwyższych Żyjącego Boga Który jest Władcą nieba i ziemi. Oby tylko mogli zrozumieć, co to znaczy kochać to

Wielkie Ja, mówić do Niego, uznawać Je we wszystkich rzeczach, i *czuć* Rzeczywistość Tej Obecności z co najmniej taką samą pewnością, co w stosunku do innych osób i rzeczy! Gdyby tylko mogli *poczuć* bliskość i *rzeczywistość* Wielkiej »Obecności« głęboko, choćby na jeden moment, to nic więcej nie mogłoby stanąć pomiędzy nimi a Olbrzymim Nadrzędnym Osiągnięciem, jakiego dokonali Jezus i inni Wniebowstąpieni Mistrzowie.

O Ukochane Dzieci Światła na Świecie! Pozwólcie tej Wielkiej Boskiej Obecności, Jej mądrości i mocy przepłynąć przez was *teraz* i poznajcie jak szybko Królestwo Boże może zamanifestować się na Ziemi. Bez znaczenia jaki jest stan dzisiejszego świata To Światło rozbłyśnie i pochłonie cienie, które starają się zakłócić jego Ideały i Miłość do Wielkiego Boga Wewnątrz was.

Następnie przeszliśmy przez drzwi po prawej stronie, gdzie znajdowało się więcej niezniszczalnych zapisów, dotyczących tym razem cywilizacji Inków oraz ważnej roli, jaką odegrała ona w tamtym cyklu.

„Przypomniałeś sobie proces wykonywania tych zapisów z pamięci twojego życia sprzed czternastu tysięcy lat" – zauważył Saint Germain – „Zostaną one przetransportowane do Royal Teton razem z portretami, albowiem ta tajemna świątynia całkowicie spełniła swoją przydatność i zostanie teraz rozpuszczona".

Wkrótce pojawiły się Piękne, Lśniące Istoty i usunęły portrety oraz zapisy. Gdy skończyły powróciliśmy do wejścia i odeszliśmy na pewien dystans. Przez kilka chwil Saint Germain koncentrował swoją uwagę na pozycji tajemnej świątyni i stał bardzo spokojny. Poczułem przypływ spokoju i stałem w bezruchu. Usłyszałem wielki łoskot przypominający trzęsienie ziemi. Po chwili było już po wszystkim, a tajemna świątynia będąca najwspanialszą kreacją swojej epoki obróciła się w ruinę.

Zapierało mi dech w piersiach, gdy patrzyłem na niesłychaną moc Saint Germaina. Wniebowstąpieni Mistrzowie to rzeczywiście Bogowie. Nie dziwi fakt, że antyczna mitologia przedstawia ich działania w formie mitów i legend. Dzierżą oni olbrzymią Moc Boga w *każdym* momencie, ponieważ z niezachwianą determinacją trzymają się Wielkiej Boskiej Obecności, są Wszechdoskonałością i stąd została im przekazana wszelka moc.

„Gdy Jezus powiedział: »Zaprawdę, zaprawdę powiadam wam: sprawy, które Ja czynię, i wy czynić będzie, i większe nad te czynić będzie«, wiedział o czym mówi" – kontynuował Saint Germain.

„Przyszedł, aby wyjawić Świadome Władztwo i Mistrzostwo oraz fakt, że możliwe jest ono do osiągnięcia i wyrażenia dla każdej ludzkiej istoty, jeszcze podczas jej pobytu tutaj, na Ziemi. Ukazał on swoje Władztwo Wniebowstąpionego Mistrza i *udowodnił* ludzkości, że dla każdego możliwym jest takie przywoływanie własnego Boskiego Ja, aby świadomie kontrolować *wszystkie* ludzkie sprawy.

Wielcy Wniebowstąpieni Mistrzowie Miłości, Światła i Doskonałości, którzy od początku kierowali rozprzestrzenianiem Światła wśród ludzkości na tej planecie, nie są wytworem czyjejś wyobraźni. Są *rzeczywistymi, wi-*

dzialnymi, namacalnymi, znakomitymi, żywymi Istotami takiej Miłości, Mądrości i Mocy, której bezgraniczność zapiera ludzkiemu umysłowi dech w piersiach. Działają wszędzie we Wszechświecie w całkowitej wolności i z nieograniczoną mocą, aby naturalnie czynić wszystko to, co przeciętny człowiek uważa za nadprzyrodzone.

Są dzierżycielami takiej mocy i manipulatorami takich sił, które oszałamiają wyobraźnię osoby żyjącej w zewnętrznym świecie. Są opiekunami rasy. I tak jak w świecie fizycznej edukacji istnieją nauczyciele różnych stopni nadzorujący rozwój indywiduum od dzieciństwa do dojrzałości i ponad nią oraz przygotowujący je do wykonywania specjalistycznej pracy, tak i istnieją Wniebowstąpieni Mistrzowie Doskonałości edukujący i pomagający jednostce, tak aby również ona mogła rozszerzyć swoją świadomość poza zwykłe ludzkie przejawienie. Rozwija ona zatem swoje ponadludzkie cechy, aż, podobnie do studenta kończącego uniwersytet, pod opieką i instruktażem Wniebowstąpionego Mistrza opuszcza ludzką szkołę i udaje się w kierunku *pełnego, nieprzerwanego wyrazu* swojej Świętości.

Wniebowstąpiony Mistrz jest istotą, która poprzez Samoświadomy wysiłek wygenerowała wystarczająco dużo Miłości i Mocy wewnątrz samej siebie, aby rozerwać kajdany wszelkich ludzkich ograniczeń, a wtedy stała się wolną i wartą powierzenia jej użytku sił leżących ponad tymi, które znane są z ludzkiego doświadczenia. Czuje ona *jedność* z Wszechobecnym Bogiem-Życiem, stąd wszelkie siły i rzeczy są posłuszne jej rozkazom, ponieważ jest ona Samoświadomą Istotą wolnej woli, kontrolującą wszystko poprzez manipulację Światłem znajdującym się wewnątrz Niej.

Wniebowstąpiony Mistrz jest w stanie pomagać tym, którzy znajdą się pod jego opieką i prowadzić ich za pomocą promieniowania, czy wylewania swego Światła, które w rzeczywistości jest jego własną *Świetlaną Esencją Świętej Miłości.*

Gdy ma miejsce takie wylewanie w kierunku studenta, jego własne Wewnętrzne ciała – a tu mam na myśli ciało emocjonalne, mentalne i Przyczynowe – absorbują Świetlistą Esencję Mistrza, a Światło wewnątrz nich żarzy się i rozprzestrzenia jak iskra, którą można podsycać, aby stała się płomieniem.

Ta Świetlista Esencja zawiera w sobie Tę Największą we Wszechświecie Siłę i Ona rozpuszcza wszelką niezgodę i ustanawia Doskonałą Równowagę we wszelkiej manifestacji. Ciało Wniebowstąpionego Mistrza nieustannie wylewa Promienie jego Świetlistej Esencji na niezgodę tego świata, rozpuszczając ją w taki sposób, jak promienie naszego fizycznego słońca przy pomocy światła i ciepła rozpuszczają mgłę.

Promieniowanie, które wylewają oni w kierunku ludzkości na ziemi to *świadomie zgromadzona energia,* której nadają oni określoną jakość i ponownie wysyłają, aby uzyskać konkretny rezultat. W ten sposób chronią tysiące tysięcy razy osoby, miejsca, warunki i rzeczy, zupełnie niepomnej tego faktu ludzkości, podążającej wyznaczoną drogą i całkowicie nieświadomej istnienia swoich Obrońców i Dobroczyńców.

Przy tego typu działaniach Wniebowstąpieni Mistrzowie są w stanie zmieniać ciała, w których funkcjonują tak, jak się zwykle zmienia ubrania; albowiem struktura komórkowa znajduje się zawsze pod ich świadomą kontrolą, a każdy atom jest posłuszny ich najdrobniejszemu kierowaniu. Mają wolność wyboru jednego lub większej ilości ciał, jeżeli praca, którą pragną wykonać tego wymaga, albowiem ich zdolność wytworzenia lub rozpuszczenia atomowego ciała jest *nieograniczona.* Są Wszechmocnymi Manifestatorami wszelkiej Substancji i Energii; albowiem siły Natury, czyli cztery żywioły, są ich chętnymi i posłusznymi sługami.

Te Chwalebne Istoty, które ochraniają i pomagają rozwijającej się ludzkiej rasie, nazywają się Wniebowstąpionymi (Wzniesionymi) Mistrzami Miłości, Światła i Doskonałości. Są wszystkim tym, co zawiera się w słowie »Mistrz«, ponieważ poprzez oddanie Miłości, Mądrości i Mocy Boskiego Ja Wewnątrz manifestują swoje Mistrzostwo ponad wszystkim, co ludzkie. Skutkiem tego *Wznoszą* się do następnego poziomu wyrazu leżącego ponad ludzkim, do stopnia Super Człowieka, Świętości, *Czystej, Wiecznej, Wszechmocnej* Doskonałości.

Ludzkość ziemi często w swojej ignorancji i ograniczeniach ośmiela się na osądzanie oraz wyrażanie różnych opinii na temat Jezusa i wielu innych z Wniebowstąpionych Zastępów. Taka praktyka jest jednym z najbardziej więżących sposobów pobłażania sobie. Albowiem krytycyzm i osąd wysłany w taki sposób po prostu wraca do tego, który go wygenerował; przez co ludzkość zostaje przywiązana jeszcze silniej do wykreowanego przez siebie cierpienia i ograniczeń. Działanie Prawa jest takie, że Wniebowstąpieni Mistrzowie, uwolniwszy się od ludzkich ograniczeń, stali się Ognistym Wylewem Światła, do którego absolutnie nie może dostać się żadna ludzka myśl czy niezgoda. To zmusza wszelkie destrukcyjne twory myślowe i uczuciowe do powrotu do ich nadawcy, co przywiązuje go jeszcze silniej do łańcuchów własnej kreacji.

Gdyby ludzie byli w stanie zobaczyć swoje własne myśli, uczucia i słowa wychodzące w atmosferę oraz to jak w eterach przyciągają one coraz więcej i więcej do siebie podobnych i powracają, byliby nie tylko zdumieni na widok tego, czemu dali życie, lecz jednocześnie wołaliby o uwolnienie i choćby z tego tylko powodu, aby wymazać takie kreacje ze swojego umysłu, z pełną determinacją stanęliby twarzą w twarz z własną Świętością i weszli w nią. *Myśli i uczucia są żywymi, pulsującymi rzeczami.* Istota, która o tym wie, będzie używała swojej mądrości i odpowiednio się kontrolowała.

Jezus przynosi ludzkości na tej ziemi dobroczynne doświadczenie, tak jak Wielkie Boskie Ja znajdujące się wewnątrz każdej ludzkiej istoty przynosi je osobistemu, czy też zewnętrznemu ja. Jezus ujawnił zewnętrznemu światu *Mistrzowski Zapis* i *nadal* jest on Żywym Dowodem na zdolność jednostki do wyzwolenia się z wszelkich ograniczeń i wyrażania Świętości, tak jak to było pierwotnie zamierzone. Albowiem warunki, w jakich pierwotnie istniała ludzkość, to całkowita harmonia i wolność.

Gdy niektóre z tych istot, które studiują Życie i Prawa Wszechświata na głębszym poziomie niż masy ziemskich dzieci, stają się świadome, że istnieją Wniebowstąpieni Mistrzowie, to często pragną udać się do tych Wielkich, aby zostać przez nich poinstruowanymi. W wielu przypadkach chodzi tu o nieświadome sięganie znajdującej się wewnątrz duszy wzwyż w kierunku Większego Światła, jednakże osobiste ja niewiele zdaje sobie sprawy w jakiej relacji znajduje się do tych Wielkich Istot będących Całkowicie Świętymi.

Istnieje sposób, w jaki bardzo zainteresowany, szczery i poważny student jest w stanie skontaktować się z jednym z nich, jednakże może się to odbyć jedynie poprzez działanie wystarczająco wielkiej Miłości i dyscypliny jego osobowości. Jeżeli motywem takiego kontaktu będzie zaspokojenie ciekawości, chęć udowodnienia, czy zaprzeczenia istnienia Wzniesionego Mistrza lub będzie ono miało na celu jedynie rozwiązanie problemu, czy potwierdzenia wątpliwości osobowości, to nigdy do niego nie dojdzie. *Bądź tego pewien.* Albowiem Wniebowstąpione Zastępy nigdy nie zajmują się zaspakajaniem ludzkiej strony studenta. Ich wszelkie wysiłki wiążą się z rozprzestrzenieniem Wewnętrznego Boskiego Ja, tak aby Jego Moc mogła wyzwolić się z wystarczającą siłą, aby pokonać ograniczenia w ludzkim ja, które powodują że nie istnieje doskonały pojazd zdolny do użytku w mentalnym, emocjonalnym i fizycznym świecie manifestacji. Są nimi światy myśli, uczucia i działania.

Ludzkie słabości i ograniczenia po prostu osłabiają pojazd, który powinien być ćwiczony i utrzymywany w jak najlepszym stanie, jako sprawny sługa dla użytku Wielkiego Wewnętrznego Boskiego Ja. Ludzkie ciało z wszystkimi swoimi zdolnościami jest Boską Świątynią Energii, której dostarcza »Wielka Obecność Boga« i poprzez to zewnętrzne ja pragnie Ona wyrażać Doskonały Święty Plan, czy Projekt. Gdy niekontrolowane apetyty zmysłów i żądania osobowości marnują Boską Energię, tak że »Wewnętrznej Obecności« nie oddawane jest dowodzenie nad pojazdem, to Ona się nieustannie wycofuje, ludzkie ja traci moc manipulowania swym umysłem i ciałem, a świątynia zawala się, przechodząc w stan niedołężności i rozpadu. Mamy wtedy do czynienia ze stanem, który świat nazywa śmiercią.

Osoba, która pragnie kontaktu ze Wzniesionym Mistrzem w widocznym, namacalnym, żyjącym i oddychającym ciele, bez przygotowania potrzebnego do stopniowego dostosowania swojej zewnętrznej struktury i umysłu, znajduje się w tej samej pozycji, co dziecko w przedszkolu żądające kontaktu z profesorem uniwersytetu i wymagające nauczenia go abecadła pod jego nadzorem.

Wniebowstąpieni Mistrzowie *naprawdę* są Wielkimi Bateriami o olbrzymiej mocy i energii i cokolwiek dotknie ich Promieniowania, staje się w wysokim stopniu naładowane ich Świetlistą Esencją. Takie samo działanie obserwujemy, gdy igła znajdzie się pod wpływem magnesu, przez co przejmuje jego cechy i sama staje się magnesem. Ich wszelka pomoc i Promieniowanie jest na zawsze darmowym prezentem Miłości. To jest powodem, dla którego *nigdy* nie używają swojej mocy, aby przymuszać.

Prawo Miłości, Prawo Wszechświata i Prawo jednostki nie pozwala Wniebowstąpionemu Mistrzowi wtrącać się do wolnej woli jednostki, oprócz tych okresów Kosmicznej Aktywności, w których Cykl Kosmiczny ma większą ważność niż jednostka. W takich okresach Wzniesiony Mistrz może służyć *większą* niż zwykle pomocą. Ziemia weszła w taki Cykl właśnie w tej chwili, gdzie Światło wylewane jest w największym stopniu, jaki kiedykolwiek na niej widziano i będzie on postępował celem oczyszczenia ludzkości i przywrócenia Porządku i Miłości, które są konieczne dla przyszłego zachowania naszej planety oraz systemu światów, do którego należymy. Wszystko to, co nie dochodzi lub nie dojdzie do działania, w *porządku*, *równowadze* i *pokoju* musi koniecznie przejść do jakiejś innej sali lekcyjnej wszechświata i wypracować swoje własne rozumienie tego Prawa w jakiś inny sposób niż ten, który będzie wyrazem przyszłego Życia na naszej ziemi.

Istnieje tylko jeden paszport do »Obecności« tych Wielkich, a jest nim wystarczająca ilość Miłości wylewana na własne Boskie Ja i na Nich, połączona z determinacją, aby wyrwać z człowieka wszelką niezgodę i egoizm. Gdy jednostka staje się *wystarczająco* zdeterminowana, aby służyć wyłącznie Konstruktywnemu Planowi Życia, to włada ona doskonale swoją ludzką naturą, bez znaczenia jak nieprzyjemne jest zadanie. Wtedy automatycznie przyciągnie ona uwagę Wniebowstąpionego Mistrza, który zauważy jej zmagania i wyleje na nią odwagę, siłę i Miłość, podtrzymując ją tak długo, aż będzie w stanie utrzymywać ona stały kontakt ze swym Wewnętrznym Boskim Ja.

Wzniesiony Mistrz wie i widzi wszystko, co dotyczy ucznia, albowiem całkiem jasno odczytuje zapis, jaki uczeń wprowadził do swojej własnej aury. Ten ujawnia stan rozwoju ucznia – jego mocne, jak i słabe strony. Wniebowstąpiony Mistrz jest Wszechwiedzącym Umysłem i Wszechwidzącym Okiem Boga, albowiem nic nie może przed nim zostać ukryte. Ten, który pragnie znaleźć się w widocznej, namacalnej »Obecności« Wzniesionych Zastępów powinien to rozumieć i uczynić z siebie Promieniujące Słońce Miłości, Światła i Doskonałości, które Mistrz będzie mógł rozszerzać i używać jako część Siebie Samego, które będzie mógł posyłać do każdego miejsca świadomie wedle woli, inaczej taki ktoś będzie bezużyteczny w pracy i świecie Mistrza.

Jeżeli uczeń nie zapanował, nie jest chętny do tego lub nie panuje nad swym osobowym ja, tak że nie jest ono spokojne na umyśle, nastawione pokojowo oraz kochające i silne w ciele, nie jest materiałem, jakiego Wniebowstąpiony Mistrz może użyć we więcej-niż-ludzkiej pracy, którą wykonuje. Jeżeli student nie ma silnego, kontrolowanego, dobrze rozwiniętego pojazdu, nie jest zdolny do współpracy ze Wzniesionym Mistrzem i wykonywania pracy tego rodzaju, który leży poza zwykłym ludzkim doświadczeniem.

Gdyby jedna z tych Doskonałych Istot przyjęła ucznia bez takich cech do swojego zakresu pracy, zrobiłaby ten sam błąd, jaki popełnia się budując maszynę czy dom konstruując go z niedoskonałego materiału.

Taki rodzaj materiału naturalnie nie byłby w stanie wytrzymywać niezwykłych obciążeń, wynikających z nagłej potrzeby czy długotrwałej służby. A zatem nie byłoby mądrością, Miłością i łaską poddawać kogokolwiek doświadczeniom, do których nie zostałby przygotowany ćwiczeniami lub których nie byłby w stanie udźwignąć. Ponieważ Wniebowstąpieni Mistrzowie są Szczytem Doskonałości, to naturalnie nie zrobiliby niczego, co nie byłoby po prostu miłosne i mądre.

Nastawienie kogoś, kto pragnie świadomej współpracy z Wniebowstąpionymi Zastępami nie powinno być typu: »Moim życzeniem byłoby pójść do nich po nauki« lecz raczej: »Oczyszczę, udoskonalę się i zapanuję nad sobą, stanę się takim wyrazem Świętej Miłości, Mądrości i Mocy, że będę mógł być pomocnym w Ich pracy. Wtedy automatycznie zostanę przyciągnięty do Nich i będę kochał tak stale, tak nieskończenie, tak święcie, że sama intensywność mojego własnego Światła otworzy mi drogę, abym został przez Nich zaakceptowany«.

Mój Synu, samopoprawa i kontrola sił będących w użytku ludzkiej świadomości nie jest pracą chwili, ani nie jest ścieżką łatwości, letargu i samozadowolenia. Albowiem zmysły szaleją w przeciętnej ludzkiej istocie i gwałtownie buntuje się ona przeciw ograniczaniu swojej niższej natury – a to jest konieczne, jeżeli ma ona rządzić odpowiednio tymi siłami, a w szczególności uczuciami, tak aby mogły one być używane i działały *wyłącznie* pod świadomym Władaniem własnego Boskiego Umysłu.

Powiedzenie, że wielu jest wzywanych lecz niewielu wybranych, jest bardzo prawdziwe. Wszyscy są nieustannie nawoływani, lecz jedynie niewielu budzi się wystarczająco, aby uświadomić sobie ekstatyczną radość i Doskonałość leżącą wewnątrz swojego Boskiego Ja i usłyszeć Jego Głos w Świetle, które zawsze oraz na zawsze nawołuje każdego do powrotu do Domu Ojca.

Każdy człowiek na ziemi ma w każdej chwili wolność, aby »Wznieść się i pójść do Ojca« – swojego Boskiego Ja – jeżeli tylko odwróci się plecami do tworów ludzkich zmysłów i utrzyma uwagę na będącym w Jedności Źródle Wszechświata, z którego pochodzą pokój, szczęście obfitość i Doskonałość.

Dla wszystkich istnieje możliwość skontaktowanie się ze Wzniesionymi Mistrzami, a jest nią *myślenie* o Nich. *Wołaj ich*, a oni odpowiedzą na każde zawołanie swą własną »Obecnością« Miłości. Motywem wołania musi być jednak Miłość tego, który jest Jednym Źródłem, Miłość Światła, Miłość Doskonałości.

Jeżeli będzie to rzeczywiste, pełne determinacji i stałe, to student otrzymać będzie coraz większe i większe Światło. Albowiem Światło poznaje Siebie samo i daje z Siebie nieustannie, bezwarunkowo, w każdej chwili. Proście, a będzie wam dane. Pukajcie, a będzie wam otworzone. Szukajcie, a znajdziecie. Wołajcie o Światło, a Wniebowstąpieni Mistrzowie odpowiedzą, albowiem oni są Światłem tego świata.

Lotus służyła jako kapłanka w świątyni w Mitla ponad czterdzieści lat razem z tobą i waszym synem. Poprzez połączone wysiłki waszej trójki różne miasta kolonii zostały doprowadzone do stanu wielkiej doskonałości. Założyłeś całe branże przedsiębiorstw i prowadziłeś rolnictwo do chwili, gdy prosperita zaobfitowała w kraju.

Zostało to wyjawione władcy Inków, gdy kończył on swoją ziemską pielgrzymkę i służbę w tej cywilizacji. Wtedy to poprosił waszą trójkę do swego domu. Wasze funkcje zostały przydzielone innym i z błogosławieństwem i Miłością przekazanym waszemu narodowi pożegnaliście się.

Po waszym przybyciu do domu król był bardzo zdziwiony, że żadne z was nie postarzało się podczas swej długiej nieobecności. Wasz młody wygląd był rezultatem treningu, jaki otrzymaliście w dzieciństwie i jeszcze większym dowodem na to, że jego dzieci zostały w święty sposób zesłane w odpowiedzi na jego modlitwy. Jego serce zawsze wypełniała głęboka wdzięczność dla tego, który jest Jeden, Wielkiego Boga, za pobłogosławienie jego, jego dzieci i jego narodu".

W chwili gdy Saint Germain opisywał nasze wcielenia wśród Inków, w powietrzu przede mną zaczęły pojawiać się żywe obrazy, wszystkie zawierające pierwotny kolor i wydarzenia. Trwały one około trzech godzin, i objawiły mi te pradawne doświadczenia jako *żywą rzeczywistość* w Peru i Mitli.

Władca Inków zwołał czternastkę ze Złotego Miasta, przygotowując się na najważniejsze wydarzenie swojej ziemskiej pielgrzymki. Wiedział, że zbliża się chwila śmierci oraz że sprawy imperium muszą zostać przeniesione pod kontrolę najstarszego syna, którego na bankiecie miał ogłosić swoim następcą.

Pałac był znany od wielu stuleci jako najwspanialszy budynek tamtych czasów, ponieważ król podczas całych swoich rządów posiadał do swojej dyspozycji olbrzymie zasoby. Zawsze żył blisko swojego Boskiego Ja i niewypowiedziane bogactwo napływało do jego użytku. Wnętrze pałacu było w najwyższym stopniu ozdobne, prywatne komnaty królewskiej rodziny ozdobione były czystym złotem i szlachetnymi kamieniami, a symbol Słońca używany był wszędzie, gdzie to tylko możliwe, jako stałe przypomnienie Boskiego Wewnętrznego Ja.

Sala bankietowa zawierała pięć stołów z rzeźbionego jadeitu spoczywających na podstawach z białego onyksu. Przy każdym z nich zasiadało dwadzieścia osób, oprócz stołu królewskiego, przy którym siedziało szesnaście osób – czternastka ze Złotego Miasta, król oraz Mistrz Saint Germain, który wtedy znany był jako „Syn Uriel" [Uriel – Ogień Boży, przyp. tłum.]. Krzesła przy stole królewskim wykonane były ze złota i z lekka przystrojone cudownymi piórami strusimi we wspaniałych kolorach, tworzącymi coś w rodzaju baldachimu. Pióra przy krześle władcy miały przepiękny fioletowy kolor, Saint Germaina intensywny złoty, córki różowy, najstarszego syna fioletowy, lecz słabszego odcienia niż władcy, a przy krześle młodszego syna biały – reprezentujący władzę kapłańską. Pióra krzeseł reszty ze Złotego Miasta miały różne kolory, piękne ponad wszelką możliwość opisu, a każde z nich reprezentowało urząd i służbę, jaką zasiadający na nim oddawał imperium.

Stoły przykrywał wybitnie miękki materiał z bardzo dużą ilością haftu, wykonanego nicią nadzwyczajnej świetlistości. Cały pałac oświetlany był samoświecącymi kryształowymi kulami, które Saint Germain podarował władcy Inków, gdy zaczął go pierwszy raz nauczać.

Król miał na sobie królewską togę wykonaną ze złotej, metalicznej tkaniny ze wspaniałymi ornamentami z kamieni szlachetnych, pokrywającymi na kształt „Słońca" pierś władcy. Na niej znajdowało się odzienie przedstawiające jego urząd, wykonane z bogatej fioletowej tkaniny i wykończone wspaniałymi strusimi piórami wokół całego obrzeża i wysokiego kołnierza. Jego korona była paskiem wykonanym z diamentów i utrzymującym z tyłu trzy fioletowe pióra. Te trzy pióra w Życiu Wewnętrznym władcy symbolizowały trzy Boskie działalności – Ojca, Syna i Ducha Świętego – działającymi przez człowieka jako Miłość, Mądrość i Moc.

Dwóch synów nosiło ubrania podobne do ojca z wyjątkiem długiej togi symbolizującej urząd, a na piersi każdego widniał uformowany z klejnotów symbol „Wielkiego Słońca". Korona starszego syna wykładana była szmaragdami, a pióra z tyłu były koloru fioletowego, jak u króla, jednakże słabszego odcienia. Przybranie głowy młodszego syna wykonane było z pereł, a jego pióra były białe, co było następnym symbolem jego kapłańskiego urzędu.

Córka króla odziana była w złotą tkaninę, tak delikatną jakby wykonana była z babiego lata, na co nałożona była jeszcze część garderoby wykonana z opalizującego materiału, który przy każdym ruchu sprawiał na obserwatorze wrażenie ciągłej zmiany kolorów. Założony miała pas nabijany diamentami i szmaragdami, którego końcówki prawie dotykały ziemi. Na jej głowie znajdował się dopasowany czepek z tkanego materiału, a wokół szyi łańcuch, na którym wisiał symbol „Wielkiego Słońca" wykładany diamentami, rubinami i szmaragdami. Jej sandały wykonane były ze złotego materiału i również przyozdobione klejnotami.

W chwili, w której król opuścił prywatne komnaty i udał się na bankiet, Błyszczące Światło rozbłysnęło w całej sali i przed nami stanął Saint Germain wyglądający jak Bóg. Światło znajdujące się wokół niego było prawie oślepiające w swojej Świetlistości i zajęło nam kilka sekund, aby się do niego przyzwyczaić.

Jego piękne złote włosy opadały na ramiona i ozdobione były opaską z niebieskich diamentów, otaczającż jego czoło. Jego Intensywne Promieniowanie świeciło kolorem jego włosów, aż zaczęło przypominać kolor słońca. Przeszywający, błyszczący fiolet jego oczu intensywnie kontrastował z jego skórą lekko różowego koloru, ujawniającą młodość i doskonałe zdrowie. Rysy jego twarzy były bardzo regularne, takie jak u starożytnych Greków.

Miał na sobie szatę ze zdumiewającej, błyszcząco białej tkaniny, całkowicie różniącej się od czegokolwiek znanego w naszym nowoczesnym świecie. Zwężała się ona nieznacznie w talii, wokół której opleciony był pas wykonany z żółtych diamentów i szafirów z końcówkami sięgającymi kostek. Na środkowym palcu lewej dłoni znajdował się pierścień ze wspaniałym żółtym diamentem, a na środkowym palcu prawej dłoni szafir wyglądający jak brylant – obydwa były niezwykle błyszczące ze względu na jego własne Promieniowanie, gdyż przybywał on bezpośrednio ze Złotego Miasta.

Król był zdziwiony i niezwykle uradowany jego pojawieniem się, wykonał znak serca, głowy i ręki, po czym głęboko się przed nim ukłonił i podał Mistrzowi swoją rękę. Razem przeszli do sali bankietowej.

Tutaj stoły zastawione były serwisami wykonanymi ze złota, kryształu i jadeitu. Dzieci króla wkrótce przybyły i owładnęła nimi radość na widok swojego ukochanego Mistrza. Jednakże nie zapomniawszy wagi wydarzenia, wykonując Święty Znak, jakiego ich uczył, głęboko pokłoniły się przed swoim ojcem i Dystyngowanym Gościem.

Wydano sygnał i wszyscy usiedli. Król zasiadł na głównym miejscu, Saint Germain po jego prawej, a dalej jego córka. Starszy syn siedział po jego lewej, za nim młodszy, a następnie cała reszta ze Złotego Miasta.

Pod koniec bankietu król wstał, a wszyscy skierowali na niego całkowitą uwagę. Stał przez moment w ciszy, i wyciągnąwszy rękę w kierunku ukochanego Saint Germaina, przedstawił go gościom. Mistrz ukłonił się pełen gracji, a król opowiedział im jak Wyższe Duchowe Prawo zostało przekazane jemu i jego dzieciom i jak wielkie błogosławieństwa, które zaistniały w kraju i jego całym narodzie, związane były z Wielką Miłością Mistrza. Następnie wyjaśnił, że bankiet został wydany, aby wyznaczyć następcę tronu.

Dał znak starszemu synowi, aby wstał i zapowiedział go jako przyszłego władcę. Ściągając królewską togę umieścił ją na ramionach syna, a Saint Germain wzniósł na znak błogosławieństwa swoje dłonie ponad nim i powiedział:

„Błogosławię cię Mój Synu w Imię i na Mocy tego, który jest Jeden – Wielkiego Boga w człowieku i zarządzającego Wszechświatem – oby Jego Największa Mądrość cię prowadziła, Jego Światło Oświecało, Miłość błogosławiła i otulała ciebie oraz kraj i jego naród".

Dotykając kciukiem prawej dłoni czoła syna, Ukochany Mistrz podniósł swą lewą rękę, po czym otoczył ich Oślepiający Błysk Światła.

Król następnie wyznaczył osoby, które miały zająć miejsca jego córki i dwóch synów w świątyni w Mitla. Saint Germain, król, jego dzieci i reszta czternastki ze Złotego Miasta udali się do sali tronowej, gdzie Mistrz odwrócił się i ponownie zwracając się do nich, powiedział:

„Ukochani Światła! Wasz brat, król, przejdzie wkrótce na zasłużony odpoczynek i do wyższych nauk. Do tego czasu pozostanę z wami. Wasza cywilizacja osiągnie swój szczyt pod rządami tego to, naszego ukochanego brata, i będzie wam potrzebne wiele dodatkowego bogactwa, aby osiągnąć to, co ma zostać wykonane. W sercu gór leżących nie tak daleko stąd znajduje się wielki skarb złota i szlachetnych kamieni. Młodszy syn waszego władcy niedawno temu przypomniał sobie umiejętności, których używał wcześniej. Przyspieszę wprowadzenie ich w działanie, tak aby potrzeby waszych przyszłych poczynań zostały spełnione". Podszedł do młodszego syna i dotknął jego czoła kciukiem prawej ręki. Przez jego ciało przeszedł dreszcz i jego Wewnętrzny Wzrok został otwarty.

Zobaczył pewne ukryte w górach miejsce, które zawierało wielkie bogactwo i przekonał się, że nie będzie im potrzebne żadne inne źródło do tego, aby wyprodukować cokolwiek tylko mogłoby być potrzebne do użytku z rzeczy w zewnętrznym działaniu. Syn złożył hołd swojemu Ukochanemu Mistrzowi i obiecał, że z jego pomocą plan jego zostanie spełniony. Trzy kopalnie, które powołał do życia i których używał zostały zamknięte i zapieczętowane, gdy zakończyło się panowanie przybyłych ze Złotego Miasta. Pozostały zamknięte do dzisiejszego dnia.

Archeologowie od czasu do czasu na różne sposoby znajdują oznaki i dowody olbrzymich wyżyn, do jakich ta cywilizacja doszła, oraz doskonałości ich osiągnięć. Fragmenty dotychczasowych odkryć poczynań Inków pochodzą z czasów upadku cywilizacji, nadejdzie jednak moment, kiedy ku błogosławieństwu, oświeceniu i służbie potomnym wyjawione zostanie to, co było wyrazem szczytu owej cywilizacji.

Następnego dnia posłańcy zostali wysłani do głównych miejsc imperium, ogłaszając przejęcie tronu przez syna króla. Jego reputacja szła przed nim z Miasta Mitla; albowiem jego mądrość, szlachetność charakteru i sprawiedliwość poznane zostały w całym królestwie na przestrzeni lat jego służby.

Kilka dni później młodszy syn poinstruował szefa inżynierów kopalnianych, aby przygotował wyposażenie, ludzi i zapasy na wędrówkę w góry celem otwarcia kopalni, którą pokazano mu przy pomocy Wewnętrznego Wzroku.

Gdy byli gotowi do drogi syn pozostawał w samotności koncentrując nieustannie swoją uwagę na Boskim Wewnętrznym Ja. Wiedział, że nieomylnie zostanie poprowadzony do kopalni i nie miał ze względu na to żadnych trudności, ani opóźnień w bezpośrednim dotarciu do miejsca pokazanego mu w wizji. Zaangażował dużą ilość ludzi do pracy i w przeciągu sześćdziesięciu dni uruchomił kopalnię do punktu, w którym napotkał na najbogatszą żyłę złota, jaka kiedykolwiek została zlokalizowana w Ameryce Południowej przed i po tym czasie. Fakt odkrycia i eksploatacji tej kopalni przetrwał wśród ludzi w legendach do dnia dzisiejszego. Młodszy syn powrócił ze swoich pełnych osiągnięć podróży pośród ciepłego przyjęcia narodu i otrzymał błogosławieństwa od swojego ojca, Saint Germaina, swojego starszego brata i siostry.

Położenie kopalni znajdowało się na poziomie dwóch tysięcy czterystu metrów i w czasie w jakim syn króla tam przebywał stał się on w wysokim stopniu uwrażliwiony, co *zawsze* jest rezultatem przebywania na dużych wysokościach. Po powrocie do pałacu miał wyraźne uczucie, że nadszedł czas na dokonanie wielkiej zmiany przez władcę Inków, wiedział że jego śmierć jest blisko.

Nadszedł dzień koronacji syna króla, w którym miał on objąć prawne i publiczne obowiązki i służbę dla królestwa. Królewska rodzina poprosiła swojego Ukochanego Mistrza i Przyjaciela, aby dokonał aktu koronacji nowego władcy, na który ten się miłościwie zgodził.

Ukończono misterne przygotowania do tego ważnego wydarzenia, a ceremonia posunęła się do momentu, w którym korona miała zostać nałożona na głowę nowego władcy. Wszyscy zauważyli, że Saint Germain nie poruszył się, aby tego dokonać.

Nagle pojawił się Oślepiający Błysk Światła i przed nimi stanęła Najbardziej Cudowna Istota. Wyglądała na dziewczynę, która miała dopiero osiemnaście lat, lecz z jej oczu i »Obecności« świeciło Olśniewające Promieniowanie przepełnione Miłością, Mądrością i Mocą Bogini. Światło wypełniające otaczające ją powietrze było krystalicznie białe – iskrzące się wewnątrz Siebie i nieustannie rozbłyskujące.

Wyciągając swoje filigranowe ręce do trzymającego koronę, podniosła ją i z nieskończoną gracją położyła na głowie syna króla, a głosem będącym samą duszą muzyki powiedziała:

„Ukochany ze Złotego Miasta, koronuję cię z Miłością, Światłem i Mądrością, których ta korona jest symbolem. Niechaj twoja sprawiedliwość, honor i szlachetność trwają wiecznie. Świętym Rozkazem będę rządziła z tobą niewidzialnie dla wszystkich, poza tymi ze Złotego Miasta zebranymi tutaj”.

Nowy władca uklęknął, aby otrzymać koronę, a Cudowna Istota pochyliła się i pocałowała jego czoło. Odwróciła się wtedy do zebranych gości, rozłożyła ręce i pobłogosławiła ich. Natychmiast delikatne różowe Światło wypełniło całe to miejsce – było To okazaniem Jej Miłości dla nich. Pobłogosławiła dawnego króla i zwracając się do jego córki objęła ją czule. Wyciągnęła rękę do młodszego syna, a ten klękając pocałował ją z głęboką czcią.

Nowy król wstąpił na tron i ukłonił się swoim gościom. Podając rękę Pięknej Istocie, poprowadził ją do sali bankietowej, gdzie koronację świętowano ucztą. Dał sygnał, aby wszyscy usiedli, a wtedy zwrócił się do nich.

„Mój wielce ukochany narodzie” – powiedział – „wiem, że nie ma nic poza będącą w Jedności Wielką »Obecnością« – Bogiem – w ludzkości i we Wszechświecie, którym zarządza. Jest moim pragnieniem, tak jak zawsze nim było, żyć w taki sposób, aby mój umysł i ciało były czystymi kanałami i doskonałym wyrazem będącej w Jedności Wielkiej Zamieszkującej »Obecności«. Oby moi przyjaciele, mój naród, nasz kraj i jego sprawy zawsze błogosławione były największą Boską Miłością, pokojem, zdrowiem i szczęśliwością. Oby to imperium, będące królestwem Boga, a którego wy jesteśmy jedynie kustoszami, trwało w obfitości. Niechaj Miłość Boga we mnie na zawsze was otacza, proszę też Boskie Wieczne Światło, aby podniosło was do Swej Świętej Doskonałości".

W trakcie trwania bankietu dawny król bardzo pobladł. Nowy władca dał sygnał swojemu bratu, aby stanął u boku ojca i pomógł mu dostać się do prywatnych komnat królewskiej rodziny. Król położył się i pozostał w bezruchu przez prawie cztery godziny. Jego dzieci, Mistrz Saint Germain i Piękna Istota przebywali u jego boku.

Gdy nadeszła ostatnia chwila jego czasu na ziemi, Piękna Istota podeszła do kanapy, na której leżał i zwracając się do niego powiedziała:

„Bracie Inku, myślałeś o pozostawieniu swojej formy działaniu czterech żywiołów, ja jednak mówię ci, że będzie ona Wzniesiona, Przetransmutowana i Oświecona do tej Wiecznej Świątyni Boga, która wyraża Wszelką Doskonałość. Twoja wielka służba uwolniła cię od koła narodzin i tak zwanej śmierci. Bądź teraz przyjęty przez Wniebowstąpione Zastępy Światła, z którymi na zawsze będziesz Jednym".

Powoli ciało jego zostało wzniesione do Wiecznej Doskonałości, a wtedy całkowicie zniknęło. Saint Germain zwrócił się do tych, którzy się zebrali.

„Moja praca tutaj jest zakończona" – powiedział i występując do przodu, nałożył pierścień całkowicie niezwykłego kształtu na środkowy palec prawej ręki króla. Klejnot trzymany przez pierścień był małą świecącą z siebie kulą, wykonaną z jakiejś precypitowanej substancji przypominającej perłę, a w samym jego centrum znajdował się niewielki niebieski Płomień. Był skupieniem

Światła, takim samym jak kule, które Saint Germain podarował królowi ojcu i które służyły do oświetlania pałacu.

„Przyjmij to" – kontynuował – „od Mistrza ze Złotego Miasta. Jest to Jego życzeniem, abyś zawsze nosił to na sobie". Żegnając się i pochylając z gracją, zniknął z pola widzenia.

Trójka dzieci władcy Inków posiadała doskonałe ciała fizyczne, co wynikało z nauk, które otrzymywały one w dzieciństwie od Mistrza Saint Germaina, gdy przybywał on codziennie ze Złotego Miasta, aby przygotować ich na życie w służbie narodu. Wszyscy mieli najpiękniejsze złote włosy i fioletowo niebieskie oczy. Obydwaj synowie mieli metr dziewięćdziesiąt wzrostu, a córka metr siedemdziesiąt. Posiadali naturalne dostojeństwo postury wskazujące na Wewnętrzne Władztwo, które uzyskali przez jego nauki. Gdy starszy syn odziedziczył tron, miał sześćdziesiąt osiem lat, jednakże nie wyglądał na więcej niż na dwadzieścia pięć. Nawet w chwili, gdy opuszczali ziemię żadne z nich nie wyglądało starzej. Nowy król rządził przez czterdzieści siedem lat, dożywszy stu piętnastu lat. Córka dożyła stu trzynastu lat, a młodszy syn stu jedenastu.

Lud Inków w tamtym okresie charakteryzował się tym, że wszyscy mieli ciemne oczy i włosy oraz skórę podobną do amerykańskich Indian. Ci, którzy inkarnowali się pośród ludu Inków nie byli duszami z wcześniejszą zaawansowaną wiedzą, tak jak odbywało się to w niektórych wcześniejszych cywilizacjach takich jak Egipt,

Atlantyda, czy tej rozkwitłej na pustyni Sahara. Z tego względu Wielkie Zastępy Wzniesionych Mistrzów, pomagających w rozprzestrzenianiu Światła wśród ludzkości, umieściły władcę Inków, jego dzieci i resztę czternastki ze Złotego Miasta na stanowiskach rządzących narodem, aby ustanowić wzorce, z których uformować miały się późniejsze wydarzenia. Stworzyli oni formę rządu i plan rozwoju, który, o ile stosowany, miał pozwolić całej cywilizacji na dostąpienie wielkich wyżyn w osiągnięciach zewnętrznych, a jednocześnie przyjęcie olbrzymich Wewnętrznych Iluminacji.

Gdy zbliżał się czas wyboru władcy, dopełniono wszelkich starań, aby spośród samych Inków następujących po królu i jego asystentach wyszukać tych których Wewnętrzny Rozwój był najbardziej zaawansowany. Znaleziono czternastu, którzy mieli zająć miejsca tych ze Złotego Miasta. Piękna Istota ukazywała się królowi codziennie przez czterdzieści siedem lat, przekazując rady i pomoc poprzez Swe Promieniowanie, tak aby mądrość i siła mogły stać się prowadzącą mocą ludu.

Następcy króla i czternastki ze Złotego Miasta zostali poproszeni przed oblicze wielce kochanego i mądrego władcy, a Piękna Istota niewidzialna dla wszystkich uczyniła się widzialną. Światło wokół niej stało się bardzo jasne i zwracając się do nich, powiedziała:

„Przez ponad dziewięćdziesiąt lat Wielcy Wzniesieni Mistrzowie Światła uczyli, oświecali, błogosławili i przynosili obfitość temu ludowi i imperium. Przykład znajduje się przed wami. Jeżeli będziecie za nim podążać wszystko będzie nadal dobrze prosperować i błogosławić wasz kraj. Jeżeli nie utrzymacie *najpierw* Miłości dla tego, który jest Jeden, czyli Najwyższego Boskiego Ja w waszych sercach, i nie będziecie *zawsze* uznawać go za Władcę imperium i jego mieszkańców, to rozpocznie się rozpad, a wspaniała doskonałość, jaką cieszyliście się przez ponad stulecie zostanie zapomniana. Oddaję was opiece Wielkiej Nadrzędnej »Obecności« znajdującej się w was wszystkich. Oby Ona zawsze ochraniała, kierowała i oświecała was".

W tym miejscu został wyjawiony naoczny dowód istnienia Wewnętrznego Boskiego Ja, znajdującego się w każdej ludzkiej istocie, tym, którzy mieli pokierować losami imperium w nadchodzących latach. Taki sam dowód ponownie zostanie przekazany ludziom współczesnego świata.

Wtedy w obecności nowego władcy i jego pomocników król i czternastka ze Złotego Miasta opuścili swoje ciała i ukazali swoje Święte Ja *naocznie* wszystkim zebranym. Po kilku chwilach fizyczne ciała zniknęły, rozpuściwszy się w powietrzu.

„W taki oto sposób" – wyjaśnił Saint Germain – „pokazano ci zapis innego życia, błogosławieństwa i osiągnięcia wynikające z miłującej akceptacji Największej »Obecności« tego, który jest Jeden, twego Wewnętrzengo Boskiego Ja. Powróćmy teraz do Royal Teton".

Wróciliśmy przed wejście i przeszliśmy do sali przyjęć. Tam na ścianach znajdowały się portrety wyryte w złocie, przeniesione z pradawnej świątyni w Mitla. Przeszliśmy do komnaty zapisów i zobaczyliśmy zapisy niesione przez Piękne, Błyszczące Istoty. Zostały przez nią przeniesione również inne przedmioty, o których nie wolno mi mówić.

Gdy zakończyły się te doświadczenia, przynajmniej po części uświadomiłem sobie, czym jest *prawdziwa Miłość*; albowiem nikt nie zdoła opisać intensywnego uczucia Miłości i wdzięczności, które odczuwa się do Wniebowstąpionych Mistrzów po tym jak pozwolono mu przejść przez doświadczenia, jakie stały się moim udziałem od chwili pierwszego spotkania z Saint Germainem. Nie jest możliwym ubrać tego w słowa. Po takim kontakcie pozostanje w Życiu wyłącznie jedno przemożne pragnienie, a mianowicie *BYĆ* tym, czym oni są.

Wtedy rozumie się, co miał na myśli Jezus mówiąc o Domu Boga i o tym, gdzie naprawdę znajduje się dom Duszy. Gdy naprawdę, choćby przez ułamek sekundy, doświadczyło się Ekstatycznej Rozkoszy emanującej od Wzniesionej Istoty, nie istnieje nic w ludzkim doświadczeniu, czego by się nie wytrwało lub nie poświęciło, aby dotrzeć do tej wyżyny osiągnięć i pracy, po to, aby też móc wyrażać takie Władztwo i Miłość.

Wie się wtedy, że taka Doskonałość jest możliwa dla wszystkich dzieci Boga i jest tak rzeczywista, jak tylko rzeczywistość może być. Nawet najszczęśliwsze życie przeciętnej istoty ludzkiej to z całą pewnością tylko plewy egzystencji, gdy porównać je do Wzniesionego Stanu tych Wielkich. Najpiękniejsze i tak zwane doskonałe kreacje ludzkich istot i całe to przechwalanie się ich mocą i osiągnięciami wypadają jedynie prymitywnie i nieokrzesanie w porównaniu z Wolnością, Pięknem, Wspaniałością i Doskonałością, będącą codziennym stałym doświadczeniem każdego, kto wzniósł ciało tak, jak to zrobił Jezus.

Byłem prawie przytłoczony uczuciem wdzięczności i Miłości do Saint Germaina, gdy nadszedł czas powrotu do mojego ciała. Wiedział jak się czuję i rozumiał sytuację w jakiej się znajdowałem.

„Mój Synu" – powiedział – „nie możesz otrzymać tego, co nie zostało zapracowane. Zasługujesz na to i na wiele więcej, co stanie się oczywiste, gdy będziemy postępowali dalej. Pamiętaj jednakże, że to co wygląda na tajemnicze, tylko się takim wydaje, gdyż jest niewyjaśnione. Wszelkie niezwykłe wydarzenia zostaną przyjęte za naturalne oraz zgodne z Prawem, gdy zostaną zrozumiane. Następująca Prawda powinna pozostać odciśnięta w twojej pamięci na zawsze. A oto ona: Każde z Boskich dzieci, które uzna i zaakceptuje »Obecność« tego, który jest Jeden, Wielkiego Boga zakotwiczoną Wewnątrz swojego serca i umysłu, i będzie odczuwało tę Prawdę wiele razy w ciągu dnia, uświadamiając sobie i wiedząc, że Bóg wypełnia jego umysł i ciało w takiej pełni Światłem, że nie ma tam miejsca na nic innego, będzie wolne. Będąca w Jedności Wszechmocna »Obecność« jest potężnym harmonijnym działaniem w Życiu człowieka i jego sprawach i gdy jego uwaga skupi się stanowczo i z determinacją na tej Wiecznej Prawdzie, to nie znajdzie się wyżyna osiągnięć zbyt wielka do dostąpienia.

Istnieje wyłącznie Jedno Źródło i Zasada Życia, której powinniśmy dać niepodzielną uwagę, a jest nią Boskie Ja Wewnątrz każdego człowieka. Osobowe ja powinno zawsze świadomie uznawać Wielkie Harmonijne Ja i utrzymywać z Nim ciągłą Wewnętrzną Komunię, bez względu na to, jaka jest zewnętrzna działalność umysłu.

To będące w Jedności Wielkie Ja jest Energią Życia przepływającą w każdej chwili przez każde ludzkie ciało, która pozwala wszystkim na wszelki ruch w świecie formy. Jest nią Mądrość płynąca przez umysł, Wola kierująca wszelkimi konstruktywnymi działaniami, Odwaga i Wytrzymałość utrzymujące wszystkich, Uczucie Świętej Miłości, którą w trakcie jej przepływu przez jednostkę nacechowana może zostać każda siła – każda będąca w Jedności Siła, jaka jest w stanie osiągnąć wszelkie dobre rzeczy. Stanowi to Nieprzezwyciężone, Świadome Władztwo nad wszelkimi okolicznościami ludzkiej działalności, o ile będzie ona stale, bez buntowania się przepuszczana przez osobowe ja.

To Potężne Wewnętrzene Boskie Ja jest Największym Władcą wszelkiej kreacji i jedynym stałym i Wiecznym Źródłem pomocy w egzystencji, na którym można polegać. Jedynie poprzez Jego Miłość, Mądrość i Moc istnieje w ogóle możliwość wzniesienia się do stanu Wniebowstąpionego Mistrzostwa, albowiem stała, świadoma komunia z Nią jest Wolnością i Władztwem nad wszelką ludzką kreacją. Mówiąc o ludzkiej kreacji, mam na myśli wszystko to, co jest niezgodne i mniej niż Doskonałe”.

Powróciliśmy do mojego ciała i gdy tylko w nie wszedłem, Saint Germain wziął moje ręce i przepuścił przeze mnie strumień swojej Świętej Energii, aby dać mi siłę. W tej samej chwili poczułem się zregenerowany, zarówno na umyśle, jak i na ciele. Usiadłem i z wielką intensywnością skupiłem swoją uwagę na mojej „Boskiej Obecności" i wypowiedziałem modlitwę wdzięczności za olbrzymie błogosławieństwa, jakie miałem zaszczyt otrzymać. Ukłonił się z gracją i zniknął.

7. *Pogrzebane miasta Amazonii*

Wkrótce potem pewnego wieczoru, gdy pracowałem z zaangażowaniem usłyszałem wyraźnie głos Saint Germaina.

„Bądź gotów" – powiedział – „dzisiaj o dziewiątej przybędę po ciebie".

W przeciągu chwili byłem gotów, pospieszyłem się z moją pracą, wykąpałem się i przygotowywałem do wczesnej kolacji.

„Przyniosę ci odpowiednie pożywienie" – powiedział, a zatem czekałem i przeniosłem się w najgłębszą medytację jakiej byłem świadom, udzielając głosu wyłącznie Boskiej Doskonałej Manifestacji.

Punktualnie o dziewiątej pojawił się w moim pokoju, ubrany w szatę z Lśniącej Metalicznej Substancji, która wyglądała jakby została wykonana z polerowanej stali, lecz w dotyku sprawiała wrażenie połączenia bardzo miękkiego jedwabiu z gumą i była bardzo lekka. Dotknąłem tej niezwykłej, pięknej tkaniny i byłem nią tak zafascynowany, że wyszedłem z mojego fizycznego ciała, co uświadomiłem sobie dopiero, gdy się odwróciłem i zobaczyłem je leżące w łóżku. Podszedłem do dużego lustra w drzwiach i zobaczyłem, że *moje* ubranie było identyczne jak ubranie Saint Germaina. Zdziwiło mnie to i nie rozumiałem, dlaczego różniły się one od tych, których używaliśmy dotychczas. Dostrzegł to pytanie w moim umyśle i powiedział:

„Spróbuj uświadomić sobie, Mój Synu, że we Wzniesionym Stanie Życie zawsze mamy wolność używania Czystej Uniwersalnej Substancji do każdego celu, jaki wybierzemy i możemy nadać jej każdą specyficzną cechę, jakiej pragniemy, do spełnienia danej potrzeby.

Jeżeli zechcemy użyć materiału niezniszczalnego, rzutujemy taką cechę na Czystą Uniwersalną Substancję i Ona odpowiednio reaguje. Jeżeli życzymy sobie formy mającej się zamanifestować jedynie przez określony okres czasu, nadajemy Substancji, z jakiej się składa tę cechę czy rozkaz, a forma odpowiednio się manifestuje. W obecnym przypadku będziemy poruszali się przez wodę, a Promieniowanie z materiału twojego ubrania w taki sposób otaczać będzie twoje subtelne ciało, aby odizolować cię od naturalnych cech i działania żywiołu wody.

Postaraj się myśleć o tej Mocy, która się w tobie znajduje. Przywołuj do użytku wielki ocean Uniwersalnej Substancji, z którego możesz czerpać bez ograniczeń. Jest ona *bez wyjątku* posłuszna kierunkowi myśli i zapisuje każdą cechę nałożoną na nią przez działanie natury uczuć, będącej częścią człowieka.

Uniwersalna Substancja jest w *każdej* chwili posłuszna twojej świadomej woli. Ciągle odpowiada ona na myśli i uczucia ludzkości, bez znaczenia czy uświadamia ona to sobie, czy nie. Nie ma chwili, w której istoty ludzkie nie nadawałyby owej Substancji tej czy innej cechy i człowiek wyłącznie poprzez wiedzę może dojść do *świadomej kontroli* i możliwości manipulowania Jej nieskończonym oceanem, oraz do momentu, w którym zacznie rozumieć możliwości własnych Kreatywnych Mocy i *odpowiedzialności* spoczywającej na nim przy *używaniu* własnych myśli i uczuć.

Na przestrzeniu stuleci ludzkość nadawała Uniwersalnej Substancji cechy śmierci i ograniczeń, a ciała jakich dziś używa wyrażają takie właśnie właściwości. W rasie ludzkiej jako całości istnieją sztormy nienawiści, złości, zemsty i wybuchy wielu innych uczuć, a cztery żywioły, które zarejestrowały te cechy, zwracają je ludziom w świecie natury pod postacią sztormów. Ludzie na ziemi doświadczają kataklizmów myśli i uczuć, jawiących się jako złość na siebie samych, na niesprawiedliwość, na miejsca i rzeczy i wysyłają świadomie lub nieświadomie *uczucie* zemsty. Wielki ocean Uniwersalnej Substancji, która zarejestrowała te cechy zwraca je na powrót swojemu źródłu – jednostkom – przy pomocy czterech żywiołów jako kataklizmy Natury.

Takie działania nie są niczym innym, jak sposobami Natury na oczyszczenie i otrząśnięcie się z ludzkich zanieczyszczeń, niezgodnych myśli i uczuć i na powrót do dziewiczego stanu Boskiej Nieskazitelności.

W każdej chwili każda jednostka otrzymuje Czyste i Doskonałe Życie Boga, wpływające do jej umysłu i ciała. W każdej chwili jednostka nadaje też cechy jakiegoś rodzaju Czystej Uniwersalnej Substancji Boga. Te cechy kreuje i generuje wyłącznie ona sama i musi ona to otrzymać na powrót do swojego umysłu i ciała; albowiem wszystkie rzeczy we Wszechświecie poruszają się po okręgu, a zatem wracają do swojego źródła.

Wzniesieni Mistrzowie nauczyli się Prawa Okręgu – Prawa tego, który jest Jeden. Stąd nakładamy na Czystą Uniwersalną Substancję *wyłącznie* te cechy, jakich życzymy sobie używać przy konkretnej pracy, jaką się akurat zajmujemy. Jeżeli życzymy sobie wyrażania jakiejś manifestacji przez określony okres czasu, to wydajemy rozkaz, a Substancja z jakiej składa się konkretna manifestacja odpowiednio nań reaguje.

Jeżeli chodzi o zapisy przechowywane w Royal Teton i innych ustroniach na całym świecie, koniecznym jest dla naszej pracy, żeby niektóre rzeczy zostały wykonane jako niezniszczalne celem zachowania ich na przestrzeni stuleci. Dekretujemy tę cechę do wewnątrz nich, a one zapisują dokładnie nasz dekret, albowiem Natura nigdy nie kłamie. Jest Ona Prawdziwym rejestratorem cech nagrywanych na Nią. Jest Ona posłuszna nam i również jest posłuszna ludziom; jednakże istnieje w Niej pewna działalność, co do której ludzkość podchodzi z ignorancją lub uporczywie odmawia jej przyjęcia. Ta ignorancja i uporczywość nieustannie będzie się *odpłacać*, odpłacać i jeszcze raz odpłacać, dopóki jednostkowe osobowe ja nie nauczy się i nie przyjmie tej Fundamentalnej Wiecznej Prawdy, którą jest Prawo tego, który jest Jeden: Prawo Miłości, Prawo Harmonii, Prawo Okręgu, Prawo Doskonałości.

Gdy ludzkość naprawdę nauczy się tej Prawdy i będzie posłuszna Jej Wiecznemu Dekretowi, niezgoda ziemi i destrukcyjne działania czterech żywiołów skończą się.

Istnieje Samogenerująca i Samooczyszczająca Siła zawarta w Naturze, która podnosi i odrzuca wszystko to, co nie jest w zgodzie z Prawem tego, który jest Jeden. Ta Siła czy Energia jest *działalnością wypychającą* z wewnątrz na zewnątrz i jest rozprzestrzeniającą się Mocą tego, który jest Jeden. Jeżeli niezgoda zostaje nałożona na Czystą Uniwersalną Substancję, to Energia Elektronowa zostaje wewnątrz niej chwilowo zatamowana. Gdy w taki sposób zakumulowana energia osiąga pewne ciśnienie dochodzi do jej ekspansji druzgoczącej niezgodę i ograniczenia. A zatem Wielkie Życie tego, który jest Jeden – Wiecznie Rozszerzająca się, Błyszcząca Esencja Kreacji, czyli Bóg w Działaniu – zwalcza wszystko to, co stara się Mu opierać i podąża Swoją obraną Ścieżką, Ścieżką Nadrzędnego Władcy Wszechświata. Wniebowstąpieni Mistrzowie Światła wiedzą o tym i są Jednym z tą wiedzą.

Ludzkość ma możliwość dostąpienia tej wiedzy i bycia z tym »Jednością«, jeżeli tylko tego zechce. Znajduje się to w zasięgu umiejętności i możliwości każdej jednostki, albowiem jest To Wrodzoną Wieczną Zasadą leżącą *wewnątrz* Samoświadomego Życia. Wszystkie istoty ludzkie są Samoświadomym Życiem. Ta Zasada nie wyznacza faworytów i *wszyscy* mogą wyrażać Jej pełnię.

Życie każdej istoty ludzkiej zawiera w sobie Moc, za pomocą której może ona wyrażać *wszystko* to, co Wzniesieni Mistrzowie wyrażają w każdej chwili, o ile jedynie zdecyduje na to. Wszelkie Życie zawiera w sobie Wolę, lecz jedynie Samoświadome Życie ma wolność wyboru własnego kursu ekspresji. Stąd jednostka ma wolny wybór wyrażania się albo w ludzkim, ograniczonym ciele, albo w Superludzkim, Świętym Ciele. Ona to wybiera własne pole ekspresji. Jest ona Samodefiniującym się *Kreatorem*. Miała wolę i wybrała egzystencję jako Samoświadome Życie.

Gdy jednostka zindywidualizuje się wewnątrz Absolutu, wewnątrz Wszechprzenikającego Życia, wybiera ona z własnej wolnej woli, aby stać się zintensyfikowanym indywidualnym skupieniem Samoświadomej Inteligencji. Staje się ona świadomym kierowniczym swoich przyszłych działań. A zatem, dokonawszy wyboru, staje się ona jedyną która może wypełnić swoje przeznaczenie, które nie jest sztywno określonymi okolicznościami, lecz zdecydowanie ukształtowanym planem Doskonałości. Jest to matryca, jaką wybiera ona celem wyrażania się w królestwie formy i działania. A zatem widzisz, Mój Synu, że istota ludzka może w każdym momencie zdecydować, aby wznieść się ponad własne ludzkie cechy lub ograniczenia, i jeżeli przekaże ona *całe* swoje Życie, całą swoją Energię temu zdecydowaniu, zwycięży. Ci z nas, którzy wznieśli swoje ciało, osiągnęli Wniebowstąpienie poprzez Boskie Ja *Wewnątrz* siebie i stąd Ono wyraża przez nas Swoje

Doskonałe Cechy – swój Święty Plan Życia. Chodźmy".

Gdy rozpoczęliśmy naszą podróż, miałem świadomość, że poruszamy się na południe i wschód. Minęliśmy Salt Lake City, Nowy Orlean, Zatokę Meksykańską, Wyspy Bahama, po czym dotarliśmy do srebrnej wstążki, i wiedziałem że jest to rzeka. Podążaliśmy za nią, aż do jej ujścia. W trakcie zbliżania się Boski Głos Wewnątrz mnie powiedział:

„To Amazonka".

„Teraz bądź świadom" – poinstruował mnie Saint Germain – „aby Bóg w tobie zawsze tobą kierował i był Mistrzem każdej sytuacji".

W tym samym momencie zaczęliśmy opadać i po chwili dotknęliśmy powierzchni wody. Sprawiała wrażenie stałego gruntu pod naszymi stopami i poczułem się zaskoczony, gdy jej dotknęliśmy. Saint Germain wyjaśnił, że moglibyśmy równie dobrze zejść pod wodę, jak i zostać na górze, gdyż ubrania które nosiliśmy promieniowały ochronną aurą na sporą odległość wokół naszych ciał i posiadały cechy, jakich potrzebowaliśmy, aby badać podziemne warstwy ziemi, jak i rzeczy znajdujące się pod wodą.

„Bazuje to na tym" – kontynuował – „co świat nauki nazwałby polem siły elektrycznej roztaczającej się wokół naszych ciał. Jednakże elektronowa siła, jaką naładowane są te stroje to wyższa, bardziej subtelna elektryczność, niż ta, która znana jest w twoim fizycznym świecie. Pewnego dnia nawet ludzie nauki natkną się na nią i odkryją, że zawsze istniała ona w przestrzeni, lecz nie wiedzieli oni jak kierować i kontrolować nią dla służby ludzkości.

Dużo łatwiej kieruje się nią poprzez umysł, niż przez fizyczne urządzenia jakiegokolwiek rodzaju, jednakże może być ona przyciągana i kontrolowana przy użyciu środków mechanicznych. To, co zewnętrzny świat zna jako elektryczność, to nic więcej niż prymitywna forma Wielkiej Duchowej Energii Życia. Istnieje ona w całym Stworzeniu. Gdy człowiek wzniesie się i utrzyma świadomy kontakt ze swoim Wewnętrznym Boskim Ja, stanie się świadom gigantycznych możliwości używania tej wyższej mocy i sił. Oddają one mu się w Nieskończoną służbę podczas kreatywnej pracy, jaką może wykonywać on we wszystkich fazach swojej aktywności".

Weszliśmy wtedy pod wodę, przechodząc przez nią bez najmniejszego oporu. Byłem nieco zaskoczony nowością tego doświadczenia, jednakże natychmiast przypomniałem sobie upomnienie, aby być wyłącznie świadomym Boga Wewnątrz siebie jako Mistrza wszelkich okoliczności. Zbliżaliśmy się do brzegu i mijaliśmy wiele krokodyli, które wprawdzie nas zauważyły, lecz pozostały niewzruszone naszą obecnością. Przemieszczając się w kierunku lądu doszliśmy do czegoś, co wyglądało na górną część jakiejś wielkiej budowli.

„Jest to górna część obelisku mierzącego dwadzieścia metrów" – wyjaśnił Saint Germain – „Wystaje on jedynie trzy metry nad powierzchnię ziemi. Jest to najwyższa część ważnego miasta, które pogrzebane zostało podczas ostatniego kataklizmu, gdy zatonęła Atlantyda. Obelisk wykonany jest z niezniszczalnego materiału i pokryty hieroglifami z tamtego okresu. Zwróć uwagę, że są one bardzo wyraźne i takie pozostaną ze względu na niemożliwość zniszczenia tego materiału. Miasto pierwotnie zbudowane było w odległości około piętnastu kilometrów od brzegu rzeki, lecz od czasu w którym zapadło się ono, ujście rzeki poszerzyło się o wiele kilometrów".

Wznieśliśmy się ponad ziemię i podążaliśmy wzdłuż rzeki do pięćdziesiątego szóstego stopnia długości zachodniej. Tam przeprowadziliśmy obserwacje, po czym udaliśmy się do siedemdziesiątego stopnia na zachód. Saint Germain wyjaśnił, że jest to rejon naszych dalszych obserwacji i badań. Obszar, który wskazał zawierał w sobie Amazonkę, jak również dwa jej główne dopływy – rzeki Jurua i Madeira.

„Cywilizacja ta" – powiedział Saint Germain – „rozwijała się w okresie pomiędzy dwunastoma i czternastoma tysiącami lat temu. Terenu którym będziemy się zajmowali leży pomiędzy punktem, w którym rzeka Madeira wpływa do Amazonki a punktem na zachodzie, gdzie Amazonka dotyka granicy z Kolumbią i Peru.

Trzynaście tysięcy lat temu Amazonka utrzymywana była wewnątrz wielkich grobli wykonanych z kamienia. Teren wokół niej leżał na wysokości co najmniej tysiąca sześciuset metrów i zamiast dzisiejszego klimatu tropikalnego panowały tam w ciągu całego roku temperatury klimatu półtropikalnego.

Na tych wielkich przestrzeniach teren uformował się w płaskowyż. Niedaleko ujścia Amazonki znajdowały się szerokie piękne wodospady. Miasto w którym stał obelisk zostało wybudowane pomiędzy wodospadami a linią wybrzeża, około piętnastu kilometrów na południe od rzeki. Na północ od rzeki Orinoko żyły wielkie gady i niebezpieczne zwierzęta".

Przybyliśmy do miejsca w pobliżu rzeki Madeira, a Saint Germain kontynuował:

„Oto lokalizacja pradawnego miasta, stolicy imperium i najważniejsze miejsce cywilizacji tamtego okresu". Podniósł rękę i stało się ono tak widoczne, jak każde fizyczne miasto dzisiejszych czasów.

„Zwróć uwagę" – kontynuował – „jak zostało ono zbudowane: na zasadzie szeregu kręgów, a ulice urzędowe rozchodziły się z centrum jak szprychy w kole. Zewnętrzne kręgi stanowiły aleje uciech i rozmieszczone były co pięć kilometrów. Było ich siedem, a miasto wraz z centralnym kręgiem liczyło sobie w przekroju siedemdziesiąt cztery kilometry. W taki sposób sprawy urzędowe nie kolidowały z pięknem i wygodą alei.

Najbardziej ukryty krąg miał w przekroju sześć i pół kilometra, a w nim mieściły się budynki urzędowe całego imperium. Ulice były pięknie wybrukowane i zbudowane czterdzieści pięć do sześćdziesiąt centymetrów poniżej otaczających je budynków i gruntów. Były one zalewane każdego ranka i gruntownie czyszczone zanim zaczynała się aktywność dnia.

Zaobserwuj niezwykłą wspaniałość alei przyjemności i jak cudownie piękne były rośliny i kwiaty tworzące brzeg po obu stronach. Jedną z głównych cech tamtejszej architektury był fakt, że górne piętra prawie wszystkich budynków, szczególnie rezydencji, były zbudowane z regulowanymi kopułami. Można je było otwierać i zamykać wedle woli, gdyż skonstruowane były z czterech części i tak ułożone, aby służyły albo celom snu i odpoczynku, albo rozrywki. Dni nigdy nie były zbyt ciepłe, a wieczorami napływało regularnie wspaniałe zimne powietrze z gór.

Weszliśmy do głównego budynku o olbrzymiej strukturze i wielkim pięknie. Wnętrza wykończone były kremowym marmurem z zielonymi żyłkami, a podłoga wykonana z kamienia koloru zielonego mchu, przypominającego strukturą jadeit, tak doskonale była wyłożona, że wyglądała jakby wykonana była z jednego kawałka. W okrągłej sali znajdowały się duże płyty stołowe wykonane z tego samego rodzaju zielonego kamienia co podłoga, jednakże jaśniejszego odcienia. Stały na ciężkich podstawach z brązu ustawionych względem siebie w odległości około półtora metra. Saint Germain ponownie uniósł dłoń i znaleźliśmy się wśród żywych ludzi poruszających się w budynkach i w terenie.

Ze zdumienia wstrzymałem oddech; albowiem zobaczyłem całą rasę ludzi o złotych włosach, z piękną różowo-białą cerą. Mężczyźni byli wzrostu pomiędzy metrem osiemdziesiąt osiem a metrem dziewięćdziesiąt trzy, a kobiety miały w średnio metr siedemdziesiąt osiem. Ich oczy były najpiękniejszego fioletowo-niebieskiego koloru, bardzo wyraźne i promieniejące, wyrażające wielką, spokojną Inteligencję. Przeszliśmy przez drzwi po naszej prawej stronie i wkroczyliśmy do sali tronowej cesarza.

Najwyraźniej był to dzień audiencji, gdyż przyjmował on obcych i lokalnych gości.

Oto cesarz Kazimir Posejdon" – powiedział Saint Germain wyjaśniając – „Był on prawdziwie Inkarnowanym Bogiem. Zwróć uwagę na życzliwą szlachetność jego twarzy, a mimo to olbrzymią moc kryjącą się w jego wnętrzu. Był i jest On Wzniesionym Mistrzem, błogosławionym i wielce miłowanym. Przez wiele stuleci w mitach i legendach pamięć o nim była utrzymywana przy życiu, a doskonałość jego królestwa opisywana w epickich poematach; jednak wraz z mijającym czasem pamięć tak wielkich osiągnięć przemija i zostaje często zapomniana przez nadchodzące generacje.

Kazimir Posejdon był w każdym calu wspaniałym władcą. Miał sto dziewięćdziesiąt trzy centymetry wzrostu, był dobrze zbudowany i prosty jak strzała. Gdy stał, wydawał się być jak wieża wśród tych, którzy go otaczali, a atmosfera wokół niego sprawiała wrażenie naładowanej Mistrzostwem. Miał ciężkie złote włosy, zwisające mu do ramion. Jego królewska toga wykonana była z fioletowego materiału, wyglądającego jak jedwabny aksamit obszywany złotem. Pod nią nosił obcisłą szatę wykonaną z miękkiej złotej tkaniny. Jego koroną była zwykła opaska ze złota z olbrzymim diamentem znajdującym się na środku czoła".

„Ci ludzie" – powiedział Saint Germain – „byli w ciągłym kontakcie z wszystkimi częściami świata, używając zdumiewającej powietrznej nawigacji, która została przekazana do ich użytku. Wszelkie światło, ciepło i moc były pobierane bezpośrednio z atmosfery. Atlantyda podczas tego okresu znajdowała się we wspaniałym stanie postępu, ponieważ pokazywano jej drogę do Doskonałości i była rządzona przez różnych Wzniesionych Mistrzów pojawiających się od czasu do czasu i rządzących dla duchowego wzrostu narodu.

Zawsze i wszędzie na przestrzeni wszystkich wieków, gdy pojawiała się wielka cywilizacja, fundamentem jej były na początku Duchowe Prawa, a następnie utrzymywanie wierności tym Prawom Życia w czasie jej wzrostu. Jednakże w chwili, gdy jakikolwiek rząd, czy też samo społeczeństwo, zaczynał dryfować po zbyt swobodnych drogach, tak że niesprawiedliwość i nieczyste używanie Życia stawało się nawykiem, czy to ze strony urzędników, czy ludzi, rozpoczynała się i trwała dezintegracja – do czasu, gdy albo nawracali się oni na Podstawowe Prawa Równowagi i Czystości, albo zostawali usunięci przez swą własną niezgodę, tak aby Równowaga mogła zostać przywrócona i stworzona możliwość nowego początku.

Kazimir Posejdon był bezpośrednim potomkiem Wielkich Wzniesionych Mistrzów Rządzących na Atlantydzie. W rzeczy samej cywilizacja, którą władał była dzieckiem Atlantyckiej kultury i jej osiągnięć. Jego stolica słynęła na całym świecie ze wspaniałości i piękna.

Gdy będziemy oglądali tereny wiejskie, zwróć uwagę na sposób, w jaki transportowane były przedmioty; albowiem siła, jakiej ci ludzie używali generowana była w skrzynce podobnej do pudła instrumentu o rozmiarach sześćdziesiąt na sześćdziesiąt centymetrów na metr, która podłączona była do mechanizmu znajdującego się wówczas w użyciu. Strumienie wychodzącej wody były poddane kontroli, a ich siła wykorzystywana.

Nie było potrzeby istnienia policji, czy organizacji militarnych jakiegokolwiek rodzaju, ze względu na metodę przy pomocy której ludziom przypominane było Prawo, a wspaniała krzepiąca moc, która była promieniowana na nich pozwalała im na bycie Jej posłusznym.

Na wschodzie w parku stał wspaniały budynek. Zbliżyliśmy się do niego. Nad wejściem widniał napis: „Boska Żywa Świątynia dla Człowieka". Weszliśmy do środka i zrobiła na nas wrażenie dużo większej, niż wydawała się być z zewnątrz. Jej pojemność z całą pewnością wynosiła dziesięć tysięcy miejsc siedzących.

W centrum tej ogromnej świątyni stał postument wielkości około sześćdziesiąt na sześćdziesiąt centymetrów i wysokości sześciu metrów wykonany z Samoświecącej mlecznobiałej Substancji, która oddawała Białe Światło z odrobiną różu. Na nim ustawiona była kryształowa kula średnicy sześćdziesięciu centymetrów, wykonana z jakiegoś rodzaju Substancji i utrzymująca w środku miękkie Samoświecące Białe Światło. Było ono bardzo delikatne, a jednak tak intensywnie świecące, że znakomicie oświecało cały budynek.

„Ta kula" – dodał Saint Germain – „wykonana została z Precypitowanego Materiału zawierającego Intensywne Skupienie Światła. Została ona przyciągnięta i ustawiona w świątyni w tamtym okresie przez jednego z Wielkich Kosmicznych Mistrzów jako krzepiąca i Dająca Życie działalność dla ludzi. Nieustannie wysyłała nie tylko Światło, lecz także Energię i Moc stabilizującą ich działania i imperium.

Kula Światła została skupiona przez Wielką Istotę, a budynek wzniesiono wokół dopiero później. Było to prawdziwe Precypitowane Skupienie i Skoncentrowana Działalność Największej Boskiej »Obecności«. Wielki Kosmiczny Mistrz, który Ją wzniósł pojawiał się raz na miesiąc obok Światła i obwieszczał Prawo Boga, Prawo Rządu, Prawo Człowieka. W taki sposób dekretował Świętą Drogę Życia i był Skupieniem Chrystusowej Działalności dla ludzi tamtej Epoki".

W tej chwili Saint Germain ponownie wyciągnął swoją dłoń, po czym zaczęły przed nami przepływać żywe, mówiące obrazy pokazujące tę Wspaniałą Istotę. Jest całkowicie niemożliwym, aby ująć w słowa Wspaniałość tej „Obecności". Mogę jedynie powiedzieć, że była ona prawdziwym Synem Boga w Jego Doskonałej Ekspresji. Przez chwilę słyszałem Wielkiego Kosmicznego Mistrza ogłaszającego ludziom „Prawo".

Zapis, Majestatyczność jego „Obecności" i Dekret wyryte są w mojej pamięci na wieczność, tak dokładnie pozostają w mojej świadomości. Przekazuję ci Jego Dekret tak, jak go nadal widzę przed sobą:

„Ukochane Dzieci tego, który jest Jeden, Potężnego Boga! Czyż nie wiecie, że Życie którego używacie pochodzi od »będącej w Jedności Nadrzędnej Obecności« – Wiecznie Czystej, Świętej i Doskonałej? Jeżeli w jakikolwiek sposób popsujecie Piękno i Doskonałość tego

Życia będącego Jednością, odetniecie się od Darów waszego Boga. Wasze Życie jest Świętym Klejnotem waszej Boskiej Miłości – »Źródłem« Tajemnic Wszechświata".

Wasz Bóg powierza wam »Światło« Własnego Serca. Miłujcie Je! Uwielbiajcie Je! Wiecznie rozprzestrzeniajcie Je do jeszcze większego Światła i większej Wspaniałości! Wasze Życie jest Perłą Wielkiej Ceny. Wy jesteście strażnikami Boskiego bogactwa, dbajcie zatem o używanie Go wyłącznie dla Niego i wiedzcie, że otrzymaliście Światło Życia, z którego używania będziecie się musieli rozliczyć.

Życie jest nieustającym Okręgiem, Zasadą na której zbudowane jest to miasto. Jeżeli kreujesz To, co jest podobne do twojego »Źródła« i rozpoznasz Jego Miłość i Pokój wewnątrz siebie, jeżeli używasz swoich Mocy Tworzenia wyłącznie, aby błogosławić, wtedy poruszając się po kręgu egzystencji będziesz znał Radość Życia i do Niej dodana zostanie jeszcze Większa Radość. Jeżeli zaś nie tworzysz na podobieństwo twojego »Źródła«, twoje zło powróci do ciebie w jeszcze większej ilości.

Ty sam tworzysz swoje przeznaczenie i ty sam odpowiadasz przed Bogiem za swój użytek »Życia« – za swoją Istotę. Wielkiemu Prawu nikt nie ujdzie. Długo obwieszczałem to »Prawo Życia«. Prawo, które stanowi, że sam stanowisz o sobie, gdyż zawsze możesz przyjść do swego Boga, jeżeli pragniesz Doskonałości Życia.

Nie zawsze przychodzę tak jak teraz, aby utrzymać twą błądzącą stopę na Ścieżce Prawdy, czy przypominać ci o twym Wiecznym Świetle, ustanowionym na szczycie góry dla twego prowadzenia. W daleko oddalonym dniu będę przemawiał w Sercach ludzi i jeżeli kochasz Życie, zawołasz Mnie, będąc mi wierny w wielu jaźniach. Niech cię to nie dezorientuje, Moje Dziecko. Gdybyś znał mnie – »Światło« – musiałbyś Mnie szukać, Mnie znaleźć, a znalazłszy, być wiernym we Mnie na *zawsze*.

Tego dnia »Ojciec Matka i Syn« będą »Jednym« w sercu człowieka. Syn jest na zawsze Drzwiami – Drogą do Boga. W twoim umyśle i w twoim sercu jest »Moje Światło«, na zawsze przypominające ci o Mojej »Obecności«; albowiem w czasach, które nadejdą będę obecny wyłącznie w »Tym Świetle«.

Wtedy będę Mądrością w twym umyśle, aby rządzić Miłością w twym sercu, abyś mógł być wypełniony Pokojem będącego w Jedności Życia Boga. Ciało twoje jest niczym innym, jak instrumentem twej Duszy i do twojej Duszy musi płynąć »Moje Światło«, albo pomrzesz.

Moje Światło w twym umyśle jest »Tą Drogą« prowadzącą do Serca Wszelkiego Światła. Jedynie poprzez Moje Światło w sobie możesz rozprzestrzeniać Światło w każdej komórce swojej Istoty, czyniąc Ją coraz większą i większą. W gardle twym jest Moje Światło, które jest twoją mocą wypowiadania Moich Słów. Poprzez nie zawsze oświecam, ochraniam i doskonalę moje dzieci. Słowa, które nie wypełniają tej potrójnej misji nie są Moimi Słowami i wypowiadane mogą przynieść jedynie nieszczęście.

Medytuj nad Moim Światłem w swym umyśle, w

swym sercu, a *zajrzysz* do wszystkich rzeczy, *poznasz* wszelkie rzeczy i będziesz *robił* wszelkie rzeczy. Wtedy to, co nie pochodzi ode Mnie nigdy więcej cię nie zdezorientuje.

Wymawiam te słowa teraz, albowiem mają one zostać wyryte na tablicach ziemi i w pamięci jej dzieci. W dalekim dniu w przyszłości, o którym mówię, jedno z Boskich dzieci otrzyma te Moje Słowa i przekaże je dalej, aby pobłogosławić świat.

W tym czasie, gdy całkowicie otrzymasz »Moją Obecność« i pozwolisz Jej zawsze działać w twoim Życiu i twoim świecie, zauważysz że komórki ciała, które będziesz wtedy zajmował zaczną błyszczeć »Moim Światłem« i uświadomisz sobie, że jesteś w stanie nadal trwać we »Wiecznym Ciele Światła« w Odzieniu Chrystusa bez Szwów. Wtedy i tylko wtedy wolny będziesz od koła powtarzających się narodzin. Po długiej podróży przez ludzkie doświadczenie, wypełniwszy Prawo Przyczyny i Skutku, przemienisz wszelkie warunki rządzone przez Prawo i staniesz się »Prawem« Wszechmiłości, z zatem tym który stał się »Jednością«".

„Takim jest Wieczne Wzniesione Ciało Chrystusa" – powiedział Saint Germain odwracając się do mnie – „w którym istnieje możliwość dzierżenia Berła Władztwa i dostąpienia Wolności. Mój Synu, nawet w tej chwili możesz wznieść się do »Światła tego, który jest Jednością«, albowiem Światło jest w twoim umyśle, Światło jest w twoim sercu; i jeżeli będziesz obstawał przy nim stanowczo, to możesz wznieść swoje ograniczone fizyczne ciało do swojego Czystego Wiecznego Ciała Światła, jako na zawsze młody i wolny, przemieniający czas, miejsce i przestrzeń.

Twoje Wspaniałe Ja stoi i czeka na ciebie. Przyjdź do Jego Światła, przyjmij Wieczny Pokój i wypoczywaj w działaniu. *Ono* nie potrzebuje przygotowań. *Ono* ma Wszechmoc. Wejdź w pełni w objęcia twojego Świetlistego Ja, a w tym momencie, nawet dziś, twoje obecne ciało będzie mogło doznać Wniebowstąpienia".

Gdy skończył mówić, obrazy ustały. Przeszliśmy niedaleką odległość i zatrzymaliśmy się w miejscu, gdzie na ziemi leżał duży płaski kamień. Gdy Saint Germain skoncentrował na nim swoją moc, kamień podniósł się z ziemi i przesunął na bok ukazując otwór ze schodami prowadzącymi w dół. Zeszliśmy około piętnastu metrów i dotarliśmy do zapieczętowanych drzwi. Szybkim ruchem położył swoją rękę na drzwiach, rozpieczętowując je i ukazując pewne hieroglify. „Skup swoją uwagę na tym napisie – polecił.

Tak zrobiłem i zobaczyłem słowa: „Boska Żywa Świątynia dla Człowieka" widniejące na drzwiach przede mną. Przede mną znajdowały się fizyczne drzwi, które widzieliśmy niedawno na ruchomych obrazach.

Drzwi otwarły się i weszliśmy do pomieszczenia znajdującego się pod jedną z czterech małych kopuł wzniesionych po jednej w każdym rogu. Znajdowała się w nim duża ilość metalowych pojemników mających sześćdziesiąt centymetrów długości, trzydzieści pięć szerokości i piętnaście głębokości. Saint Germain otworzył jeden z nich i zobaczyłem, że zawiera arkusze złota, na których sporządzone zostały piórem zapisy o tej cywilizacji.

Uświadomiłem sobie, że pod każdą z czterech małych kopuł muszą znajdować się pomieszczenia, które zostały zapieczętowane i zabezpieczone oraz, że centralna kopuła została zbudowana ponad Kulą Światła. Znaleźliśmy tajemne przejście łączące cztery małe pomieszczenia, przeszliśmy do drugiego z nich i ujrzeliśmy pojemniki wypełnione klejnotami należącymi do świątyni.

Trzecie pomieszczenie zawierało złote ornamenty wysadzane klejnotami, tron i inne krzesła wykonane ze złota. Tron był zachwycającym przykładem wspaniałego kunsztu złotnika. Jego tył uformowany był na kształt muszli i tworzył baldachim nad głową władcy, a z jego boków zwisało coś na podobieństwo zasłon, wykonanych z malutkich złotych ogniw, z których każde tworzyło figurę ósemki. Były one zawiązane z tyłu tronu, tworząc delikatny i wyjątkowy, pełen wdzięku efekt.

W centrum pomieszczenia stał stół o rozmiarach cztery i pół metra długości i półtora metra szerokości, wykonany z prawdziwego jadeitu i spoczywający na złotobrązowym piedestale. Nieopodal stało czternaście krzeseł wykonanych z jadeitu, których nogi miały złote końcówki, z wypukłymi siedzeniami i pięknie rzeźbionymi tyłami. Na górze tylnej części każdego krzesła, jak gdyby stojąc na straży, spoczywał piękny feniks wykonany ze złota, z żółtymi diamentami wprawionymi w miejsce oczu. Wzór ten symbolizował nieśmiertelność Duszy i Doskonałą Świętą Istotę, którą staje się każdy człowiek, gdy podnosi się przez ogień cierpienia z popiołów swojej ludzkiej twórczości.

Czwarte pomieszczenie zawierało siedem różnych typów pojemników mocy, jak je nazwałem, które przyjmowały i transmitowały siłę ściągniętą z Uniwersum, służąc jako źródła światła, ogrzewania i napędu. Zapisy świadczyły o tym, że ludzie ci utrzymywali kontakt z wszystkimi częściami świata, używając do tego wspaniałych statków powietrznych. Po tej cywilizacji nadeszła następna, znana jako Pirua, a po niej cywilizacja Inków. Rozkwit obydwu przebiegał na przestrzeni tysięcy lat.

Na krótko przed zniknięciem z powierzchni ziemi opisywanego miasta osiągnęło ono szczyt swojej wspaniałości, a wielki Kosmiczny Mistrz, który ściągnął Światło, przy pomocy którego ono powstało i było utrzymywane, pojawił się w tym imperium po raz ostatni. Przybył, aby ostrzec o zbliżającej się katastrofie i ocaliłby jego mieszkańców, gdyby go posłuchali.

Przepowiedział, że nadchodzi kataklizm, przez który, imperium przed upływem pięciu lat odejdzie w zapomnienie, i ogłosił że jest to jego ostatnie pojawienie się wśród nich. Ci, którzy życzyli sobie być ocaleni zostali poinstruowani, aby opuścić tę część kraju i zostali pokierowani dokąd się udać – z ostrzeżeniem, że ostateczne zniszczenia będą nagłe i całkowite.

Gdy zakończył wypowiadać przepowiednię, jego ciało nagle zniknęło i ku konsternacji ludu, podstawa i kryształowa kula emanująca Wieczne Światło zniknęły wraz z nim. Przez pewien czas społeczeństwo było zaniepokojone przepowiednią wydarzeń, które miały nadejść w imperium, jednakże po tym jak minął rok i nic się nie wydarzyło, pamięć Jego Obecności przytępiła się i zaczęły się wkradać wątpliwości co do faktycznego spełnienia się jego dekretu.

Cesarz i ci bardziej zaawansowani w rozwoju duchowym opuścili królestwo i osiedlili się w pewnym miejscu zachodnich Stanów Zjednoczonych, gdzie pozostawali w bezpieczeństwie, do czasu, gdy przeszły zmiany.

Największa część tych, którzy zostali stawała się coraz bardziej i bardziej sceptyczna, aż po dwóch latach jeden z nich, bardziej agresywny niż reszta, usiłował uczynić siebie cesarzem. Gdy prawdziwy cesarz opuszczał królestwo, zapieczętował zarówno pałac, jak i świątynię, w której przechowywane było Światło. Cesarz uzurpator próbował siłą sforsować wejście do zapieczętowanej świątyni i padł trupem u jej drzwi.

Pod koniec piątego roku w południe brzemiennego w skutki dnia słońce przyciemniało i wielkie przerażenie wypełniło całą atmosferę. Podczas zachodu słońca okropne wstrząsy wzruszyły ziemią i zamieniły budynki w niewiarygodny chaos.

Ziemia, która dzisiaj jest Ameryką Południową, straciła swoją równowagę i stoczyła się na wschód, zatapiając całe wschodnie wybrzeże pięćdziesiąt metrów pod powierzchnię wody. W takim stanie pozostała przez kilka lat, po czym stopniowo podniosła się do poziomu dwudziestu metrów w stosunku do pierwotnego położenia, i tak pozostaje do dzisiejszego dnia.

Wydarzenia te spowodowały poszerzenie się Amazonki. Pierwotnie rzeka ta była szeroka na dwadzieścia dziewięć kilometrów, głębsza niż dzisiaj oraz dostę[na dla żeglugi na całej swej długości. Płynęła z miejsca, które dzisiaj zwie się Jeziorem Titicaca w Peru do Oceanu Atlantyckiego. We wcześniejszych czasach pomiędzy Pacyfikiem a Jeziorem Titicaca wybudowany był kanał, który w połączeniu z Amazonką tworzył drogę wodną pomiędzy dwoma oceanami.

Kontynent nazywał się w tamtych czasach Meru i otrzymał swoją nazwę po Wielkim Kosmicznym Mistrzu, którego główna działalność skupiała się i nadal skupia na obszarze Jeziora Titicaca. Znaczenie słowa Amazonka to „niszczyciel łodzi” a przetrwało ono przez wieki i pochodzi z okresu kataklizmów wspomnianych powyżej.

Stoczenie się całego kontynentu Ameryki Południowej pod wodę wyjaśnia wiele uwarunkowań panujących na zachodnim wybrzeżu, których geologowie i ludzie nauki nie byli w stanie wyjaśnić na podstawie danych naukowych zebranych do dzisiejszego czasu.

W taki oto sposób wielkie kataklizmy Natury nakładają woal tajemnicy na cywilizacje o wspaniałych osiągnięciach i jedynie ich fragmenty wydobywają się na światło dzienne wraz z mijającym czasem. Taka Prawda może być poddana w wątpliwość przez świat zewnętrzny, jednakże zapisy o tej cywilizacji – w chwili obecnej złożone w Royal Teton – staną się któregoś dnia dowodem, które ujawnią jej istnienie i osiągnięcia".

Gdy pokazano mi te wspaniałe rzeczy, dziwiłem się jak mogła powstać cywilizacja tak wspaniała, piękna i w każdym calu doskonała, a później upaść pod okropnym, destrukcyjnym działaniem kataklizmu. Saint Germain odkrył to pytanie w moim umyśle i ofiarował mi następujące wyjaśnienie:

„Widzisz" – powiedział – „gdy grupa ludzi ma wystarczające szczęście, aby otrzymać nauki i dostać się pod Promieniowanie Wielkiego Mistrza Światła, takie jak tej Wielkiej Kosmicznej Istoty, otrzymuje ona możliwość zobaczenia, jaki jest Plan Życia dla ludzkości oraz do jakiej Doskonałości powinna się on wznieść i według której żyć poprzez swój własny świadomy wysiłek. Jednakże, niestety, a przydarzało się to tak wiele razy na przestrzeni dziejów, ludzie nie próbują rozumieć Życia, popadając w zamian w stan letargu. Nie wkładają w nie koniecznego wysiłku niezbędnego, aby osiągnąć te rzeczy poprzez moc Boga przebywającego wewnątrz jednostki. Zaczynają opierać się na tym, który jest Jednością i daje promieniowanie. Utrzymująca moc może zostać wycofana jedynie wtedy, gdy jednostka zaprzestaje świadomych wysiłków, aby zrozumieć Życie i ochoczo pracować z Nim w harmonijnej kooperacji.

Ludzie rzadko zdają sobie sprawę, że większość błogosławieństw jest rezultatem utrzymującej mocy tego, który jest Jednością i daje Promieniowanie. Gdy pewna grupa dusz uczona jest Drogi Mistrzostwa i przypomina się jej wcielenie po wcieleniu o jej Świętym

Pierworództwie, nadchodzi godzina, gdy nie otrzymuje już pozwolenia na dalszą pomoc. Wtedy Promieniowanie Wniebowstąpionych Mistrzów zostaje wycofane i dusze te postawione zostają twarzą w twarz z faktem, że moc utrzymywania i osiągania nie wynikała z ich własnego wysiłku.

Muszą one zrozumieć, że mogą otrzymać wyłącznie *to*, w co włożą wysiłek. W takiej działalności doświadczenia, przez które przechodzą zmuszają je, aby wykonać niezbędne Samoświadome działania, a gdy to zostaje osiągnięte, nadchodzi rozwój i wyrażanie Boskiego Władztwa.

Dla tych, którzy trwają przy samoświadomym wysiłku wyrażania Władztwa Świętego nad ludzkim, porażka nie istnieje, ponieważ porażka nadchodzi wyłącznie wtedy, gdy zanika samoświadomy wysiłek. Wszelkie doświadczenia, przez które przechodzi jednostka istnieją wyłączenie dla jednego celu, jakim jest uświadomienie jej o jej Źródle. Musi ona nauczyć się kim jest, rozpoznać siebie jako Twórcę, a zatem Mistrzem tego, co tworzy.

Wszędzie we Wszechświecie, gdy tylko moc tworzenia dana jest jakiejś Istocie, to odpowiedzialność tworzenia zawsze współistnieje z mocą. Wszelka twórczość wynika z Samoświadomego wysiłku i jeżeli jednostka, której powierzony został ten Wielki Dar Życia odmawia przejęcia odpowiedzialności i wykonywania swojego obowiązku, to doświadczenia jej Życia będą popychały ją do nieszczęść tak długo, dopóki nie przejmie ona odpowiedzialności i nie będzie wykonywała swojego obowiązku. Albowiem ludzkość nie została stworzona w warunkach pełnych ograniczeń i nie zazna ona spokoju do momentu, w którym Doskonałość, którą została obdarzona na początku, nie zostanie *całkowicie* wyrażona. Doskonałość, Władztwo, Harmonijne Używanie i Kontrola Wszelkiej Substancji i Sił jest Drogą Życia – Pierwotną Świętą Matrycą daną ludzkości.

Bóg Wewnątrz jednostki *jest* tą Doskonałością i Władztwem. Jest tą »Obecnością« wewnątrz serca każdego, która jest Źródłem Życia Dającym każdego dobra i rzeczy doskonałej. Gdy jednostka widzi i rozpoznaje swoje Źródło, jako Wylew Wszelkiego Dobra, to w tym momencie automatycznie rozpoczyna się przypływ Wszelkich Dobrych rzeczy do niej i jej świata, gdyż jej *uwaga* skierowana na Źródło jest Złotym Kluczem, który otwiera przed nią każdą dobrą rzecz.

Życiem w każdym człowieku jest Bóg i jedynie poprzez Samoświadomy wysiłek skierowany na to, aby Je rozumieć oraz wyrażać pełnię dobra poprzez siebie samego może on pokonać dysonans w swym zewnętrznym doświadczeniu. Życie, Jednostka i Prawo są »Jednością« i tak już jest na Wieczność".

„Chodź" – kontynuował – „udamy się do miasta pogrzebanego niedaleko rzeki Jurua".

Udaliśmy się na zachód i wkrótce dotarliśmy do niewielkiego wzniesienia. Saint Germain wyciągnął swoją rękę i ponownie ożywił Eteryczne Zapisy tego ludu. Miejsce, które obserwowaliśmy było drugim w hierarchii ważności miastem imperium. Pierwsze, z którego przybywaliśmy było skupieniem mocy i działalności duchowych, podczas gdy drugie aktualnie oglądane było siedliskiem działań komercyjnych i rządowych, zajmujących się fizycznym dobrobytem społeczeństwa. Tutaj znajdował się skarbiec narodowy oraz mennica, było to też miejsce działań eksperymentalnych i odkrywczych.

Niedaleko tego miasta wznosiły się Potężne Andy, źródło ogromnego bogactwa minerałów imperium. Zwróciłem uwagę na jedną rzecz u tych ludzi, która wydawała się wyjątkowo niezwykła. Wszyscy znajdowali się w stanie całkowitego pokoju i pełnego zadowolenia. Wyrażali cichy i przepiękny rytm w ruchach swego ciała.

Obrazy skończyły się i przeszliśmy do jedynego widocznego kamienistego miejsca. Saint Germain dotknął jednego z kamieni. Odsunął się on na bok i zobaczyliśmy klatkę schodową z dwudziestoma metalowymi schodami prowadzącymi w dół. Zeszliśmy po nich i dotarliśmy do metalowych drzwi. Przeszliśmy przez nie, zeszliśmy następnych dwadzieścia stopni w dół i znaleźliśmy się przed masywnymi, zapieczętowanymi drzwiami z brązu. Sięgnął do prawej strony i odpieczętował kwadratowy otwór, w którym znajdowały się metalowe klawisze, podobne do tych znajdujących się w organach. Nacisnął dwa z nich, a wielka masa drzwi powoli otworzyła się i znaleźliśmy się w ogromnym pomieszczeniu, w którym wszystko zachowane było w stanie z tego oddalonego okresu czasu. Służyło ono jako pomieszczenie do prezentacji wynalazków, do którego miała dostęp publiczność. Wszelkie instalacje wykonane były z metalu połączonego z czymś, co wyglądało jak opalizowane szkło.

„To" – powiedział Saint Germain – „zostało wykonane w procesie topienia, w którym połączono pewne metale ze szkłem w taki sposób, aby utworzyć metal twardy jak stal oraz Niezniszczalny".

Całe pomieszczenie wyłożone było tym samym osobliwym metalem i znajdowały się w nim trzy masywne drzwi. Saint Germain podszedł do skrzynki z klawiszami, nacisnął trzy z nich i wszystkie drzwi otworzyły się naraz. Weszliśmy w pierwsze i zobaczyliśmy korytarz, długi i wąski, bardziej przypominający skarbiec niż jakieś pomieszczenie. Wyłożony był kontenerami wypełnionymi dyskami złota o wielkości mniej więcej srebrnego dolara, na którym wybita była głowa władcy i napis „Błogosławieństwo Boga dla Człowieka".

Po przejściu do drugiego pomieszczenia natknęliśmy się na podobne kontenery, wypełnione nieoszlifowanymi klejnotami różnego rodzaju. W trzecim pomieszczeniu kontenery były płaskie i zawierały cienkie arkusze złota, na których zapisano formuły i tajnych procesów używanych w tamtym okresie.

„Wśród nich" – powiedział Saint Germain – „znajdują się zapisy wielu formuł i procesów, które nie były używane w tamtym odległym czasie. Zostaną one przekazane do użytku w obecnej epoce".

Zawrócił do skrzynki z klawiszami i nacisnął jeszcze inny z nich. Otwarły się czwarte drzwi, których wcześniej nie zauważyłem. Prowadziły do tunelu, czy przejścia z łukowym sklepieniem, łączącego skarbiec z mennicą.

Miało ono co najmniej pięćset metrów, a na drugim jego końcu znajdowało się ogromne pomieszczenie.

Była to główna część mennicy, wypełniona labiryntem stworzonym z maszynerii nad wyraz cudownych konstrukcji. Pośród wielu rzeczy, które zobaczyłem znajdowały się maszyny używane do wytłaczania złota oraz cięcia i polerowania klejnotów. Było to po prostu fascynujące, jak doskonałe było ich funkcjonowanie. W tym miejscu Saint Germain pokazał mi okaz plastycznego szkła, które było tak klarowne jak kryształ.

W pomieszczeniu tym znajdowały się też wielkie ilości bryłek – samorodków złota, złotego pyłu oraz sztab złota ważących od czterech do pięciu kilogramów. Zaniemówiłem, widząc tak zdumiewającą ilość bogactwa zebranego w jednym miejscu, a Saint Germain wiedząc, jak się czuję, dodał:

„Jest całkowicie niemożliwe, aby przekazać takie ilości bogactwa, jakie widzisz przed sobą masom ludzkim, ponieważ egoizm dzisiejszego komercyjnego świata sprawia, że byłoby to szczytem szaleństwa, aby pozwolić ludzkości zmarnować więcej darów Natury.

Bóg i Natura hojnie obdarzają swym bogactwem ziemię dla użytku i błogosławieństwa Dusz, które się tutaj inkarnują, jednakże egoizm i żądza mocy ulokowane wewnątrz ludzkich uczuć sprawiają, że zapominają one o Wyższej Drodze Życia i powodują nieludzki stosunek człowieka do człowieka.

Tych niewielu, którzy wznoszą się do pozycji kontrolowania masami ludzi powinno mieć Inteligencję, aby wiedzieć, że to co pomaga masom, najbardziej pomaga też jednostce. Jednakże jeżeli odrzucają oni poznanie tego Prawa, następuje ich samo destrukcja, sprowadzona przez ich własny egoizm. Egoizm i *poczucie mocy* kontrolowania innymi oślepiają rozsądek i przyćmiewają czujność zewnętrznego umysłu co do jego własnych niebezpieczeństw, a jednostki takie na łeb, na szyję spadają, rujnując się w każdej dziedzinie – duchowo, mentalnie, moralnie i fizycznie – co rozciąga się wielokrotnie aż na ich trzecią i czwartą inkarnację z rzędu. Tylko Światło może podnieść jednostki ponad ich egoizm.

Tylko wtedy, gdy ludzkość podniesie się z bagna własnego egoizmu i żądzy w jej każdej formie, będzie można ludzkim istotom powierzyć wszystko to, co Bóg i Natura trzymają gotowe dla ich Właściwego Użytku. Jednakże jednostka oczyszczająca się z własnego egoizmu i żądzy będzie mogła w pełni używać wszystkich tych bogactw, o ile będzie je pożytkowała harmonijnie i dla błogosławienia innych. Jednostki *mogą* uczynić siebie gotowymi do tego, aby być opiekunami tych darów; albowiem w epoce, do której właśnie wkroczyliśmy jedynie ci będą mieli dostęp do użytkowania nieograniczonego bogactwa, którzy uczynili siebie samych godnymi, aby być Zaufanymi Powiernikami i Dysponentami tego skarbu. Bóg i Natura dają te Dary człowiekowi w celu ich słusznego używania, a Prawidłowe używanie jest jedynym warunkiem, pod jakim mogą one zostać otrzymane". Saint Germain skrzyżował swoje ręce na piersiach i kontynuował:

„Potężny Boże! Wejdź tak mocno w serca Twych dzieci, aby pragnęły one Ciebie Jedynego, a wówczas nikt nie będzie chciał żadnego z Twych Wielkich Skarbów".

Zapieczętował wszystko w stanie nienaruszonym i powróciliśmy do mojego ciała, do którego prędko wszedłem.

Ponownie dał mi Kryształowy Kielich, wypełniony Żywą Substancją, i powiedział:

„Mój Ukochany Synu, będziesz bardzo wartościowym pomocnikiem. Oby Bóg zawsze ci błogosławił". Po tym błogosławieństwie ukłonił się i zniknął.

8. *Tajemna dolina*

Jakiś czas potem pewnego ranka otrzymałem pocztą dziwny list proszący mnie, abym udał się pod pewien adres w Tucson w Arizonie. Mówił on, że informacja, z którą mam się zapoznać, jest takiej natury, że może zostać przekazana wyłącznie podczas osobistej wizyty. Zastanawiałem się nad niezwykłym sposobem, w jaki prośba ta do mnie dotarła, a jednak czułem Wewnętrzne Pragnienie odpowiedzi na nią.

Po kilku dniach udałem się pod adres podany w liście, zadzwoniłem do drzwi, które po chwili otworzył wysoki, szczupły mężczyzna w wieku około lat czterdziestu o błyszczących siwych włosach i szarych oczach oraz o wzroście około stu osiemdziesięciu pięciu centymetrów.

Przedstawiłem się, a on przywitał mnie serdecznym, szczerym uściskiem dłoni, który wyraźnie wskazywał na to, że był on z natury całkowicie oddany prawdzie i można było na nim polegać. Jego oczy były spokojne i bez lęku. Sprawiał wrażenie kogoś, kto posiadał wielki zapas energii.

Wyczuwałem w nim wyjątkową Wewnętrzną harmonię, a to mogło jedynie oznaczać początek głębokiej i wspaniałej przyjaźni. On również zdawał się być świadom tego Wewnętrznego czegoś, co sprawiało, że czuliśmy się do siebie przyciągani. Poprosił, abym wszedł i usiadł.

„Jesteś tutaj" – zaczął – „na moją prośbę i jestem głęboko wdzięczny, gdyż musiało to wydać ci się bardzo dziwne. Twój adres otrzymałem od kogoś, o którym będę mówił później. Gwoli wyjaśnienia muszę ci powiedzieć, że dokonałem pewnych bardzo niezwykłych odkryć i muszę cię poprosić, abyś przyjął je na wiarę do momentu, w którym będę mógł cię zabrać ze sobą i udowodnić ich prawdziwość i rzeczywistość.

Poradzono mi, aby skontaktować się z tobą osobiście, jako z jedynym, któremu to powinno zostać ujawnione, a co jest powodem mojej troski. Na początek będę musiał zacząć od rzeczy, które wydarzyły się dwadzieścia lat temu.

Miałem wtedy wspaniałą żonę. Teraz wiem, że była ona osobą wielkiego Wewnętrznego rozwoju, którego jednakże sobie nie uświadamiałem. Urodził nam się syn, którego oboje ubóstwialiśmy. Po pięciu latach nasze szczęście skończyło się. Nagle bez żadnego ostrzeżenia, czy widocznej przyczyny nasze dziecko zniknęło.

Przez wiele tygodni szukaliśmy go i robiliśmy wszystko, co w ludzkiej mocy, aby go odnaleźć, lecz na próżno. W końcu porzuciliśmy wszelką nadzieję. Jego matka nigdy nie otrząsnęła się z tego szoku i zmarła pięć miesięcy później.

W ostatnich dniach życia miała do mnie dziwną prośbę, a mianowicie aby jej ciało po śmierci było przechowywane przez siedem dni w grobowcu, a następnie spalone. Wydało mi się to raczej osobliwe, gdyż nigdy wcześniej nie omawialiśmy niczego związanego z tą kwestią. Jednakże uległem jej życzeniom. Wyobraź sobie moje zaskoczenie, gdy pięć dni po pogrzebie zadzwonił do mnie człowiek zajmujący się cmentarzem i opowiedział mi że tamtego ranka zastał otwarty grobowiec, a ciało zniknęło. Nie zostały odkryte żadne szczegóły dotyczące tego całego dziwnego zajścia.

Szesnaście lat później obudziłem się pewnego ranka i znalazłem list na podłodze mojego pokoju zaadresowany do mnie, jednakże bez stempla pocztowego. Podniosłem go, otwarłem i przeczytałem jego zawartość, która wprawiła mnie w zdumienie i niedowierzanie. Oto jego treść:

»Twoja żona i syn żyją, mają się dobrze i są w pełni sił. Wkrótce się z nimi zobaczysz. Uzbrój się do tego czasu w cierpliwość. Ciesz się wiedzą, że śmierć nie istnieje. W wyznaczonym czasie w taki sam sposób trafią do ciebie wskazówki, za którymi musisz podążać bez najmniejszych wątpliwości. Wszystko uzależnione jest od twojego absolutnego spokoju. Zobaczysz i otrzymasz pełne wytłumaczenie wszystkiego tego, co wydawało ci się tak tajemnicze. Wtedy zrozumiesz dlaczego Prawda jest o wiele bardziej osobliwa i cudowniejsza niż fikcja. Albowiem nawet najbardziej niezwykła fikcja nie jest niczym innym jak zapisem Prawdy, która ma miejsce gdzieś we wszechświecie. Podpisano: Przyjaciel.«

Mój przyjacielu, potrafisz sobie wyobrazić moje zdumienie. Na początku nie wierzyłem ani jednemu słowu. Trzeciego wieczora po otrzymaniu listu siedziałem przed kominkiem, gdy usłyszałem głos mojej ukochanej żony tak nieomylnie i wyraźnie, jak gdyby była w pokoju obok mnie, mówiąc:

»Robercie, Mój Ukochany! Jestem przy życiu, mam się dobrze i nasz syn jest ze mną. Będziemy tak szczęśliwi, gdy ponownie będziesz z nami. Ufaj tej wiadomości. To wszystko jest prawdą. Zostaniesz do nas przeniesiony, o ile nie pozwolisz swym wątpliwościom zamknąć drzwi. Mówię do ciebie poprzez Promień Dźwięku, którego nauczysz się pewnego dnia używać«. Nie wytrzymałem dłużej napięcia i powiedziałem:

»Ukaż mi się, a uwierzę«. Głos natychmiast odpowiedział:

»Poczekaj chwilę«. Po około trzech minutach Olśniewający Promień Złotego Światła ukazał się w pokoju, tworząc tunel, na końcu którego stała moja piękna żona. To była ona – bez cienia wątpliwości.

»Ukochany« – powiedziała – »pozorne cuda miały przez lata miejsce w twoim Życiu, lecz ponieważ uwaga twoja nie była ukierunkowana w odpowiednią stronę, musieliśmy czekać aż do tego czasu. Ufaj wiadomości, która do ciebie trafi. Wtedy przyjdziesz do nas, i zapewniam cię, że otworzy się przed tobą nowy świat. Dla naszej wielkiej miłości nie ma przeszkód«.

Promień Światła natychmiast zniknął, a wraz z Nim głos. Moja radość nie miała granic. Nie mogłem dłużej wątpić. Poczułem odprężenie, spokój i wytchnienie, jakiego nie zaznałem od lat. Potem zaczęły się tygodnie oczekiwań, o których wiedziałem, że są po to, aby mnie wewnętrznie przygotować. W końcu wiadomość, na którą czekałem z takim utęsknieniem nadeszła, a w niej plan i wskazówki, za którymi miałem podążać.

Zobaczyłem, że prowadzą mnie one w wysokie góry na południowym wschodzie Tucson w Arizonie. Zacząłem przygotowania, aby wybrać się tam natychmiast, tłumacząc moim przyjaciołom, że udaję się tam, aby trochę porozmyślać. Wziąłem konia i zwierzę juczne, prawie nie napotykając żadnego dyskomfortu, czy trudności w podążaniu za wskazówkami. Gdybym mógł się tam dostać lotem ptaka, z łatwością pokonałbym ów dystans w przeciągu dwóch dni.

Krótko przed zachodem trzeciego dnia doszedłem do ślepego kanionu i przeszedłbym obok nie zauważywszy go, gdyby nie znajdował się na planach. Zanim się ściemniło, rozbiłem obóz. Owinąłem się w moje koce, po czym szybko zapadłem w sen, śniąc jak najbardziej żywo, że obudzę się następnego dnia i zobaczę młodego mężczyznę stojącego obok i patrzącego na mnie.

Po przebudzeniu, ku mojemu zdumieniu, stał tam młody mężczyzna z krwi i kości, uważnie na mnie spoglądając. Przywitał mnie pięknym uśmiechem mówiąc:

»Mój przyjacielu, pójdź za mną«. Zauważyłem, że miał już przygotowane moje rzeczy i bez dalszych wyjaśnień odwrócił się i poprowadził w głąb kanionu. Po około godzinie zatrzymaliśmy się ze względu na ścianę, która zdawała się zamykać drogę przed nami.

Położył on rękę na skale i nacisnął na nią. Fragment ściany, być może wielkości trzy na trzy i pół metra przesunął się w głąb o około trzydzieści centymetrów, a następnie w bok. Wkroczyliśmy do tunelu, który przed wiekami musiał być korytem podziemnego biegu wody. Mój towarzysz zamknął wejście za nami, a gdy zwróciliśmy się, aby pójść do przodu, łagodne promieniowanie rozprzestrzeniło się wszędzie i byliśmy w stanie widzieć dość wyraźnie. Byłem zdumiony wszystkim, co widziałem, jednakże pamiętałem o ostrzeżeniu, jakie otrzymałem w moich instrukcjach, aby *być spokojnym*.

Podążaliśmy tunelem przez następną godzinę, aż w końcu doszliśmy do masywnych metalowych drzwi. Otwarły się one powoli po dotknięciu ich przez mojego towarzysza. Stanął z boku i czekał aż przejdę. Wszedłem w jasne światło słoneczne, prawie bez tchu z zachwytu na widok piękna sceny roztaczającej się przede mną. Przed nami leżała dolina o niezrównanym uroku, rozciągająca się na około czterdzieści hektarów.

»Mój przyjacielu« – powiedział młody człowiek – »powróciłeś do domu po długiej nieobecności, co już wkrótce zrozumiesz«. Następnie poprowadził mnie do pięknego budynku leżącego u stóp pionowego klifu, znajdującego się w górnej części doliny. Gdy zbliżaliśmy się, widziałem wiele rosnących w obfitości rodzajów owoców i warzyw, między innymi pomarańczy, daktyli, orzechów włoskich i orzechów pecan. Piękny wodospad wylewał się z klifu, tworząc przezroczysty basen u swej podstawy. Budynek był masywny i wyglądał, jak gdyby stał tu od stuleci.

Prawie do niego doszliśmy, gdy piękna kobieta w bieli pojawiła się u wejścia. Podeszliśmy bliżej, a moja ukochana żona stanęła przed nami, piękniejsza niż kiedykolwiek wcześniej. W następnej chwili trzymałem ją już w ramionach i po całych tych męczarniach, przez które przechodziłem przez te lata, było to niemal więcej niż byłem w stanie wytrzymać. Odwróciła się i obejmując ramieniem młodego człowieka, który mnie przyprowadził, powiedziała:

»Robercie, oto nasz syn.«

Syn! to wszystko, co byłem w stanie powiedzieć, tak bliski byłem owładnięcia przez emocje.

Podszedł do nas, objął naszą dwójkę i tak staliśmy wszyscy przez chwilę w najgłębszej miłości i wdzięczności, ponownie szczęśliwi. Nagle uświadomiłem sobie, że minęło szesnaście lat od jego zniknięcia i że musi mieć teraz dwadzieścia jeden lat. Odpowiedział na moją myśl, mówiąc:

»Tak Ojcze, mam dwadzieścia jeden lat. Jutro są moje urodziny.«

»W jaki sposób jesteś w stanie tak łatwo czytać moje myśli?« – zapytałem.

»Och to bardzo zwykła i łatwa rzecz dla nas. Jest to wszystko całkiem naturalne, gdy rozumie się jak to robić, i naprawdę całkiem łatwe« – odpowiedział.

»Chodź« – kontynuował – »musisz być głodny. Zjedzmy coś«. Objęci ramionami weszliśmy do starożytnego budynku. Wnętrze wykończone było różowym marmurem i białym onyksem. Pokazano mi piękny pokój, w którym poranne słońce zalewało wszystko swoim wspaniałym blaskiem. Odświeżyłem się i znalazłem ubranie wykonane z białej flaneli, które zostało dla mnie przygotowane. Włożyłem je i pasowało na mnie doskonale. Zdziwiło mnie to, lecz ponownie przypomniałem sobie upomnienie, aby być spokojnym. Zszedłem w dół i zostałem przedstawiony uderzająco pięknie wyglądającemu mężczyźnie mojego wzrostu z dużymi, ciemnymi i przeszywającymi oczyma.

»Ojcze« – powiedział mój syn – »oto nasz Ukochany

Mistrz Eriel. On jest tym, który uratował życie zarówno Matce, jak i mnie i uczył nas przez wszystkie te lata, dopóki nie zostałeś przygotowany, aby do nas tutaj dołączyć. To on wysłał do ciebie wiadomość i wskazówki dotarcia tu, ponieważ nadszedł czas, aby zaczął się twój końcowy trening«.

Weszliśmy do jadalni, która była wspaniała i nie mogłem się powstrzymać od wyrażenia mojego podziwu. Została umiejscowiona w południowo-wschodniej części domu na parterze i była zalana słońcem rano i po południu. Ściany wykonane były z mocno rzeźbionego orzecha, a na suficie wisiały belki, pomiędzy którymi znajdowały się inkrustowane wkładki o sześciokątnym motywie. Solidna płyta z orzecha o grubości co najmniej pięciu centymetrów spoczywała na ozdobnie rzeźbionej podstawie, służąc jako stół wyglądający jak gdyby miał tysiące lat. Zasiedliśmy wokół niego, a wkrótce do pomieszczenia wszedł szczupły młodzieniec. Mój syn przedstawił go, mówiąc:

»Oto nasz Brat, Fun Wey, którego Nasz Mistrz sprowadził z Chin, gdy był jeszcze dzieckiem, w czasie, kiedy jego Życie miało być zabrane. Pochodzi z bardzo starej chińskiej rodziny i potrafi czynić wiele cudownych rzeczy. Zawsze pragnął nam służyć i mamy przywilej i szczęście nazywać go Bratem. Ma jedną z najbardziej radosnych natur, jakie kiedykolwiek poznałem«.

Na śniadanie podano między innymi soczyste truskawki z pysznymi ciasteczkami daktylowymi i orzechowymi. Przeszliśmy do dużego pokoju dziennego i Mistrz Eriel powiedział do mnie:

»W czasie gdy twoja ukochana żona, która jest twoim Bliźniaczym Promieniem, miała umrzeć, dostrzegłem możliwość udzielenia jej pomocy, która pozwoliłaby jej osiągnąć Wzniesiony Stan, co z kolei dałoby jej dużo większą wolność i większą zdolność służenia. Był to dla mnie wielki przywilej i radość pomóc jej w taki sposób.

Otwarłem trumnę, przywróciłem ją do świadomego działania i umożliwiłem jej wzniesienie swego ciała. Osiągnęło ono już punkt wysokiego rozrzedzenia, ponieważ jej pragnienie Światła było bardzo duże. Jej Wzniesienie możliwe było poprzez jej intensywne uwielbienie i tęsknotę za Światłem. Wyjaśniłem jej to tego dnia, w którym myślałeś, że ona umarła.

Cała wasza trójka była moimi dziećmi w inkarnacji, która miała miejsce dawno temu. Następnie powstała wielka miłość, która przetrwała przez wieki. Jej głęboka miłość spowodowała, że pomoc i wzniesienie stało się możliwe i zostało osiągnięte.

Twój syn, który został porwany z intencją przetrzymywania go dla okupu, został sprowadzony do tego kanionu. Dwójka odpowiedzialnych za jego porwanie zaczęła się kłócić, a jeden z nich planował odebranie chłopcu życia.

Pojawiłem się przed nimi i zabrałem go. Zostali sparaliżowani przez swe własne lęki i żaden z nich tego nie przeżył. Obydwoje zmarli kilka tygodni później. Jeżeli ktoś umyślnie odbiera innej ludzkiej istocie życie, lub postanawia mentalnie to wykonać, to uruchamia przyczynę, która z całą pewnością odbierze jego własne.

Uczucie lub pragnienie śmierci innego człowieka będzie miało taki sam skutek, albowiem wychodzi ono od, po czym rozpoczyna swoją podróż powrotną do tego, który je wysłał. Wiele jednostek pozwala sobie na urazę spowodowaną niesprawiedliwością, która na podobieństwo błysku wybucha z intensywnym uczuciem, aby uwolnić świat od pewnego człowieka. Jest to subtelna forma myśli o śmierci i do tego, który ją wysyła musi ona powrócić.

Wielu, wielu ludzi doprowadza do rozpadu samych siebie poprzez tę subtelną działalność ludzkiego ja, albowiem nikt nigdy nie umknie temu Niezmiennemu Prawu.

Istnieje wiele faz tej reakcji, a rasa jako całość doświadcza rozpadu ciała po ciele właśnie dlatego, że ludzkość oddaje się takim myślom i uczuciom.

Ilość ludzi umierających poprzez fizyczną przemoc jest znikoma w porównaniu z ilością śmierci spowodowanych przez to subtelne działanie myśli, uczucia i wypowiedzianego słowa. W ten subtelny sposób rasa ludzka zabija samą siebie od tysięcy lat, gdyż nie chce uczyć się Prawa Życia i posłuszeństwa wobec Niego.

Istnieje wyłącznie Jedno Prawo Życia i jest nim Miłość. Samoświadomy, myślący człowiek, który nie chce lub nie jest posłuszny temu Wiecznemu, Dobroczynnemu Dekretowi nie może i nie utrzyma swego fizycznego ciała, albowiem wszystko, co nie jest Miłością traci formę. I nie ma znaczenia, czy jest to myśl, słowo, uczucie, czy czyn – zamierzony, czy nie – Prawo zawsze działa *mimo tego*. Myśli, uczucia, słowa i czyny są niczym innym, jak działającymi siłami i wiecznie poruszają się po własnej orbicie.

Gdyby człowiek wiedział, że nigdy nie przestaje kreować, nawet na chwilę, uświadomiłby sobie poprzez Obecność Boga wewnątrz siebie, że jest w stanie oczyścić swoją błędną twórczość i w taki sposób uwolnić się od swoich ograniczeń.

Snuje on kokon ludzkiej niezgody wokół samego siebie i udaje się w sen wewnątrz niego, zapominając, przynajmniej na jakiś czas o tym, że skoro może go zbudować, to może się również przez niego przebić. Przy użyciu skrzydeł własnej Duszy – skrzydeł Uwielbienia i Determinacji – może on przebić się przez wykreowaną przez siebie ciemność. Wtedy na powrót zacznie żyć w Centrum swojej Istoty, w Świetle i Wolności swojego Boskiego Ja.

Jednakże w działalności twojej i twojej ukochanej rodziny – powinienem powiedzieć: mojej ukochanej rodziny – chmura, która zdawała się utrzymywać tak wiele smutku zostaje teraz odwrócona swym wnętrzem na zewnątrz i ukazuje swoją wspaniałą złotą podszewkę. Przybyłeś teraz do wewnątrz Promieniejącej Świetności Światła – skąd już się nigdy więcej nie oddalisz.

W największej ilości przypadków, gdyby istoty ludzkie wiedziały jak wspaniałe rzeczy zostały dla nich zaplanowane, to nieświadomie zapobiegałyby pojawieniu się tego większego dobra. Zostałeś zaproszony tutaj nie tylko po to, aby dołączyć do twoich ukochanych, lecz aby otrzymać końcowe wskazówki dotyczące istnienia, używania i kierowania Olbrzymią Boską Mocą ukrytą w tobie. Gdy zrozumiesz jak Ją uwalniać i kontrolować, wszystko będzie dla ciebie możliwe.

Twoi ukochani użyli Promieni Światła i Dźwięku w komunikacji z tobą. Wiedza ta i jej moc zostaną ci wyjaśnione i ty sam również będziesz w stanie się nimi posługiwać świadomie i wedle woli. Czujesz głęboko i gdy cechą tą będziesz zarządzał świadomie, to przyjdzie do ciebie *świadomość* Olbrzymiej Boskiej Mocy, czekającej w gotowości na swe uwolnienie w każdym momencie.

Pozostaniesz tutaj przez sześć tygodni nauki, po czym powrócisz do zewnętrznego świata, aby używać zrozumienia, które otrzymałeś. Wracaj kiedy tylko zechcesz, albowiem jesteś teraz jednym z nas«.

Nie jestem w stanie wyrazić w słowach, co te sześć tygodni dla mnie oznaczało. Stawanie się świadomym swoich własnych umiejętności wykorzystywania wskazówek i stosowania takiej mądrości zdumiało mnie.

Wkrótce zacząłem nabierać pewności siebie, co sprawiło, że wszystko stało się o wiele łatwiejsze. To, co człowiekowi wydaje się takie tajemnicze i niezwykłe, odbierałem jako naturalne i normalne dla tej Zdumiewającej Wielkiej »Wewnętrznej Obecności«.

Zacząłem sobie uświadamiać, że *naprawdę* jestem Synem Boga. Jako Synowi Źródła wszelkiego Dobra i Nieskończonej Mądrości Energia była posłuszna memu świadomemu ukierunkowaniu i gdy kierowałem nią tak, jak czyni to Mistrz, osiągałem natychmiastowe rezultaty. Gdy nabierałem pewności co do mojej umiejętności używania Wielkiego Prawa, spełnienie naturalnie stawało się coraz to szybsze. Nadal zachwycam się wiecznie wylewającą się Fontanną Miłości i Mądrości, płynącą od tego Wielkiego Mistrza. Kochamy go w swym głębokim oddaniu większą miłością niż tą, jaka mogłaby kiedykolwiek zaistnieć pomiędzy rodzicem i dzieckiem. Albowiem Miłosna Więź utworzona podczas dawania Duchowego Rozumienia jest Wieczna i dużo bardziej głęboka niż jakakolwiek miłość wytworzona poprzez ludzkie doświadczenie, bez znaczenia jak bardzo byłaby piękna i głęboka. Często mówił nam:

»Gdy uczynisz siebie Wieczną Fontanną Świętej Miłości, wylewając ją na każde miejsce, do którego podąża twoja myśl, to staniesz się takim Magnesem Wszelkiego Dobra, że będziesz musiał wołać o pomoc w rozdzielaniu jej. Pokój i Cisza Duszy uwalnia moc, która wymusza posłuszeństwo zewnętrznego umysłu. Trzeba jej *żądać* z autorytetem. Nasz dom tutaj w tej Tajemnej Dolinie był używany przez ponad cztery tysiące lat«.

Pewnego dnia, po niezwykłej rozprawie poświęconej Boskiej Własności, spojrzał na mnie bardzo uważnie i zasugerował, abyśmy się przespacerowali. Poprowadził mnie do przeciwległej strony doliny, tej z której do niej weszliśmy. W pobliżu południowej ściany, równolegle do niej, ze wschodu na zachód przebiegał grzbiet rozpoczynający się na poziomie gruntu, wznoszący się na wysokość około dwóch metrów, rozciągający się na szerokość około siedmiuset metrów i opadający na powrót do poziomu gruntu. Gdy podeszliśmy bliżej, zauważyłem, że była to żyła białego kwarcu. Mistrz Eriel podszedł do miejsca, w którym żyła dochodziła do poziomu gruntu i kopnął swoją stopą leżący luzem kawałek. Zobaczyłem, że jest on niezmiernie bogaty w złoto. Moja ludzka miłość złota próbowała się we mnie wedrzeć, jednakże »Wewnętrzna Obecność« natychmiast ją powstrzymała, na co Mistrz z uśmiechem powiedział:

»Dobrze ci poszło. Teraz mam pracę do wykonania w Europie i muszę cię obecnie zostawić«. Uśmiechnął się i natychmiast zniknął. Był to pierwszy raz, kiedy pokazał mi Pełne Władztwo, jakie posiadał i rzeczy jakie był w stanie w ten sposób wykonywać. W tym samym momencie i w dokładnie tym miejscu, w jakim stał Eriel jeszcze chwilę temu pojawił się mój syn i serdecznie uśmiechnął się widząc moje zdziwienie.

»Matka i ja« – powiedział – »jesteśmy w stanie w taki sam sposób zabierać nasze ciała ze sobą, gdy tylko tak postanowimy. Nie bądź zdziwiony. To Naturalne Prawo i tylko wygląda dziwnie i niezwykle, ponieważ go jeszcze nie używasz. Naprawdę nie jest ono bardziej nadzwyczajne niż byłby telefon pokazany ludziom ze Średniowiecza. Gdyby znali oni Prawo jego konstrukcji, mogliby go używać wtedy tak samo, jak my w obecnym stuleciu«.

Od tamtej wizyty u mojej rodziny w Tajemnej Dolinie byłem tam siedem razy. Ostatnim razem, gdy powróciłem do zewnętrznego świata, Mistrz dał mi twój adres i stąd wzięła się moja prośba, abyś tu przybył. Zaprasza cię, abyś tam ze mną powrócił.

Mój gospodarz uświadomił sobie nagle, że mówił przez kilka godzin i poprosił o pobłażliwość za wystawianie na próbę mojej cierpliwości. Powiedziałem mu, że doświadczenia te były tak fascynujące, a ja tak intensywnie nimi zainteresowany, że czas przestał istnieć, przynajmniej co się tyczy mojej osoby. Zgodziłem się i byłem dogłębnie wdzięczny Mistrzowi Erielowi za zaproszenie odwiedzenia ich, co też otwarcie wyraziłem. Po chwili do pokoju wszedł wysoki młody człowiek.

„Pozwól, że zaznajomię cię z naszym Bratem Fun Wey" – powiedział mój gospodarz, przedstawiając go, a ten odpowiedział najbardziej doskonałą angielszczyzną:

„Mój Brat o Sercu ze Światła podróżował daleko. Moje serce podskakuje w ekstazie i radości. Moja dusza czuje twój spokój i promieniowanie". Zwracając się bezpośrednio do mojego gospodarza powiedział:

„Wiedząc, że jesteś zajęty, przybyłem tutaj by ci służyć".

„Będzie dla nas wielką przyjemnością, gdybyś zechciał się z nami przełamać chlebem" – powiedział mój przyjaciel, zwracając się do mnie i wspólnie przeszliśmy do jadalni. Nasza kolacja była wyśmienita, a gdy skończyliśmy, mój gospodarz na powrót wznowił konwersację, relacjonując wiele ze swych osobistych doświadczeń z Erielem. Były one w rzeczy samej niezwykłe – to znaczy, patrząc jedynie od strony naszej ludzkiej świadomości. Ze stanowiska naszej Świętości wszystko było i jest doskonale naturalne.

Nagle w pokoju pojawił się Promień Światła, czy raczej Tuba Światła, a z rozmowy wywnioskowałem, że mówił Bliźniaczy Promień mojego gospodarza. Po chwili Promień został skierowany na mnie i Robert powiedział:

„Ukochana, pozwól mi przedstawić Brata, z którym nasz Mistrz Eriel prosił, abym się spotkał".

Widziałem jego Bliźniaczy Płomień i słyszałem ją tak wyraźnie, jak gdyby stała w pokoju obok nas. Taki sposób porozumiewania się jest cudownym, szczęśliwym doświadczeniem i możliwym jest tak skondensować Światło, aby uformować *tubę*, w której będą mogły być przekazywane *dźwięk* i *wizja*. Była ona tak samo *realna* jak reflektor.

Mój gospodarz nalegał, abym uczynił jego dom swoim do dnia naszej podróży w góry. Wyruszyliśmy przed świtem siódmego dnia po naszym spotkaniu i było to do tego czasu jedno z najbardziej pamiętnych doświadczeń mojego Życia. Wszystko, co mi powiedział, okazywało się być w najdrobniejszych szczegółach prawdą.

Nasze przybycie do Tajemnej Doliny było wielce radosnym wydarzeniem, a nasze szczęście było bardzo duże. Poznałem Bliźniaczy Płomień mojego gospodarza i ich syna, po czym oprowadzono mnie po starożytnym budynku, gdzie tak wielu studentów otrzymało *prawdziwe zrozumienie* Praw Istnienia i osiągnęło swoją Wieczną Wolność.

Było to zachwycającym uczuciem stać tam, gdzie Wielka Boska Moc skupiana była przez tak wiele stuleci i gdzie Wniebowstąpieni Mistrzowie zrobili ustronie dla części swojej pracy. Siedziałem tam kontemplując błogosławieństwa, jakich dostąpili studenci, którzy mieli zaszczyt tam trafić, gdy Mistrz Eriel zwrócił się do mnie:

„Mój Synu" – zaczął – „zbliżasz się do cudownego uwolnienia. Trzymaj się blisko nieustannej akceptacji zamieszkującej w tobie »Mistrzowskiej Obecności«, a będziesz z pewnością miał powody do wielkiej radości". Wyciągnął swoją prawą rękę, a zasłona pomiędzy widocznym i niewidocznym została odsunięta.

„Chciałbym, abyś zobaczył" – kontynuował – „że my, którzy jesteśmy Wniebowstąpieni, jesteśmy wzniosłą, majestatyczną działalnością Naszego Świata. Tutaj nieustannie świadczymy jako Synowie Boga – bowiem nie ma więcej wątpliwości, lęku, czy niedoskonałości wewnątrz nas".

Na zawsze zapamiętam radość i zaszczyt, jaki był moim udziałem w czasie dni spędzonych z tymi wspaniałymi ludźmi.

„Każdego dnia" – powiedział Eriel – „będziesz świadkiem używania Promieni Światła i Dźwięku, które unicestwiają czas i przestrzeń i które będą przekazane do użytku ludzkości w bliskiej przyszłości, stając się czymś tak naturalnym, jak obecnie telefon. Jest to jedna z najbardziej zdumiewających umiejętności, jakich może się nauczyć jednostka. Promień Światła może być tak przyciągany i kontrolowany, że może być używany jako ołówek, którym można pisać na metalu lub po niebie, a pismo zostaje widoczne tak długo, jak długo pragnie tego kierujący.

Gdy student stanie się wystarczająco silny, aby wytrzymać opinie świata ignorancji, wtedy będzie gotowy, aby stać się świadectwem cudów indywidualnej działalności Boga, manifestowanej przez Wniebowstąpionych Mistrzów.

Do czasu, w którym będzie to w stanie uczynić moc sugestii i promieniowanie wątpliwości innych będzie go nieregularnie zakłócało do takiego stopnia, że wielokrotnie będzie rezygnował z poszukiwania Prawdy. Przerwa w ciągłym przepływie instrukcji jest dysonansem lub niezgodą. Dysonans jest klinem i subtelną drogą, jaką złowrogie siły na tej Ziemi wkraczają do zewnętrznej świadomości studenta, który zdecydował zwrócić się do Światła.

Takie działanie jest bardzo subtelne, ponieważ przybiera formę uczucia i zakrada się do człowieka, zanim ten tak naprawdę zorientuje się w jego istnieniu. Jest ono ponad miarę uporczywe, a jego wzrastanie jest tak podstępne, że człowiek nie uświadamia sobie, co zostało uczynione do momentu, gdy jego impet jest już w drodze.

Uczucie to zaczyna się jako drobna wątpliwość. Wystarczy *odczuć* wątpliwość dwa, czy trzy razy, a przejdzie ona w nieufność. Nieufność *zawiruje* jeden, czy dwa razy w ciele emocjonalnym i staje się podejrzliwością, a *podejrzliwość jest już samodestrukcją*".

Zapamiętaj to, Mój Synu, gdy na powrót wejdziesz do zewnętrznego świata, a zobaczysz, że jest to ochrona, która przeniesie cię przez wszystkie doświadczenia Życia, utrzymując cię wolnym od dysonansu. Jeżeli ktoś wysyła podejrzliwość, będzie podejrzewany. Albowiem każdy ma w swoim świecie dokładnie *to*, co do niego wkłada, a ten Wieczny Nieodwracalny Dekret funkcjonuje w całym Wszechświecie. Wszystkie impulsy świadomości podróżują z powrotem do centralnego punktu, który je wysłał; *nie umknie temu nawet jeden atom.*

Prawdziwy student Światła zwraca się ku Światłu, wysyła Je przed siebie, widzi Jego Rozwijające się Promieniowanie wszędzie tam, gdzie się udaje i *wielbi Je nieustannie*. Odwraca się od wątpliwości, lęku, podejrzliwości i ignorancji ludzkiego umysłu i uznaje jedynie Światło. To jest Jego Źródło – Jego Prawdziwe Ja".

Tymi słowy Eriel pożegnał się na zakończenie, a ja wróciłem do codziennej rutyny mojego zewnętrznego życia.

9. *Boska Wszechobecna Moc*

Następnego dnia skontaktowano się ze mną i zaangażowałem się w interesy, które wymagały ode mnie całego mojego czasu i uwagi. Samo oczekiwanie na nie dawało mi już wielką radość i wkroczyłem w nie z dużym entuzjazmem. Pojawiło się we mnie orzeźwiające, pobudzające uczucie – coś, czego nigdy nie zaznałem w moich biznesowych doświadczeniach.

W trakcie rozwoju wydarzeń wszedłem w bliski osobisty kontakt z mężczyzną o bardzo dominującym charakterze. Cała jego postawa w biznesie polegała na pozyskiwaniu swoich pragnień siłą, o ile zawodziły intrygi lub napotykał na drodze inne przeszkody.

Wierzył wyłącznie w moc własnego intelektu i ludzkiej woli, i nie miał ani wiedzy, ani wiary co do czegokolwiek innego.

Byłem niezmiernie wdzięczny i całkowicie przekazałem wszystko pod „Jej" zarządzanie. Spotkałem tego człowieka i jeszcze dwóch innych i zgodziłem się, aby wybrać się z nimi na oględziny przedsiębiorstwa wydobywczego w odległym stanie. Czułem, że było ono a bardzo wartościowe. Jego właścicielem była starsza pani, której dobrotliwy mąż zginął podczas wypadku, jaki wydarzył się w kopalni kilka miesięcy wcześniej.

Pozostawił on wiele nie załatwionych spraw i nasz dominujący przyjaciel był zdecydowany na zakup kopalni po swojej cenie – nieuczciwej. Po długiej podróży samochodem dotarliśmy na miejsce około godziny drugiej następnego dnia. Spotkaliśmy się z właścicielką, w której rozpoznałem błogosławioną duszę – prawdziwą i honorową.

Będąc na miejscu przyjąłem zdecydowaną postawę, że powinna ona dokonać godziwej transakcji i otrzymać za nieruchomość jej pełną wartość. Zaprosiła nas na uroczy lunch i przystąpiliśmy do oględzin kopalni.

Przechodziliśmy przez miejsca wydobycia, tunele, zaspy i wykopy. Im więcej widziałem, tym bardziej byłem pewien, że coś jest nie tak. To tak jakby powietrze informowało mnie o tym podczas jego wdychania.

Byłem pewien, że natknięto się tu na bogate zasoby, o

których nie raportowano właścicielce. W jakiś sposób wiedziałem, że kupujący w tajemnicy umieścił w kopalni jednego z pracowników, który miał rozglądać się za taką ewentualnością oraz że podczas tygodni obserwacji zdobył on zaufanie kierownika. Zobaczyłem, że kierownik był w sercu dobrym człowiekiem, jednakże – mówiąc duchowo – nie przebudzonym.

Gdy staliśmy i rozmawialiśmy z nim moje Boskie Ja całkowicie pokazało mi to, co się wydarzyło. Na krótki czas wcześniej tych dwóch mężczyzn brało udział w oględzinach robót i doszło do miejsca, w którym detonacje przebiły się do tunelu prowadzącego bezpośrednio do serca góry. Wybuch otworzył dostęp do bardzo bogatej żyły złotonośnego kwarcu. Kierownik chciał pospieszyć, aby powiadomić o tym właścicielkę, gdy szpiegujący robotnik powiedział:

„Czekaj! Znam człowieka, który kupi tę kopalnię. Jeżeli chcesz pozostać na swojej obecnej pozycji, nie wspominaj o tych zasobach. Zadbam o to, abyś nie tylko pozostał na stanowisku kierownika, ale jeszcze dostaniesz pięć tysięcy dolarów. Starsza pani i tak otrzyma wystarczająco, aby dobrze żyć". Kierownik przestraszony możliwością utraty pracy zgodził się.

Przy naszych oględzinach kopalni doszliśmy do końca głównego tunelu i silnie czułem, że było to miejsce, w którym odkryto te bogate zasoby. Zostało ono sprytnie przykryte i zakamuflowane jako luźna formacja, gdzie niebezpiecznie było pracować. Takie sprawozdanie złożyli kobiecie, do której należała kopalnia. Gdy stałem w tamtym miejscu i rozmawiałem z innymi został otwarty mój Wewnętrzny Wzrok otworzył się i zobaczyłem wszystko, co się wydarzyło: bogaty tunel, jego zasypanie, ofertę złożoną kierownikowi i jego zgodę. Byłem wdzięczny, że moje przeczucie zostało potwierdzone, wiedziałem jednak, że muszę czekać. Powróciliśmy do rezydencji właścicielki i rozpoczęły się negocjacje. Kupujący rozpoczął temat mówiąc:

„Pani Atherton, jakiej ceny spodziewa się pani za tę nieruchomość?"

„Myślę o dwustu pięćdziesięciu tysiącach dolarów" – odpowiedziała ona grzecznie i łagodnie.

„To absurd!" –krzyknął – „To niedorzeczne, śmieszne. Nie jest warta połowy tej ceny". W takim tonie kontynuował konwersację przez kilka chwil, robiąc wiele hałasu, co było jego nawykiem. Sprawdziło się to wiele razy wcześniej, a zatem trzymał się utartej ścieżki postępowania. Wykłócał się i grzmiał, po czym skończył mówiąc:

„Pani Atherton jest pani w sytuacji w której musi pani sprzedać kopalnię. Będę hojny i dam pani sto pięćdziesiąt tysięcy".

„Rozważę to" – odpowiedziała, tak zastraszona jego postawą dominacji i pogróżek, że zaczęła akceptować jego pomysły i poddawać się jego aroganckiej zuchwałości. Zauważył on jej wahanie i w tej sytuacji natychmiast zaczął wywierać silny nacisk.

„Nie mogę czekać" – kontynuował – „mój czas jest cenny. Musi się pani zdecydować natychmiast, albo nie dojdzie do transakcji".

Wyciągnął z kieszeni papiery i położył je na stole. Pani Atherton rozglądała się bezsilnie, a ja pokiwałem moją głową na „nie", lecz ona mnie nie zauważała. Kontrakt leżał otwarty, a ona przeszła wszerz pokoju, siadając na krześle przy stole i przygotowując się do złożenia podpisu. Wiedziałem, że jeżeli mam ją chronić, muszę działać natychmiast, po czym przechodząc do miejsca, gdzie ona siedziała zwróciłem się do naszego dominującego przyjaciela.

„Chwileczkę" – powiedziałem. – „Zapłaci pan tej szanownej pani tyle, ile jej kopalnia jest warta, albo jej pan nie dostanie". Przeniósł swój gniew na mnie, rzucając kilkoma bardzo ostrymi obelgami i usiłując zastosować tą samą taktykę co zawsze.

„Chciałbym wiedzieć, kto powstrzyma mnie przed zakupem kopalni po mojej cenie?" – ripostował. Poczułem wzbieranie Olbrzymiej Boskiej Mocy Wewnątrz mnie, wychodzącej jak lawina, co sprawiało, że jego napad mściwości nie miał na mnie wpływu, i odpowiedziałem:

„Bóg pana powstrzyma".

Po tej odpowiedzi wybuchnął śmiechem. Kontynuował dalej hałaśliwie, cynicznie, obelżywie. Czekałem w spokoju.

„Głupcze" – zaczął na nowo swój kolejny napad gniewu – „paplasz o Bogu. Ani ty, ani Bóg, ani nic innego mnie nie powstrzyma. Dostaję to, na czym mi zależy i dostaję to bezwzględnie. Jak dotychczas nikt mnie jeszcze nie powstrzymał". Jego arogancja wydawała się nie mieć granic i ujawnił się, na umyśle i ciele, jako ofiara własnych emocji. Jego rozsądek nie był wstanie funkcjonować, tak jak dzieje się to zawsze pod wpływem każdego niekontrolowanego uczucia, w przeciwnym wypadku ostrzegłby go, aby nie postępować dalej w swoich obelgach.

Ponownie poczułem rozszerzenie swej Boskiej Mocy. Tym razem nadchodziła coraz silniej i silniej do momentu, w którym wyraźnym i głośnym tonem Olbrzymi Wewnętrzny Głos mojego Boskiego Ja wyjawił Prawdę o całej transakcji oraz oszustwie w kopalni:

„Pani Atherton" – powiedziałem – „doszło do rażącej nieuczciwości dokonanej pod pani adresem. Pani pracownicy odkryli bogate złoża. Ten człowiek miał wśród nich szpiega, który przekupił pani kierownika, aby to przemilczał". Kierownik i inni znajdujący się w pomieszczeniu stali się biali na twarzach i zaniemówili, podczas gdy moje Wewnętrzne Ja kontynuowało demaskowanie ich zdrady. Potencjalny klient sprawiał wrażenie, że jest gotowy stanąć na wysokości zadania w obliczu tej wyjątkowej sytuacji i przerywając mi, wykrzyknął w swoim dzikim gniewie:

„Kłamiesz. Urwę ci łeb za takie wtrącanie się". Podniósł swoją stalową laskę, i gdy podniosłem rękę, aby ją chwycić nagle Biały Płomień wystrzelił błyskiem prosto w jego twarz. Upadł na ziemię, jak gdyby poraził go piorun. Wtedy Moje Potężne Boskie Ja na powrót przemówiło z całym autorytetem wieczności – majestatycznie, w pełni mocy:

„Niech nikt w tym pomieszczeniu nie ruszy się dopóki nie otrzyma pozwolenia!". Moje zewnętrzne ja, a właściwie już nie ja, lecz „Bóg w Działaniu" podszedł do miejsca, w którym leżał mężczyzna i kontynuował:

„Wielka Duszo w tym człowieku, mówię do ciebie! Zbyt długo byłaś więźniem tego dominującego osobowego ja. Pokaż się *teraz*! Przejmij dowodzenie nad jego umysłem i ciałem! Napraw te oszustwa, jakie praktykował w swym obecnym życiu. Niechaj w przeciągu godziny te silne zewnętrzne ludzkie twory dysonansu i niesprawiedliwości, które on zbudował zostaną pochłonięte i niechaj nigdy więcej nie oszukają, ani w ludzkim sensie nie zdominują żadnego z Boskich dzieci. Do tego zewnętrznego ja mówię: Obudź się! Bądź w pokoju, miłości, życzliwości, hojności i dobrej woli w stosunku do wszystkiego, co żyje".

Powoli kolory zaczęły pojawiać się na twarzy mężczyzny i otworzył on oczy w dziwnej konsternacji. „Bóg we mnie" – nadal kierujący – wziął go łagodnie za rękę i trzymając go pod ramię, pomógł mu usiąść w dużym fotelu. Ponownie rozkazał On:

„Mój Bracie! Spójrz na mnie". Gdy spojrzał mi w oczy, przez jego ciało przeszedł wstrząs i głosem ledwie słyszalnym powiedział: „Tak, widziałem. Rozumiem, jak bardzo się myliłem. Niechaj Bóg mi wybaczy". Opuścił głowę na dłonie i skrył w nich swą twarz, cichy i zawstydzony. Przez jego palce zaczęły płynąć łzy i zaczął płakać jak dziecko.

„Zapłacisz tej drogiej pani milion dolarów" – kontynuowało Moje Boskie Ja – „i dasz jej dziesięć procent udziału w kopalni; albowiem w ostatnio odkrytych złożach znajduje się co najmniej dziesięć milionów dolarów w rudzie złota". W głębokiej pokorze i dziwnej dobroci odpowiedział:

„Niechaj tak się stanie teraz". Tym razem poprosił swoich ludzi – zamiast rozkazywania im, jak to było jego wcześniejszym nawykiem – aby przygotowali papiery wedle tego, co zostało polecone. Pani Atherton i on podpisali je, dokańczając transakcję.

Odwróciłem się do innych znajdujących się w pomieszczeniu i zobaczyłem po wyrazie ich twarzy, że wszyscy mieli tak podniesioną świadomość, że byli w stanie spoglądania poza ludzką zasłonę i każdy z nich mówił:

„Nigdy, tak mi Boże dopomóż, nie spróbuję oszukać, czy wyrządzić krzywdy moim bliźnim". Zostali podniesieni do całkowitego rozpoznania i akceptacji swego Boskiego Ja.

Wydarzenie to miało miejsce późnym popołudniem. Pani Atherton wystosowała zaproszenie, abyśmy pozostali na noc jej gośćmi i towarzyszyli jej nazajutrz w podróży do Phoenix celem zalegalizowania papierów sprzedaży. Po kolacji tamtego wieczora zebraliśmy się w dużym pokoju dziennym przed dużym otwartym kominkiem. Wszyscy szczerze pragnęli otrzymać większe zrozumienie Wielkich Kosmicznych Praw Życia.

Pytali mnie, w jaki sposób doszedłem to tego rodzaju wiedzy, a ja opowiedziałem im o Mistrzu Saint Germainie i sposobie, w jaki się z nim spotkałem. Opowiedziałem o niektórych doświadczeniach na Górze Shasta oraz jak w trakcie naszej rozmowy dotyczącej Wielkiego Kosmicznego Prawa powiedział on:

„Mój Synu, Wielkie Kosmiczne Prawo nie dyskryminuje bardziej niż tabliczka mnożenia, gdy ktoś popełni błąd przy jej używaniu, czy elektryczność, gdy ktoś będący ignorantem Prawa nią zarządzającego, próbuje kierować jej siłą bez wiedzy o sposobie jej kontrolowania.

Wielkie Niezmienne Dekrety, które wiecznie utrzymują porządek w Nieskończonym Królestwie zamanifestowanego Życia, bazują wszystkie na Jednej Wielkiej Zasadzie Kreacji – MIŁOŚCI. Ona jest Sercem, Źródłem Wszystkiego i samym Centrum, wokół którego egzystują wszelkie formy.

Miłość jest Harmonią i na początku istnienia formy, nie mogłaby ona bez Miłości w ogóle zaistnieć. Miłość jest Mocą spajającą Wszechświat i bez niej Wszechświat nie mógłby zaistnieć.

W twoim świecie nauki Miłość wyraża się jako siła przyciągania pomiędzy elektronami. Jest kierującą Inteligencją, która *układa* je w formę, Mocą która utrzymuje ich wirowanie wokół centralnego jądra i *Oddechem wewnątrz jądra*, które je do siebie przyciąga. Ta sama zasada ma zastosowanie do każdego wiru siły w każdym miejscu stworzenia.

Centralne jądro i elektrony wirujące wokół niego tworzą atom. To jądro Miłości jest dla atomu tym, czym jest pole magnetyczne dla Ziemi i czym jest kręgosłup dla ludzkiego ciała. Bez centralnego jądra lub Centrum Serca istnieje jedynie nie uformowane Uniwersalne Światło czyli elektrony wypełniające Nieskończoność i wirujące wokół Wielkiego Centralnego Słońca.

Elektron jest Czystym Duchem, czy też »Światłem« Boga. Na zawsze pozostaje on Niezanieczyszczony i Doskonały. Jest on Wiecznie Samoutrzymujący się, Niezniszczalny, Samoświetlisty i Inteligentny. Gdyby takim nie był, nie mógłby być i nie byłby posłuszny »Prawu« – kierującej działalności Miłości. Jest on Nieśmiertelną, Wiecznie Czystą, Inteligentną Energią Światła i jedyną Rzeczywistą, Prawdziwą Substancją, z której wszystko we Wszechświecie jest zbudowane – Wieczną, Doskonałą Życiową Esencją Boga.

Międzygwiezdna przestrzeń wypełniona jest tą czystą Życiową Esencją. Nie jest ciemna i pogrążona w chaosie, jak twierdzi ignorancka, ograniczona koncepcja mizernego, ludzkiego umysłu. Ten Wielki Ocean Uniwersalnego Światła istniejący w każdym miejscu Nieskończoności, nieustannie przyciągany jest do formy i nadawana jest mu cecha takiego, czy innego rodzaju, zgodnie ze sposobem w jakim elektrony są utrzymywane wokół punktu centralnego, czyli jądra przez Miłość.

Ilość elektronów, które łączą się ze sobą w konkretnym atomie jest rezultatem ich określenia przez *świadomą myśl*. Tempo, z jakim wirują one wokół centralnego jądra jest rezultatem ich określenia przez *uczucie*. Intensywność ruchu przyciągającego i wirującego wewnątrz centralnego jądra jest Oddechem Boga, a zatem najbardziej skoncentrowaną działalnością Świętej Miłości. Mówiąc w kategoriach naukowych, nazywalibyśmy ją siłą odśrodkową. Oto są czynniki determinujące, które tworzą *jakość* atomu.

A zatem widzisz, że atom jest bytem – *żywą, oddychającą rzeczą – wykreowanym*, wprowadzonym do istnienia poprzez Oddech, Miłość Boga, poprzez Wolę Samoświadomej Inteligencji. W taki sposób »Słowo staje się ciałem«. Maszynerią, jakiej używa Samoświadoma Inteligencja, aby osiągnąć tę manifestację swojego Istnienia jest myśl i uczucie.

Destrukcyjna myśl i dysonans w uczuciu tak przestawiają współczynnik i prędkość elektronów w atomie, że wewnątrz jego pola zmianie ulega *czas trwania* Oddechu Boga. Czas trwania Oddechu zadekretowana jest przez Wolę Świadomości używającej tego szczególnego rodzaju atomu. Gdy ta Świadoma Kierująca Wola się wycofuje, to elektrony tracą swoją polaryzację i rozlatują się we wszystkich kierunkach, poszukując drogi *powrotu – inteligentnie, weź pod uwagę – do* Wielkiego Centralnego Słońca, repolaryzując się. Tam otrzymują wyłącznie Miłość; Oddech Boga jest nieskończony, a Porządek – Pierwsze Prawo – wiecznie utrzymywane.

Niektórzy naukowcy twierdzili i nauczali, że planety zderzają się w przestrzeni kosmicznej. Taka rzecz nie jest możliwa. Takie wydarzenie oznaczałoby pogrążenie się całego Planu Stworzenia w chaosie. W rzeczy samej dobrze się składa, że Potężne Prawa Boga nie są ograniczone opiniami niektórych dzieci Ziemi. Nie ma znaczenia, co myślą naukowcy, świeccy, czy inni. Boskie Stworzenie wiecznie postępuje naprzód i wyraża coraz więcej Doskonałości.

Konstruktywne myśli i harmonijne uczucia w ludzkim umyśle i ciele są działalnościami Miłości i Porządku. Pozwalają one na utrzymywanie stałego Doskonałego Współczynnika i Prędkości elektronów w atomie, co powoduje że pozostają one spolaryzowane w swym konkretnym punkcie we Wszechświecie tak długo, jak długo w stałości utrzymywana jest długość Oddechu Boga wewnątrz ich jądra poprzez Wolę Kierującej, Samoświadomej Inteligencji używającej ciała, w którym istnieją. W taki sposób jakość Doskonałości i utrzymywanie Życia w ludzkim ciele *zawsze* znajdują się pod świadomą kontrolą Woli jednostki, która je zajmuje. Wola jednostki jest *nadrzędna* wobec własnej świątyni i nawet jeżeli dochodzi do wypadku, nikt nie opuszcza świątyni swego ciała, dopóki nie ma woli uczynienia tego. Bardzo często ból ciała, lęk, niepewność i wiele innych rzeczy wpływają na to, że osobowość zmienia swoje decyzje dotyczące tego, co było jej wolą w przeszłości, lecz to co dzieje się w ciele jest i na zawsze będzie pod kontrolą wolnej woli jednostki.

Zrozumieć powyższe wyjaśnienia dotyczące elektronów – i świadomej kontroli, jaką jednostka sprawuje poprzez własne myśli i uczucia przy zarządzaniu atomową strukturą własnego ciała – oznacza zrozumieć Zasadę będącą Jednością, która zarządza formą w Nieskończoności. Gdy człowiek weźmie na siebie wysiłek udowodnienia tego sobie samemu lub wewnątrz swojego atomowego ciała, wtedy będzie on przystępował do uczynienia siebie mistrzem. Gdy to uczyni, wszystko inne we Wszechświecie stanie się jego ochoczym współpracownikiem przy osiąganiu wszystkiego, co będzie jego wolą, używając Miłości.

Ktokolwiek czyni siebie chętnym, aby być posłusznym Prawu Miłości, u tego Doskonałość jest na stałe podtrzymywana w jego umyśle i świecie. Do niego i tylko do niego należy Wszelka Władza i Mistrzostwo. *Wyłącznie* on ma prawo *rządzenia*, gdyż najpierw nauczył się być posłusznym. Gdy uzyska posłuszeństwo atomowej struktury we własnym umyśle i ciele, to wszelka atomowa struktura na zewnątrz jego umysłu i ciała również będzie mu posłuszna.

W taki to sposób ludzkość posługuje się mocą poprzez swe myśli i uczucia – każda jednostka wewnątrz siebie samej – aby wznieść się do największych wyżyn lub upaść do największych głębin. Każdy sam dla siebie określa swoją ścieżkę doświadczeń. Poprzez świadomą kontrolę naszej uwagi dotyczącej tego, co pozwalamy przyjmować naszemu umysłowi możemy chodzić i rozmawiać z Bogiem Twarzą w Twarz lub odwrócić się od Niego i stać się czymś niższym niż zwierzęta, obniżając swoją ludzką świadomość do stanu niepamięci. W ostatnim przypadku Boski Płomień Wewnątrz nas wycofuje się wtedy z naszego ludzkiego domostwa. Po eonach czasu próbuje on na nowo ludzkiej podróży w świecie fizycznych spraw tak długo, aż osiągnięte zostanie zwycięstwo, świadomie i z własnej Wolnej Woli".

Opowiedziałem im o nieskończonych możliwościach pokazanych mi przez Saint Germaina, które będą dla ludzkości na wyciągnięcie ręki, gdy tylko będzie ona gotowa do zaakceptowania „Wielkiej Boskiej Obecności" znajdującej się wewnątrz każdej jednostki jako moc kierująca i tworząca. Kupiec kopalni spytał mnie, dlaczego używam tak często słowa „*akceptacja*", a ja odwołałem się do słów, jakich użył Saint Germain przy tłumaczeniu tego mnie:

„Nawet w zewnętrznej działalności twojego Życia, gdy kupisz jakąś rzecz, lub zaoferuje ci się coś wspaniałego i doskonałego i jeżeli tego nie zaakceptujesz, to będzie niemożliwym dla ciebie, aby tego używać lub mieć z tego korzyść. Tak samo jest z »Wielką Boską Obecnością« wewnątrz nas. Jeżeli nie zaakceptujemy faktu, że nasze Życie jest Boskim Życiem – i że wszelka moc i energia, jaką mamy do jakiegokolwiek użytku jest Boską Mocą i Boską Energią – to jak możemy uzyskać Cechy i umiejętności BOGA w naszym świecie?

Jako Synowie Boga mamy nakaz wyboru komu będziemy służyć: Olbrzymiej »Obecności« Boga Wewnątrz nas lub naszemu zewnętrznemu ludzkiemu ja. Zadawalanie zewnętrznych ludzkich apetytów i pragnień naszych zmysłów ma jeden i tylko jeden skutek: nieszczęścia i zniszczenie.

Każde Konstruktywne Pragnienie to tak naprawdę Boskie Wewnętrzne Ja forsujące Doskonałość do użytku i dla przyjemności zewnętrznego ja. Wielka Energia Życia płynie przez nas nieustannie. Jeżeli poślemy Ją w kierunku konstruktywnych dokonań, przyniesie Ona radość i szczęście. Jeżeli pokierowana zostanie dla zaspokojenia zmysłów, to rezultatem nie będzie nic innego, jak nieszczęście, ponieważ wszystko to jest działalnością Prawa – Nieosobowej Życiowej Energii.

Stale przypominaj sobie w zewnętrznej działalności swego umysłu, że jesteś Życiem – *Bogiem w Działaniu*, w tobie i w twoim świecie. Osobowe ja nieustannie przypisuje sobie rzeczy i moc, podczas gdy nawet Energia, przy pomocy której ono istnieje wypożyczona jest od Boskiego Ja. Zewnętrzna, osobowa, ludzka działalność nie posiada nawet własnej skóry. Nawet atomy jej ciała wypożyczone zostały jej przez »Nadrzędną Boską Obecność« i pochodzą one z Wielkiego Oceanu Uniwersalnej Substancji.

Naucz siebie zwracać wszelką moc i władzę Wielkiemu Wspaniałemu Boskiemu Płomieniowi, który jest twoim Rzeczywistym Ja i Źródłem, z którego zawsze otrzymywałeś każdą dobrą rzecz". Rozmawialiśmy do godziny drugiej nad ranem, po czym zmuszony byłem zasugerować, abyśmy udali się na spoczynek. Nikomu nie chciało się spać, lecz powiedziałem im: „Będziecie spali w objęciach Boga", a następnego ranka byli zaskoczeni, jak szybko pogrążyli się we śnie.

Wstaliśmy o siódmej i udaliśmy się do Phoenix. Sprawy oficjalne zostały zakończone i wyjaśniłem, że muszę ich opuścić, gdyż praca z nimi została zakończona na ten czas. Wszyscy byli głęboko wdzięczni i pragnęli dowiedzieć się czegoś więcej. Obiecałem, że pozostanę z nimi w kontakcie i przekażę kolejną pomoc, jeżeli otrzymam takie polecenie od Mistrza Saint Germaina. Gdy wychodziłem, kupiec kopalni zwrócił się do mnie takimi słowy:

„Nie dbam o to, co wszyscy o mnie myślą, pragnę cię objąć i podziękować z głębi serca za uratowanie mnie od upadku mojego zewnętrznego ja i wyjawienie mi Wielkiego Światła". W głębokiej pokorze pochyliłem głowę i odpowiedziałem:

„Podziękuj Bogu. Ja jestem jedynie kanałem. Sam Bóg jest Wielką »Obecnością« i Mocą, która wykonuje wszystkie rzeczy dobrze". Pani Atherton zwróciła się do mnie i wyraziła swoje uczucia:

„Chwalę Boga i dziękuję Bogu w tobie za Olbrzymią Ochraniającą »Obecność«, i nigdy w Życiu nie przestanę dziękować Jemu i tobie za Światło, jakie to doświadczenie przyniosło nam wszystkim".

„Czuję pewność, że wszyscy się jeszcze spotkamy" – odpowiedziałem i żegnając się z wszystkimi, skierowałem moją twarz raz jeszcze w kierunku Góry Shasta. Do domu dotarłem następnego dnia wieczorem.

Po dwóch tygodniach poczułem silny impuls wykonania jeszcze jednego wyjazdu do miejsca spotkań z Mistrzem Saint Germainem. Wyruszyłem o czwartej nad ranem i dotarłem do brzegu gęstego lasu około dziewiątej.

Nie uszedłem nawet dwudziestu kroków w głąb lasu, gdy doszło mnie tęskne wycie mojej przyjaciółki pantery. Szybko odpowiedziałem. Po chwili znalazła się przy mnie, skacząc i witając mnie jak starego przyjaciela, po czym ruszyliśmy dalej do miejsca naszego spotkania.

Zauważyłem, że pantera była bardzo niespokojna i zachowywała się, jakby znajdowała się pod wpływem jakiejś wewnętrznej presji. Było to bardzo dziwne, gdyż zawsze była ona bardzo spokojna w mojej obecności. Głaskałem i klepałem ją po jej pięknej głowie, lecz nic to nie pomagało. Usiadłem i jedliśmy lunch.

„Chodź stara przyjaciółko" – powiedziałem, gdy skończyliśmy – „przejdźmy się na spacer". Przez długi czas patrzyła się na mnie, najbardziej żałosnym spojrzeniem, jakie kiedykolwiek widziałem. Nie rozumiałem tego.

Przeszliśmy kawałek dalej i natknęliśmy się na pionową ścianę wysokości około pięciu metrów z wystającą z góry skalistą płytą. Coś spowodowało, że spojrzałem na panterę. Wyraz jej oczu był dziki i zaciekły. Wyczułem w powietrzu napięcie, nie wiedziałem jednak, o co chodzi. Przeszedłem kilka kroków dalej i poczułem, jak przeszedł przeze mnie dreszcz. Nagle spojrzałem w górę i zobaczyłem górskiego lwa gotowego do skoku. W następnej chwili rzucił się na mnie. Odskoczyłem w kierunku skały, a lew upadł obok miejsca, w którym stałem. Pantera skoczyła na niego jak błyskawica i rozpoczęła się walka na śmierć i życie.

Słowa nie są w stanie wyrazić grozy tej walki. Obydwa zwierzęta wrzeszczały, skręcały się, rozszarpywały i drapały. Lew był wyraźnie cięższy i przez pewien czas wydawało się, że przejął prowadzenie. Jednakże pantera prędzej się poruszała i w końcu obydwoje się rozdzielili. Nastąpiła chwila przerwy, pantera dostrzegła szansę i jednym skokiem wylądowała na plecach lwa i zatopiła kły za jego uszami.

Uchwyt pantery był jak z żelaza i po kilku sekundach skręcania się i obracania zmagania lwa stały się coraz słabsze. W końcu obydwoje ustali. Pantera zataczając się podeszła do mnie z okropnie rozdartym bokiem. Spojrzała na mnie, z oczu zniknęła jej cała dzikość, szybko opuszczały ją siły. Przez twarz przeszedł jej wyraz zadowolenia, gdy nagle zawyła żałośnie i padła trupem na moje stopy.

Stałem bez ruchu i w ciszy załkałem nad utratą przyjaciółki, albowiem przywiązałem się do niej prawie tak, jak do ludzkiego towarzysza. W następnej chwili spojrzałem w górę, a obok mnie stał Saint Germain.

„Mój Ukochany Bracie, nie bądź smutny, ani bolejący" – powiedział. – „Twój kontakt z panterą tak pobudził jej świadomość, że nie mogła pozostać w swym obecnym ciele, a Wielkie Kosmiczne Prawo wymagało od niej jakiegoś rodzaju służby dla ciebie. Wypełniła ją w miłości, ratując twoje życie. Wszystko zaprawdę jest dobrze". Kciukiem prawej ręki dotknął mojego czoła.

„Bądź w pokoju" – kontynuował, gdy opuściło mnie uczucie żalu i całkowicie mi ulżyło. – „Wielkie Kosmiczne Prawo jest nieomylne. Nie możemy otrzymać niczego bez dawania, i nie możemy dać bez brania. W taki sposób Wielka Równowaga Życia zostaje zachowana.

Szczerze gratuluję ci w związku z pomocą, jakiej udzieliłeś w kopalni oraz spokojem, jaki zachowałeś podczas tego wydarzenia. Wszystko, co wiąże się z tą transakcją stanie się wielką pomocą dla ludzkości.

Wkrótce zostaniesz wezwany do spełnienia dużo większej służby niż ta, jaką kiedykolwiek dotychczas oddałeś. Podczas jej wykonywania zawsze pamiętaj, że działa przez ciebie Boska Moc i Inteligencja, a twój umysł i ciało są jedynie kanałem. Do czasu, gdy spotkasz się z tym doświadczeniem nieustannie medytuj nad Nieograniczoną Mocą Boga, która może się przez ciebie przejawić w każdej chwili".

Zapytałem go, jaki jest pogląd Wzniesionego Mistrza co do wielu kanałów, przez które przesyłana jest częściowa Prawda, a on odpowiedział:

„Istnieje wiele szczerych kanałów. Niektórzy mają więcej zrozumienia niż inni. Wszyscy są dziećmi Boga służącymi w najlepszy sposób, w jaki potrafią, używając zrozumienia, jakie chwilowo posiadają. Nie wolno nam nikogo osądzać, lecz musimy poznać i widzieć wyłącznie Boga przejawiającego się przez wszystkich. Nasze dążenia polegają na błogosławieniu wszelkich działań, gdziekolwiek by one nie miały miejsca. Widzimy Wewnętrzne Światło promieniujące z takich działań, a to sprawia, że niemożliwym jest, abyśmy pomylili się co do tego, czy chodzi tu o rozprzestrzenianie prawdy.

Tak samo jest z ludźmi. Ci którzy oferują swoją służbę w Imieniu Wniebowstąpionego Jezusa Chrystusa zawsze będą otrzymywali moc większą niż ta zwykła pokrzepiająca". Przeszliśmy pewną odległość, gdy powiedział:

„Chodź, będę ci towarzyszył w drodze do domu. Połóż rękę na moim ramieniu". Tak uczyniłem i poczułem, jak moje ciało uniosło się z ziemi. Po kilku chwilach znalazłem się w pokoju mojej kwatery wraz z Saint Germainem stojącym u mojego boku, i uśmiechającym się na widok mojego zaskoczenia.

„Spotkajmy się za siedem dni" – powiedział – „w naszym stałym miejscu, albowiem zakończymy wtedy nasze zadanie w tej części kraju". Uśmiechnął się, ukłonił wytwornie i powoli zniknął mi z oczu. Ostatnią rzeczą, która pozostała widoczna, podczas gdy stopniowo znikał, były jego zachwycające, piękne, uśmiechające się do mnie oczy.

Podczas moich przygotowań do służby i codziennej medytacji nad „Wielką Boską Obecnością Wewnątrz" mnie coraz bardziej uświadamiałem sobie, jak ważne jest, aby utrzymywać Uwagę skupioną na „Wyłącznie Tej Obecności" – bez znaczenia, jakie pojawiałyby się pozory – i aby powstrzymać moje zewnętrzne uwarunkowania od wpływania na mnie. W jednej z konwersacji z Saint Germainem położył on szczególny nacisk na wybitne znaczenie utrzymywania w harmonii swego zewnętrznego ja i powiedział w związku z tym:

„Mój Synu, nie zdajesz sobie sprawy z tego, jak wielka jest konieczność istnienia harmonii w twym zewnętrznym ja, o ile *pełnia* Wewnętrznej Doskonałości i Mocy ma przejawić się w twoim zewnętrznym życiu. Nie da się podkreślać zbyt intensywnie wagi utrzymywania *uczucia* pokoju, Miłości i spokoju w osobowym ja; albowiem gdy to się dopełni, to »Potężna Boska Obecność Wewnątrz« ciebie będzie w stanie działać bez ograniczeń i natychmiastowo".

Nieustanne wylewanie *uczucia* Pokoju i Boskiej Miłości na każdą osobę i każdą rzecz bezwarunkowo – bez znaczenia czy sądzisz, że ta osoba, czy rzecz na to zasługuje, czy nie – jest Magicznym Kluczem, który otwiera drzwi i natychmiast uwalnia tę ogromną Wewnętrzną Boską Moc. W rzeczy samej wielkie szczęście ma ten, który nauczył się tego Prawa, albowiem stara się on wtedy BYĆ *wszelkim* Pokojem i Miłością. Bez Tego ludzkość nie ma nic dobrego, a z Tym ma Doskonałość wszelkich rzeczy. Harmonia jest myślą przewodnią, Wielkim Prawem Życia, które jest w Jedności. Na Nim spoczywa wszelka Doskonała Manifestacja, a bez Niego wszelka forma rozpada się i powraca do Wielkiego Oceanu Uniwersalnego Światła".

W następnych siedmiu dniach spędziłem wiele czasu na medytacji. Czułem coraz większy i większy spokój narastający we mnie, aż szóstego dnia odniosłem wrażenie, że cała moja świadomość przypomina wielki spokojny ocean.

Rankiem siódmego dnia opuściłem moją kwaterę o godzinie czwartej i dotarłem do miejsca spotkań o dziesiątej trzydzieści. Czekając usiadłem na kłodzie z uczuciem wspaniałego rozradowania, o którym wiedziałem, że było wynikiem medytacji. Byłem tak zagłębiony w kontemplacji nad swoim Boskim Ja, że nie słyszałem, aby się ktoś zbliżał, aż usłyszałem głos.

Podniosłem głowę i zobaczyłem starego mężczyznę z siwymi włosami i brodą, który na pierwszy rzut oka wyglądał na starego poszukiwacza złota, jednakże jego ubranie było jak na tę profesję zbyt czyste. Gdy do mnie podszedł i wyciągnął rękę, to również i to potwierdziło moje przeczucie – nie trudził się ciężką pracą. Wymieniliśmy pozdrowienia i rozmawialiśmy przez chwilę o rzeczach ogólnych. Wtedy zwrócił się do mnie i powiedział:

„Mój Przyjacielu, chciałbym ci opowiedzieć pewną historię. Nie zajmie to wiele czasu. Nie opowiadałem jej nikomu od długiego czasu. Chciałbym spróbować raz jeszcze".

Poczułem wtedy uczucie intensywnego zainteresowania. Przyszło mi na myśl, że może być spragniony, a gdy wyciągnąłem rękę z kubkiem i chciałem go napełnić wodą ze strumienia, przy którym staliśmy, w mojej dłoni utworzył się Kryształowy Puchar, taki sam, jaki wiele razy podawał mi Saint Germain. Stary mężczyzna podniósł wzrok i z oczyma błyszczącymi i podekscytowanymi prawie wykrzyknął:

„To on! To on!".

Nie wiedziałem co zrobić, nalegałem zatem, aby się napił. Gdy spojrzałem do środka pucharu, zobaczyłem, że jest on wypełniony tym samym krystalicznym, błyszczącym płynem, jaki Mistrz dawał mnie. Mężczyzna chwycił go z zapałem i z intensywnym wyrazem najgłębszej wdzięczności, jaki kiedykolwiek widziałem, wypił jego zawartość. Natychmiast stał się bardzo wyciszony i spokojny, a jednocześnie głęboko szczery. Ponownie poprosiłem go, aby mi opowiedział historię, a on zaczął mówiąc:

„Mój ojciec był brytyjskim oficerem stacjonującym w Punjabie w Indiach, gdzie zamieszkaliśmy. Gdy miałem szesnaście lat, sfinansował on wyprawę swego przyjaciela, który udał się do Południowej Afryki, aby spróbować szczęścia w kopalniach diamentów; jednakże ojciec nic o nim potem już nie usłyszał".

Gdy miałem dwadzieścia lat, wysoki, przystojny, obcy mężczyzna o wielkiej mądrości odwiedził ojca w naszym domu. Przybył, aby przekazać wiadomość od jego przyjaciela.

»Przynoszę wiadomości« – wyjaśnił – »od przyjaciela, którego wyjazd sfinansowałeś cztery lata temu. Odniósł w tym przedsięwzięciu wielki sukces i w rzeczy samej stał się bardzo bogaty. Niedawno zginął w kopalni i nie pozostawił żadnych krewnych. Cała jego fortuna przeszła na ciebie, a w wypadku twojej śmierci na twojego syna«.

»Nie mogę w tej chwili opuścić Indii« – odpowiedział mój ojciec – »gdyż mam tutaj rządowe obowiązki. Wielce doceniam twoje zaangażowanie się w tę sprawę«. Stałem obok w trakcie ich rozmowy, a gdy skończyli załatwianie spraw, mężczyzna zwrócił się do mnie.

»Mój Synu« – powiedział – »gdy spotkasz człowieka, który zaoferuje ci Kryształowy Puchar wypełniony błyszczącym płynem, spotkasz tego, który będzie mógł ci pomóc we wzniesieniu własnego ciała. Nie mogę powiedzieć ci więcej ponad to, że znajdziesz go na wielkiej górze w Ameryce Północnej. Może ci się to w tej chwili wydawać mało konkretne, ale to wszystko co mogę powiedzieć«.

Obcy mężczyzna wyszedł, a miesiąc później mój ojciec, który wyruszył konno, aby uregulować pewne rządowe sprawy z tubylcami, został postrzelony i zmarł, zanim dotransportowano go do domu. Byłem jego jedynym synem i po upływie kolejnego miesiąca Matka i ja przygotowywaliśmy się do powrotu do Anglii. Krótko przed naszym wyjazdem ten sam obcy mężczyzna pojawił się ponownie i powiedział, że jest gotowy, aby przekazać mi fortunę mego Ojca. Wyjaśniłem mu, że Ojciec został zastrzelony.

»Tak« – odpowiedział mężczyzna – »gdy was opuszczałem dwa miesiące temu, wiedziałem, że twój ojciec odejdzie przed moim powrotem. Zaaranżowałem wszystko tak, aby fortuna została przeniesiona na ciebie iprzelana do Bank of England. Tutaj są pieniądze, których możesz chcieć użyć podczas swej podróży do domu, jak również papiery zaświadczające o dokonanym transferze oraz referencje, jakie będą ci potrzebne w banku. Okaż je, a otrzymasz dostęp do swojego bogactwa. Dużą jego część stanowią diamenty pierwszej jakości«. Podziękowałem mu i zaoferowałem zapłatę za jego usługi, jednakże odpowiedział:

»Bardzo doceniam twoją życzliwą propozycję, lecz to zostało już uregulowane. Będę bardzo szczęśliwy, jeżeli będę mógł ci towarzyszyć do parowca w Bombaju«.

Wspólna podróż wyjawiła mi jego wielką mądrość i czułem się przy nim jak dziecko. Teraz wiem, że otoczył mnie swoim Promieniowaniem, które pozostało przy mnie przez wszystkie lata. Załatwił dla nas transport, towarzyszył do statku, a jego ostatnie słowa brzmiały:

»Pamiętaj o Kryształowym Pucharze. Szukajcie, a znajdziecie«.

Po wspaniałej podróży dotarliśmy do Southampton, a następnie do Londynu. W Bank of England przedstawiliśmy nasze dokumenty. Urzędnik, któremu je pokazałem powiedział:

»Tak. Oczekiwaliśmy pana dzisiaj. Tutaj są książeczki bankowe i czekowe«. Spojrzałem na nie, aby zobaczyć jaka jest wielkość mojej fortuny i zdumiałem się, gdy okazało się, że zaksięgowano mi na koncie sto tysięcy funtów".

Po pięciu latach zmarła moja matka. Przelałem połowę mojego bogactwa do banku w Nowym Jorku i rozpocząłem poszukiwania mężczyzny z Kryształowym Pucharem. Nie jestem w stanie powtórzyć tutaj rozczarowań, przykrych przejść i zmartwień, przez które przeszedłem. Pomimo tego wszystkiego w jakiś sposób nie mogłem zrezygnować z poszukiwań. Jest taka sprawa – dla mnie bardzo dziwna – że pomimo, iż postarzałem się w swym zewnętrznym wyglądzie, to moja energia i siła są tak wielkie, jak dawniej, i czasami myślę nawet, że większe niż w kwiecie mojej młodości.

Licząc lata, to mam ich siedemdziesiąt. Dzisiaj chciałem podążać tym szlakiem i chwalić Boga, a tu natknąłem się na ciebie. Moje pragnienie tego było takie wielkie, prawie nieodparte".

„Ależ mój drogi" –zapytałem – „cóż mogę dla ciebie zrobić?".

„Ty będziesz wiedział" – odpowiedział – „albowiem ja wiem, że nie popełniłem pomyłki. W sercu tej majestatycznej góry spoczywa Ogromna Moc. Czuję ją. Poproś Boga, aby pokazał ci, co trzeba robić".

Nagle poczułem Olbrzymią Boską Moc wzbierającą we mnie, tak silnie, że prawie podniosła mnie ona z ziemi. Czyniąc znak w sposób, w jaki uczył mnie Saint Germain, zawołałem do Boga o Światło i podnosząc rękę oraz oddając Mu honor powiedziałem:

„Wielki Boże w człowieku i we Wszechświecie! Prosimy o Twoje Światło! Prosimy o Twoją Mądrość! Prosimy o Twoją Moc! Niechaj dzieje się Twoja Wola w Moim Bracie i dla niego, który mnie szukał i znalazł, abym wykonał dla niego to, co jest mi niewiadome. Ty wiedziałeś! Przejaw Twoją Wolę poprzez mój umysł i ciało i niechaj nastąpi to, co ma być dokonane dla tego Brata – Twego Syna".

Gdy moja dłoń opadła w dół, znalazł się w niej

Kryształowy Puchar wypełniony Żywym Płynnym Światłem. Podałem mu go, a moje Potężne Boskie Ja przemówiło:

„Pij bez lęku. Twe poszukiwania zakończone".

Wypił zawartość bez chwili wahania. Szybko podszedłem do niego i uchwyciłem obie jego ręce we własne. Powoli i równomiernie każdy ślad wieku zniknął z niego, a Bóg we mnie kontynuował:

„Oto na zawsze już jesteś *wolny* od wszelkich ziemskich ograniczeń. Wznieś się teraz do Wielkich Zastępów Światła, które Cię oczekują".

Bardzo powoli zaczął unosić się z ziemi, a gdy to się działo, jego ludzkie ubranie zniknęło, a na jego miejscu pojawiła się błyszcząca biała szata. Puściłem jego ręce. Następnie głosem najgłębszej Miłości powiedział:

„Powrócę do ciebie, Ukochany Bracie. Zostaniesz dobrze wynagrodzony za tę Transcendentalną Posługę. Tyś był jedynym, przez którego to mogło zostać dla mnie dokonane. Pewnego dnia będzie ci dane zobaczyć dlaczego". I ze szczęśliwym uśmiechem zniknął na Promiennej Ścieżce Światła.

Gdy Potężna Boska Moc Wewnątrz mnie oddaliła się, byłem tak zdumiony, że upadłem na kolana i wykonałem najgłębszą modlitwę mojego Życia we wdzięczności, pokorze i chwale, za przywilej oddania takiej służby. Wstałem, a Mistrz Saint Germain wziął mnie w swoje cudowne objęcia.

„Mój Ukochany Bracie!" – powiedział – „jestem wielce rad. Szlachetna i pełna wiary była twoja posługa oddana Wielkiemu Bogu Wewnątrz ciebie. Pięknie przyjąłeś twojego Potężnego Boga w Działaniu. W rzeczy samej gratuluję. Na zawsze będziesz w Naszych Objęciach, pomimo że zewnętrznie możesz nie zawsze być tego świadom.

Stałeś się czcigodnym Posłańcem Wielkiego Białego Braterstwa i Wzniesionych Zastępów. Trzymaj się blisko twojego Potężnego Boskiego Ja. W ten sposób zawsze będziesz gotowy do służby, cokolwiek i gdziekolwiek byłoby od ciebie wymagane. Moja Miłość będzie otaczać cię do chwili naszego następnego spotkania. Będę cię informował".

Powoli udałem się w drogę powrotną do mojej kwatery, z każdym krokiem chwaląc i wyrażając wdzięczność dla Potężnego Boga, który jest Jednym, formującego nas wszystkich na kształt Wiecznej Doskonałości.

10. *Wenus odwiedza Royal Teton*

Minęło wiele tygodni, aż nadszedł poranek 31 grudnia 1930 roku, a wraz z nim Mistrz Saint Germain.

„Bądź gotów o godzinie siódmej dziś wieczór" – poinstruował – „a ja cię przywołam. Skup swoją uwagę tak bardzo, jak to tylko możliwe na Wspaniałości Boga Wewnątrz ciebie, abyś odniósł pełną korzyść z tego Boskiego Wydarzenia. Wspomnij swój Bliźniaczy Płomień i syna, albowiem wasza trójka będzie honorowymi gośćmi Braterstwa Royal Teton podczas Noworocznego Zgromadzenia dziś wieczorem".

Resztę dnia spędziłem na głębokiej medytacji. Saint Germain przybył o godzinie siódmej. Położyłem moje fizyczne ciało do łóżka i przeniosłem się do ciała, które on dla mnie przygotował.

„Dziś wieczorem" – kontynuował – „spróbujemy pewnego eksperymentu, którego nie udało się przeprowadzić od ponad siedemdziesięciu tysięcy lat. Czujemy doskonałą pewność sukcesu co do tej sprawy, ponieważ wszyscy są już dobrze przygotowani. Chodźmy".

Musieliśmy przemieścić się z wielką prędkością, pomimo że sobie tego nie uświadamiałem, i wkrótce stanęliśmy na szczycie Royal Teton, gdzie ciężka pokrywa śniegu sprawiała, że błyszczał on w świetle księżyca jak miliony diamentów. Gdy zbliżyliśmy się do wejścia do tuby, zauważyłem, że zostało ono oczyszczone w promieniu co najmniej trzydziestu metrów. Po wejściu do środka powietrze było ciepłe i przyjemne. Przeszliśmy przez wejście, które zostało otwarte dla uczestników obchodów Noworocznych.

Saint Germain i ja weszliśmy do wielkiej sali przyjęć, gdzie spotkaliśmy Lotus i naszego syna, którzy już tam dotarli w towarzystwie Amena Beya. Nasza radość z tej okazji była bardzo wielka, ponieważ nie byliśmy razem na planie fizycznym od około dwóch lat, a w tym czasie podczas swych działań poza ciałem każdy z nas zajęty był swoimi indywidualnymi sprawami, które wymagały przebywania w różnych kanałach Wewnętrznych poziomów.

Wielka komnata była znakomicie rozświetlona, a wspaniały zapach róż i kwiatów lotosu wypełniał powietrze. Najsłodsza, najbardziej zachwycająca muzyka napływała z zewsząd do środka. Wielu już przybyło, a inni przybywali co chwilę.

Zauważyliśmy ustawiony na środku sali duży przedmiot, przykryty złotą tkaniną, ale ponieważ nikt nie udzielał na jego temat wyjaśnień, zachowaliśmy milczenie. Saint Germain przedstawił nas gościom, a następnie poprowadził do komnaty wypełnionej rzadkimi instrumentami muzycznymi. Zobaczyliśmy wspaniałe organy piszczałkowe oraz cztery harfy wykonane z substancji przypominającej masę perłową, ze wstawkami ze złota oraz pudłami rezonansowymi i górnymi elementami wykonanymi z białego metalu. Struny wysokich tonów harf owinięte były materiałem koloru srebrnego, a basów złotego; materiał z którego zostały wykonane wydawał tony będące kombinacją dźwięku metalu, drzewa i ludzkiego głosu. Dźwięk tych instrumentów można było poznać jedynie poprzez usłyszenie go; albowiem były one całkowicie różne od tego, co kiedykolwiek było używane w zewnętrznym świecie muzyki Zachodu. Dźwięk wydawany przez ten niezwykły materiał przypomina niektóre ze wspaniałych tonów instrumentu zwanego esraj i używanego w Indiach.

Widzieliśmy też cztery pary skrzypiec, również wykonane z substancji przypominającej masę perłową, jednakże ich rezonans przekraczał dalece to, co znane jest z instrumentów wykonanych z jakiegokolwiek znanego drewna. Struny owinięte były zarówno materiałem złotym, jak i srebrnym i wydawały tak piękne dźwięki, że prawie wykraczające poza możliwość opisu. Usłyszeliśmy grę wszystkich tych instrumentów w późniejszej części wieczoru.

Po powrocie do Wielkiej Sali Przyjęć, Saint Germain pokazał Lotus i naszemu synowi piękne portrety, które niedawno zostały przeniesione ze świątyni w Mitla w Oaxaca w Meksyku. Przeprowadził ich przez komnatę zapisów, gdzie zobaczyli przebieg moich wcześniejszych spostrzeżeń poczynionych z Saint Germainem.

Do prac wykonywanych podczas obchodów Noworocznych wszyscy członkowie Royal Teton ubrani byli w proste złote szaty wykonane ze wspaniałego materiału z emblematem Braterstwa wyszytym na lewej piersi, który wyglądał jak ciemnoniebieski aksamit i miał ten sam odcień, co płyta tworząca Kosmiczne Lustro.

Zebranych było tam siedemdziesiąt mężczyzn, trzydzieści pięć kobiet i Przewodniczący Mistrz, Lanto, który jest Błogosławionym Bratem odpowiedzialnym za to Ustronie. Gdy przybyli wszyscy należący do tego Ustronia, wystąpił on naprzód i zwracając się do wszystkich, powiedział:

„Obecnie mamy godzinę jedenastą i nadszedł czas na naszą medytację. Wyraźmy dzisiaj nasze uwielbienie dla Wielkiego Światła. Przez trzydzieści minut poczujmy Jedność z naszą własną Boskością, a przez następne trzydzieści wczujmy się w Jedność Wenus z naszą ziemią. Proszę o zajęcie przez wszystkich ich stałych miejsc i uformowanie elipsy w centrum sali”.

Przez godzinę wydawało się, jak gdyby sto sześć złotych postaci zjednoczonych było w jednym oddechu, tak całkowite było ich połączenie. Na koniec medytacji radosny wybuch muzyki wypełnił ogromną salę, a Lanto podszedł do Wielkiego Lustra.

Wyciągnął ręce, z których wystrzelił w jego kierunku *olbrzymi blask* Światła, ukazując mocno oddaloną grupę ludzi otoczoną złotym, różowym i fioletowym Światłem, *olśniewającym* w swoim pięknie i promieniowaniu. Gdy zbliżyli się oni, te same cudowne kolory wypełniły wielką salę przyjęć napełniając wszystkich cudownym uczuciem podniesienia i mocy.

Wkrótce dwunastu Gości z Wenus stanęło pośród nas, ubranych w *białe, połyskujące szaty* przekraczające wszelką możliwość opisu. Było to siedmiu mężczyzn i pięć kobiet, wszyscy nadzwyczajnie piękni.

Sześciu mężczyzn miało co najmniej sto dziewięćdziesiąt trzy centymetry wzrostu, a siódmy był pięć centymetrów wyższy niż pozostali. Kobiety miały około sto siedemdziesiąt osiem centymetrów wzrostu. Wszyscy mieli jasnobrązowe włosy, z wyjątkiem Wysokiego Mistrza, którego włosy miały wspaniały odcień czystego złota. Ich promienne, przeszywające, fioletowo-niebieskie oczy były piękne i fascynujące.

Wysoki Mistrz wykonał pozdrowienie Wschodu, dotykając swego serca i czoła końcówkami palców prawej ręki i głęboko ukłonił się przed Lanto. Podeszli również pozostali, pozdrowili go i zostali przedstawieni zebranym.

Lanto wypowiedział krótkie słowa powitania, z których jedynie ta część może zostać spisana:

„W »Obecności« Najwyższego Boga, który jest Jednością oraz zebranych tutaj Członków Wielkiego Białego Braterstwa, czynię dwunastu Gości z Wenus Członkami Braterstwa Royal Teton".

Wysoki Mistrz został uczyniony Mistrzem Prowadzącym wieczoru. Przyjął on powitanie, przeszedł na środek sali i sprawił, że złote nakrycie zniknęło z przedmiotów, które zakrywało.

Przed nami stały trzy kryształowe szkatuły nadal zawierające ciała Lotus, naszego syna i moje. Wyglądały one, jak gdyby te postaci dopiero co ułożyły się do snu i tryskały doskonałym zdrowiem. Mistrz Prowadzący zwrócił się do nas i powiedział:

„Jesteście gotowi?", a cała nasza trójka odpowiedziała twierdząco.

„A zatem zajmijcie wasze miejsca przy pojemnikach" – polecił.

Usłuchaliśmy i natychmiast pojawiło się Zachwycające Promieniowanie i umiejscowiło się blisko wokół naszych ciał i nas samych, a następnie intensywność jego gwałtownie zwiększyła się, po czym musieliśmy stać się niewidzialni dla zewnętrznego wzroku. Po kilku chwilach Promieniowanie zmniejszyło się i ku naszemu zdumieniu zobaczyliśmy, że pojemniki są puste. Staliśmy tam w tych ciałach, które odłożyliśmy tak dawno temu, a które zostały zachowane i oczyszczone przez Płomień Życia w ciągu tych wielu wieków.

Transformacja była fantastyczna, a uczucie nie do opisania; albowiem byliśmy tak bardzo zdumieni jak obecnie czytelnik. Jednakże ludzka strona każdego człowieka, nawet ta znajdująca się u swojego szczytu, tak niewiele wie o potężnych Cudach istniejących wszędzie wokół nas oraz o Nieskończonych Możliwościach znajdujących się na każdej płaszczyźnie Życia – o tym, że wszelkie rzeczy są możliwe. Im bardziej żyjemy w Miłości i uznaniu naszej Boskości, tym więcej tych Cudów dokonujących się w Stworzeniu przejawia się w naszych indywidualnych życiach.

Eksperyment okazał się sukcesem i gdy przechodziliśmy wśród Braci i Sióstr, wszyscy gratulowali Mistrzowi i nam tego osiągnięcia. Wielce radowali się, że taki osobliwy eksperyment stał się potężną Prawdą. Wielu zauważało, jak bardzo ciała te przypominały ciała Gości z Wenus.

Kryształowe szkatuły zostały usunięte z komnaty i do sali przyjęć przyniesiono cudowne instrumenty muzyczne. Saint Germain zagrał na wielkich organach pierwszy utwór, kompozycję, którą nazwał „Serca Przyszłości". Odebrałem ją jako najbardziej delikatną, pełną kolorów i zarazem mocy muzykę, jaka kiedykolwiek została zagrana na organach na Ziemi. Podczas jego gry najpiękniejsze barwy, wspaniałości których nie da się opisać, przelewały się przez przestrzeń olbrzymiej sali.

Następny utwór odgrywany był grupowo. Mistrz Saint Germain grał na organach, trzy Mistrzynie z Wenus i Lotus na harfach, zaś dwóch Braci z Wenus, nasz syn i ja na skrzypcach. Gdy wszyscy byli gotowi słowa „Dusze w Ekstazie" błysnęły ponad organami, gdy Saint Germain zagrał preludium. Wszyscy wstąpili głęboko w pełnię i radość tej cudownej muzyki. Jej głośność i moc natężyła się do takiego stopnia, iż wydawało się jakby piękno i chwała tej radości musiały posłać wystarczająco Boskiej Świadomości, aby unieść całą ludzkość, a nawet samą Ziemię do Wiecznej Doskonałości.

Zagrano jeszcze cztery następne utwory z taką samą olbrzymią mocą podnoszenia i harmonizowania każdego zakątka, aż poczuliśmy, jak gdyby sama góra zaczynała odpływać. Po zakończeniu gry instrumenty wróciły do swego pomieszczenia, a Mistrz Prowadzący posadził wszystkich w należytym porządku przed Wielkim Lustrem. Zajął swoje miejsce w punkcie trójkąta Ziemi, po czym zaczęły pojawiać się cudowne sceny z Wenus – a on wyjaśniał każdy szczegół, który z natury sam nie objaśniał swojego znaczenia.

Obrazy wyjawiały wiele z systemu edukacji tej planety ukazując instrumenty astronomiczne, których doskonałość wprowadziłaby dzisiejszy naukowy świat w osłupienie, podziw i zdumienie. Pokazywano też wyposażenie geologiczne służące eksploracji wnętrza planet, zarówno Wenus, jak i Ziemi. Zobaczyliśmy wynalazców i kilka z ich niezwykłych odkryć wychodzących poza naszą najśmielszą wyobraźnię.

„Wiele z tych odkryć" – objaśnił Mistrz – „wejdzie do użytku na Ziemi w Złotej Kryształowej Erze, do której obecnie wkroczyliśmy".

Działanie niektórych z głównych wynalazków, które mają być wprowadzone do użytku na Ziemi zostało wyjaśnione; a gdyby ludzkość miałaby okazję je zobaczyć, to odwaga na nowo zawitałaby w jej sercu i zostałaby ona ogromnie pokrzepiona co do swej przyszłości. Być może te obrazy z Wenus zostaną opisane w osobnym opracowaniu w późniejszym czasie, pod warunkiem, że zostanie na to uzyskane pozwolenie.

Sceny z Wenus skończyły się, a pojawiły się te dotyczące Ziemi. Pokazanych było wiele zmian, jakie mają nastąpić na przestrzeni następnych siedemdziesięciu lat. Dotyczyły one Europy, Azji, Indii, Ameryki Północnej i Południowej i ujawniały nam, że pomimo oznak obecnych czasów, złowieszcze siły próbujące siać chaos i zniszczenie na całym świecie zostaną całkowicie zniszczone. Gdy cel ten zostanie osiągnięty, masy ludzkości zwrócą się do „Wielkiej Boskiej Obecności" wewnątrz każdego serca, która również zarządza całym Wszechświatem. *„Pokój będzie panował na Ziemi, a człowiek wysyłał dobrą wolę do drugiego człowieka"*. To Objawienie było zdumiewająco wielkie. Następnie pojawiły się sceny zamykające i zaczęły się głównie te dotyczące Stanów Zjednoczonych przyszłego stulecia. Wzrost i postęp, jakie tam się wydarzą są prawie niewiarygodne.

Rzeczy te są prawdziwe, albowiem Wielkie Boskie Prawo nie popełnia błędów, a Objawienia tej Noworocznej nocy są Wiecznie Prawdziwymi Zapisami Boga.

Zostały ukazane pewne wielkie dusze, które zostaną przebudzone, wzniesione i przyłączone do Wniebowstąpionych Zastępów, aby wspomóc ten wielki wzrost. Mistrz Prowadzący przypomniał wtedy obecnym o Błogosławionych Kumarach i głosem przepełnionym Miłością i Uwielbieniem przekazał na ich cześć następujące wyjaśnienie:

„Siedmiu Kumarów, których niektórzy Wewnętrzni studenci znają jako Panów Płomienia z Wenus, było Jedynymi z całego naszego systemu planet, którzy z własnej woli i nieskończonej Miłości ofiarowali ochronę dzieciom Ziemi i pomoc w ich postępowaniu naprzód. Przybyli oni i udzielili tutaj *transcendentalnej pomocy* w najbardziej krytycznym okresie ziemskiego wzrostu. Był to czas inicjacji, który jest najbardziej niebezpieczny w Życiu planety i jej ludzkości. Jednakże dzięki ich ochronie i prowadzeniu cel został osiągnięty, a ludzkości została dana możliwość wzniesienia się na Większe Wyżyny.

Wielu z Braci rozumie, że co dwa tysiące pięćset lat Kumarowie wypuszczają silnie zwiększony potok Kosmicznej Miłości, Mądrości i Energii. To Błyszczące Światło i Transcendentalne Promieniowanie zalewające Ziemię i jej mieszkańców oraz przenikające wszystko jest *olbrzymim procesem wznoszącym* i nadaje postępowy impuls wzrostowi całej Ziemi, jak również ludzkości.

Każdy z tych Wielkich Potoków poprzedzany jest wyjątkowymi fizycznymi zaburzeniami, a wśród ludzi panuje ogólne uczucie niepokoju. Zaburzenia takie wynikają z dysonansu, który zbiera się na krótko przed takim okresem poprzedzającym. Generowanie takiego braku harmonii zawsze wynika z odejścia od fundamentalnej Zasady Życia, a zaburzenie ludzkiego zmysłu wykreowane w taki sposób zanieczyszcza zewnętrzną działalność ludzkości oraz Ziemię i atmosferę.

Działanie kataklizmów ma za zadanie oczyszczenie tego i przywrócenie ludzkości na powrót do stanu Pierwotnej Czystości Życia. Po tych okresach Kumarowie wypuszczają *potężny potok* ŚWIATŁA celem oświecenia i wzmocnienia dzieci Ziemi, ostatecznie umożliwiając im dostąpienie Najwyższego Osiągnięcia.

Zbliżamy się teraz do następnego z takich okresów, a tym razem wypuszczenie Wielkiej Kosmicznej Miłości, Mądrości i Energii – Potężnych Promieni Światła – nie tylko przyspieszy rozwój umysłów rasy, lecz również atomowej struktury Ziemi, co sprawi, że będzie ona bardziej Świetlista w naszym systemie słonecznym. Od czasu przyjścia tych Wielkich Panów Płomienia na Ziemię warunki nigdy nie pozwalały na wylanie tak Wielkiego Potoku, jakie będzie miało miejsce już wkrótce. Wielu wyglądających na zatwardziałych w trakcie swych wcześniejszych działań przebudzi się jak gdyby prawie w trakcie jednej nocy i poczuje Bliskość Wielkiej Boskiej »Obecności« wewnątrz swego serca. Wielu potulnych i pokornych, jednakże utrzymujących bliskość ze swą »Wewnętrzną Obecnością« nagle rozbłyśnie, zdumiewając siebie samych oraz innych Transcendentalnym Światłem, które przejawi. Wszystko będzie dokonywane poprzez Moc Boskiej Miłości, a ludzkość naprawdę zacznie uświadamiać sobie, że szczytem głupoty jest, gdy jedna część Boskiego Stworzenia wybiera się na wojnę przeciwko innej części.

Pragnienie błogosławienia innych zamiast siebie samego prawie mimowolnie wkroczy w serca ludzkości i wypuści Światło, które oświeci resztę Drogi do Doskonałości.

Wyłącznie egoizm utrzymuje dzieci tej sfery w niewoli i nieszczęściu, którym pozwolono przejawić się na Ziemi. Gdy jednakże Światło Chrystusa rozszerzy Miłość Serca, egoizm pierzchnie i powróci do oceanu zapomnienia.

Nastąpią wielkie naturalne fizyczne zmiany. Dwa Wielkie Centra Światła wyleją swoje błogosławieństwo na ludzkość: jedno, to Wspaniała Błyszcząca Obecność Shamballi wraz ze swoim Olśniewającym Promieniowaniem; a drugie pojawi się w Stanach Zjednoczonych, jednakże nie w miejscu, w jakim wszyscy przypuszczają, lecz w punkcie, który nie został jeszcze wskazany zewnętrznym kanałom światła.

Podczas obecnej działalności wspierania i intensywnego wylewania Światła przez Wielkie Wzniesione Zastępy pomagające dzieciom Ziemi setki ludzi odkryje, jak ich obecne fizyczne ciała ulegną przyspieszeniu poprzez gwałtownie podnoszące się tempo wibracji, a gdy to się dokona, uświadomią sobie, że ludzkie ograniczenia i dysonans odpadły jak stare znoszone ubranie; oraz że oni Dzieci Światła na zawsze stoją w *jedności* z Płomieniem Życia Wiecznego i Doskonałością Wiecznej Młodości i Piękna, która jest *widoczną, namacalną rzeczywistością*.

Ukochane Dzieci Ziemi, stoicie u Progu Wieczności. Jej drzwi są trzymane w otwarciu przez tych Wielkich w Miłości, którzy wiecznie zapraszają was do świadomego spaceru w Świetle u ich boku. Obojętnie jakie rzeczy dzieją się w waszym zewnętrznym świecie, zawsze podążajcie wraz ze Światłem i w Świetle, bez względu na to, jakie występują pozory. Wtedy to znajdziecie Mistrza Światła, który stąpał tą samą ścieżką przed wami i który wiecznie stoi na warcie u waszego boku, ukazując Prawdziwą Drogę.

Cykl zmienia się i wkraczamy w Nową Dyspensę, która przynosi bezpieczniejsze, potężniejsze, a zarazem szybkie środki, przy pomocy których wspinający się po Ścieżce do Osiągnięć otrzymuje możliwości utrzymywania *stałego kontaktu* z Wielkim Kosmicznym Światłem.

W tym Nowym Porządku zadaniem neofity będzie koncentracja i utrzymywanie swojej całkowitej uwagi na trzech najwyższych centrach ciała oraz wykonywanie całej pracy przy tych punktach. Wyłącznie centra serca, gardła i głowy otrzymają świadome uznanie i uwagę.

Cały wysiłek aspiranta polegał będzie na utrzymywaniu uwagi na nich, albowiem wyłącznie poprzez odwrócenie wzroku od niższych centrów będzie on w ogóle w stanie wznieść się ponad swe nieszczęście i ograniczenia. Centrum na szczycie głowy jest najwyższym skupieniem ludzkiego ciała, gdzie wchodzi Srebrny Sznur Płynnego Białego Światła z Wielkiego Źródła Stworzenia.

Gdy uwaga umysłu niezachwianie utrzymywana jest na nim, otwarte zostają Drzwi Duszy i Potrójna Działalność Czystego Białego Światła otacza talię odrobinę poniżej splotu słonecznego, na zawsze odcinając destrukcyjną działalność zwierzęcej natury człowieka. Pozwala to jego duszy na przeskok do jego Pełnej Boskiej Działalności, przez co ponownie łączy się z Doskonałością Swojego Źródła i na Wieczność staje się Mistrzem wszelkiej ludzkiej kreacji, czyli dysonansu ziemi. Szczerzy studenci powinni regularnie medytować nad Doskonałym Działaniem Złotego Światła wewnątrz swej głowy, albowiem Ono oświeci i nauczy zewnętrzny umysł wszelkich dobrych rzeczy. Ono jest Światłem Boga Wewnątrz człowieka. Powinno się Je *poczuć*, jak wypełnia całą świadomość, ciało i świat jednostki. Oto jest »Światłość prawdziwa, która oświeca każdego człowieka, gdy na świat przychodzi«, i nie istnieje żadna ludzka istota, która by nie miała tego Światła wewnątrz siebie.

Wielu jest na Ziemi ludzi, którzy bardzo szybko budzą się i czują Potężny Przypływ tego Wewnętrznego

Światła, wylewającego się przez nich, które w ten sposób znajduje swój większy wyraz. Jeżeli twardo będą się oni trzymali harmonii, niezachwianie utrzymywali swoją uwagę na Boskim Ja Wewnątrz siebie, przyjmowali i wizualizowali *pełną działalność* Jego Błyszczącego Promieniowania, to będą mogli otoczyć się Potrójną Działalnością Białego Światła. To odetnie od nich niezgodne kreacje zewnętrznego świata.

Ukochani Bracia i Siostry, naszą wielką radością i przywilejem będzie spotykać się z wami w styczniu i lipcu każdego roku tutaj w waszym Ustroniu, ze względu na Bliskość i Wylewanie Wszechkontrolującego Boskiego Światła, które wkrótce zaleje Amerykę od jej jednego wybrzeża do drugiego.

A teraz, w trakcie jak wnoszone są kryształowe szkatuły, oddajmy się głębokiej medytacji nad Jednością Wenus i Ziemi oraz Wszechobecnej Boskości zamieszkałej w formie.

Pozostaliśmy w głębokiej ciszy przez około dziesięć minut, po czym Mistrz Prowadzący poinstruował naszą trójkę, abyśmy zajęli miejsca przy pojemnikach. Wykonał Znak serca i głowy, skrzyżował ręce na piersiach i wezwał „Boską Obecność":

„Ty Potężny Stwórco Wszechświata i wszystkiego, co on zawiera, Ty Wszechobecny Boże, który jesteś Jednością, oczekujemy Manifestacji Twojej Wielkiej Zbawiennej Obecności".

Łagodna, różowa, *świecąca esencja* otoczyła nas i pojemniki, pozostając w bliskiej odległości od nas. Nagle Wielki Snop Błyszczącego Białego Światła wkroczył do otaczającego nas Promieniowania, pozostał tam trzy, czy cztery minuty i stopniowo zniknął.

Gdy zajrzeliśmy do pojemników, zobaczyliśmy spoczywające w nich trzy ciała. Spoglądając na siebie odkryliśmy, że na powrót znajdujemy się w ciałach, które przygotował dla nas Mistrz Saint Germain, a ze względu na które mieliśmy możliwość odwiedzić Wielkie Zgromadzenie w Royal Teton.

Mistrz Prowadzący pobłogosławił zebranych, Braterstwo Royal Teton oraz wszystkich ludzi na Ziemi, obiecując że powróci do nich w lipcu.

Dwunastu Gości z Wenus przyjęło wtedy swoje miejsca na okręgu znajdującym się na podłodze w sali przyjęć.

Cała góra drżała od Potężnej Boskiej Mocy, którą oni przyciągali, a Światło skupione w ten sposób uformowało olbrzymiego orła, którego ciało było koloru fioletowego, a głowa i nogi złotego. Całe pomieszczenie wypełniło się Błyszczącym Białym Światłem, które uformowało jedną końcówkę Wielkiej Ścieżki Świetlistej Esencji, po której Dwanaście Promiennych Istot powróciło do swojego domu na Wenus.

Niezwykły Widok, na który patrzyli zebrani przechodził wszelką możliwość ujęcia w słowa. Gdy Wielka Wibracyjna Działalność uległa zmniejszeniu, Cudowne Krystaliczne Promieniowanie oświeciło Kosmiczne Lustro, na którego powierzchni pojawiły się słowa: „Pokój i Oświecenie dla całej Ziemi i jej mieszkańców. Błogosławieństwa z Wenus".

Każdy z gości dotknął swojego serca i czoła, skrzyżował ręce na piersiach i ukłonił się, przyjmując to Wielkie Przesłanie. Wszyscy przeszli obok Lanto i otrzymali indywidualne instrukcje dotyczące prac w roku 1931, a następnie usiedli w głębokiej ciszy i umiłowaniu Wielkiego Światła. Na koniec medytacji cudowny wybuch muzyki wypełnił wielką salę i pochyliły się głowy, aby otrzymać Jego Błogosławieństwo. Jego głos – czysty, piękny i rezonujący – dźwięczał:

„Nie ma nic bardziej Zwierzchniego niż Bóg. Nic nie jest Wieczne i Rzeczywiste oprócz Chrystusa. Nic nie jest Prawdziwe oprócz Światła. Te Trzy są Tym, który jest »Jednością«. Cała reszta jest cieniem. Pamiętacie, że cień skrywa, cień wprowadza w błąd i cień sprawia, że ludzkość się potyka".

Ten, który podąża Ścieżką Światła stoi w *prawdzie* w stosunku do Chrystusa i zawsze spogląda w kierunku Boga, żyje we własnym świecie nietkniętym przez wir kotłujący się wokół niego, jednakże zawsze działa wewnątrz niego, dopóki trwa cień. Na niego zwraca swoje Światło, zmuszając go w taki sposób do odejścia w ocean zapomnienia.

Nie ma szczęścia oddzielonego od zwracania się i miłowania Wielkiego Boga, który jest Jednością i Źródłem Wszystkiego. Nie ma nic trwałego oprócz Chrystusa. Nie ma innej drogi wiodącej przez Wszechświat poza Ścieżką Światła.

„Jeżeli uzbroisz się w to Wieczne Rozumienie Życia, przysięgniesz lojalność wyłącznie swojemu Źródłu – Bogu – stał będziesz w *prawdzie* w stosunku do Chrystusa i niósł Światło, to za kodeks honoru przyjmiesz *obowiązek*, aby Kochać i błogosławić Życie, bez względu na to, w jakiej formie będzie się ono wyrażało w chwili, w której je spotkasz. Oto jest Wieczny Plan Istnienia i ktokolwiek Go pozna, ten będzie mógł przemierzać Wszechświat, zgłębiać wszystko to, co zawiera, a pomimo tego pozostać nietkniętym przez jakikolwiek cień stworzony przez ludzkość w jej zapomnieniu tego, Skąd Ona pochodzi.

Jedynie BÓG jest Wielki i jedynie do Źródła wszelkiej Wielkości należy *wszelka* Wspaniałość. Ten, który zna jedynie swoje Źródło i odrzuca wszystko inne jest w rzeczy samej świątły, albowiem staje się Trwałym Szczęściem i jest Mistrzem, gdziekolwiek nie pójdzie.

Wtedy i tylko wtedy może stać się on Twórcą Światów. Na nie przelewa swoje szczęście i w tym działaniu rzeczywiście żyje Świętym Planem dla wszystkich.

Członkowie Braterstwa Królewskiego Teton! Wyjawcie Ten Plan samowolnym dzieciom Ziemi. Przelejcie Wasze Promieniowanie na cienie, które one same wykreowały i wskażcie im Drogę do Wielkiego Centralnego Słońca – naszego Transcendentalnego Źródła. Moje Światło otacza was, Moja Moc podtrzymuje was, a Moja Miłość oddycha przez was w kierunku tych, którzy poszukują swojego domu w »Świetle«.

Ukochana ludzkości, niechaj ten sam Potężny Blask wyleje swoje Światło na ciebie celem iluminacji, uzdrowienia i pobłogosławienia ciebie tą Boską Miłością, która na zawsze utrzymuje *wszystkich* blisko we Wiecznym Objęciu »Jedynego Najwyższego Światła«.

Ludzie tego świata, niech Bóg was błogosławi i okrywa *teraz* Wiecznym pozbawionym cienia Światłem.

KONIEC KSIĘGI PIERWSZEJ

INNE KSIĄŻKI

Nakładem Wydawnictwa Centrum z tematycznej serii Saint Germaina ukazały się następujące książki:

Saint Germain
"O Alchemii"

Wolter mówił o twórcy dzieła "O Alchemii" - "człowiek, który nigdy nie umiera i wie wszystko".

Ale nawet to stwierdzenie jest zbyt skromne. Hrabia de Saint Germain potrafił przemieniać zwykłe metale w złoto, usuwać skazy z diamentów, odkrył eliksir młodości. Był powiernikiem królów i przyjacielem biednych - używał swoich alchemicznych mocy do tego, aby niwelować biedę, tak bardzo rozpowszechnioną w osiemnastym wieku. Jednakże jego dobrze udokumentowane "cuda" tak naprawdę wynikały ze znajomości alchemii. Jego sekrety można wykorzystać do przemiany pospolitych metali w złoto. Jednakże prawdziwym celem alchemii jest przemiana samego siebie. Swojego narodu. Swojej planety.

"Celem wyjawienia alchemicznych sekretów", mówi Saint Germain, "jest przekazanie w twoje ręce, oraz do laboratorium twojej świadomości wiedzę dotyczącą praw, jakie my sami używaliśmy przez wieki odnosząc największe sukcesy.... Ujawniam w tych studiach nad alchemią metody wizualizacji, które dadzą studentom, którzy je zastosują, tak jak czyniłem to ja, zdolność wykonywania dla Boga i człowieka służby najwyższej wagi".

Książka zawiera cztery Księgi w jednej oprawie!

Elizabeth Clare Prophet
oraz
Patricia R. Sadaro i
Murray Steinmann
**"Przepowiednie
Saint Germaina
na nowe tysiąclecie"**

Czego możemy spodziewać się do roku 2025?

Czy jest światło na końcu tunelu? Prorocy malują przyszłość w czarnych barwach - ale przepowiednie nie zostały wykute w kamieniu.

Nostradamus, Edgar Cayce, Maryja i Saint Germain twierdzą, że nadchodzi czas jedyny w swoim rodzaju, który stwarza nam zarówno możliwość duchowych i technologicznych osiągnięć, jak i zagrożenie wojną, zamętem, a nawet kataklizmem.

Przepowiednie na nowe tysiąclecie ukazują nam drogę do stworzenia lepszej przyszłości. Autorzy dokonują przeglądu najbardziej uznanych przepowiedni dotyczących naszych czasów, a także prezentują nową interpretację najbardziej znanych czterowierszy Nostradamusa. Przedstawiają nam również podstawowe prawa energii duchowej o wysokiej częstotliwości, która może wprowadzić do naszego życia równowagę, harmonię i pozytywne zmiany.

Głęboki wgląd i techniki duchowe, opisane w tej książce, pomogą wam ukształtować przyszłość, jakiej pragniecie.

Elizabeth Clare Prophet opracowała pionierskie techniki w dziedzinie duchowości praktycznej, między innymi w wykorzystywaniu kreatywnej mocy dźwięku w rozwoju osobistym i transformacji świata. Jest autorką wielu bestsellerów z dziedziny duchowości, jak np. Nieznane lata w życiu Jezusa: Gdzie przebywał Jezus od 12 do 30 roku życia i Forbidden Mysteries of Enoch. W latach 60. rozpoczęła prowadzenie seminariów oraz warsztatów poświęconych sprawom karmy, reinkarnacji, przepowiedni, braterstwa dusz, mistycyzmu i aniołów.

Patricia R. Spadaro Ukończyła dziennikarstwo na Temple University. Obecnie jest autorką i redaktorką w wydawnictwie Summit University Press.

Murray Steinmann jest zawodowym astrologiem z trzydziestoletnim doświadczeniem. Specjalizuje się w astrologii mundalnej i elekcyjnej. Od 21 lat pracuje dla wydawnictwa Summit University Presss jako autor i redaktor.

Isabel Cooper - Oakley
"Hrabia de Saint Germain"

Talenty i osiągnięcia Hrabiego de Saint Germain można by długo wymieniać. One wszystkie przyczyniły się do tego, że zyskał przydomek "cudotwórca". Hrabia potrafił nie tylko przy pomocy alchemii tworzyć kamienie szlachetne, czy zamieniać bezwartościowe metale w złoto, potrafił też tworzyć eliksiry młodości. Zachwycał arystokrację swoimi umiejętnościami. Robił to jednak jedynie po to, aby zwrócić uwagę rządzących na bardzo poważne sprawy - wielkie cierpienie, które miało nadejść po upadku monarchii we Francji końca XVIII wieku. Hrabia precyzyjnie przepowiedział wszystkie wydarzenia, które miały nastąpić i robił wszystko co w jego mocy, aby zapobiec Rewolucji Francuskiej.

Rządzący wielu krajów powierzali mu polityczne tajemnice i dyplomatyczne tajne misje. Francuskie zapisy archiwalne, których kopię znajdziesz w tej książce potwierdzają, że najwyżsi rangą urzędnicy holenderscy, angielscy, czy pruscy uważali go za wielki autorytet i to nie tylko w dziedzinie polityki. O wydarzeniach historycznych przemawiał z taką dokładnością, jak gdyby w nich sam uczestniczył i nie dotyczyło to wyłącznie czasów, w których pojawił się na arenie życia...

Wychwalano jego zdolności jako wielkiego filozofa, uczonego i uzdrowiciela, doskonale znał się na ziołach leczniczych. Hrabia był jednak również wielkim artystą - wirtuozem gry na pianinie i skrzypcach, kompozytorem, malarzem, poetą.

Co najmniej dwunastoma językami władał tak biegle (między innymi sanskrytem i chińskim), że tam gdzie się nimi posługiwał brano go za tubylca.

Najbardziej zdumiewający z wszystkich był jednak fakt, że upływ czasu nie pozostawiał na hrabi absolutnie żadnego śladu. Wydawał się być... nieśmiertelny.

INNE KSIĄŻKI WYDAWNICTWA CENTRUM:

Tom Kenyon,
Virginia Essene
"Cywilizacja Hathorów"

Hathorowie o sobie: Jesteśmy waszymi starszymi braćmi i siostrami. Towarzyszymy wam w długim procesie waszej ewolucji na tej planecie. Jesteśmy z wami od eonów – byliśmy tu nawet w zapomnianym okresie, zanim w waszych pismach pojawiły się pierwsze wzmianki o naszej obecności. Naszą naturą jest energia i wielowymiarowość. Przybyliśmy tu z innego wszechświata poprzez Syriusza, który stanowi bramę do waszego Wszechświata. Wywarliśmy wpływ na kilka wczesnych cywilizacji ziemskich, jesteśmy jednak cywilizacją międzygalaktyczną, która przekracza daleko granice znanego wam Wszechświata.

Można powiedzieć, że jesteśmy cywilizacją wniebowstąpioną – grupą istot funkcjonujących w specyficznym polu wibracji. Także i wy posiadacie własną sygnaturę energetyczną. My jednak wibrujemy w szybszym tempie. Niezależnie od tego wszyscy jesteśmy częścią tajemnicy, częścią miłości, która spaja wszystkie wszechświaty. Dorastaliśmy w radości i w smutku, tak jak wy. Dlatego możemy wam zaoferować to, czego się nauczyliśmy.

Wanda Prątnicka
„Opętani przez duchy – Egzorcyzmy w XXI stuleciu"

Kilka słów autorki o swojej książce:

„Jako ludzkość nie tylko weszliśmy w nową epokę - erę Wodnika, ale jednocześnie rozpoczął się okres przebudzenia dla Ziemi, a tym samym i dla nas ludzi, który ma miejsce co 12 800 lat. Dodatkowo zamyka się jeszcze inny cykl, który rozpoczął się ponad 200 000 lat temu. Czas przebudzenia jest najpiękniejszym i najbardziej obiecującym okresem w historii ludzkości. Sprawia to, że coraz więcej ludzi zaczyna się budzić duchowo. Proces ten zaczął się pod koniec ubiegłego stulecia i to właśnie dlatego ludziom przestało wystarczać to, w czym tkwili dotychczas. Nagle zaczęli poszukiwać drogi rozwoju duchowego, zaczęli odkrywać nowy świat, nowe możliwości, wzrastać. Jednych droga wiodła po omacku, na zasadzie prób i błędów, innych prowadziła do różnych nauczycieli.

Jednak i na jednych i drugich czekało wiele pułapek, gdyż do tej pory się o nich nie mówiło, mało kto o nich wiedział. Nie wszyscy adepci zdają sobie sprawę z faktu, że aby rozwinąć się duchowo i osiągnąć oświecenie trzeba w pierwszej kolejności przejść przez świat astralny, który wabi, kusi, a w konsekwencji zniewala. Brak wiedzy na ten temat sprawia, że bardzo wielu poszukujących, rozwijających się ludzi zamiast postępować coraz wyżej, zupełnie nie zdając sobie z tego sprawy utyka w świecie astralnym. Często do końca obecnego życia, a nawet na wiele przyszłych wcieleń, mając jedynie niewielką szansę na wyzwolenie z takiego stanu rzeczy utworzonego przez siebie samego.

Nierzadko błędnie myślimy, że skoro na naszej drodze spotykamy różnych nauczycieli (czasami sami nimi jesteśmy dla innych), to że właśnie oni nas prowadzą i powiedzą o zagrożeniach. Niestety – często ci właśnie nauczyciele, pomimo że być może udało im się wspiąć na wyższy stopień rozwoju mogą zupełnie nie być świadomi owych pułapek, gdyż:

1) je zręcznie, lecz nieświadomie ominęli, a zatem nie mogą nas przed nimi przestrzec

2) o nich często nic nie wiedzą i tkwią w nich po uszy, a zatem sami potrzebują pomocy. W medytacji, modlitwie, czy pracy z subtelnymi energiami napotykają oni zatem na istoty zamiesz-

kujące świat astralny i podlegają ich wpływom, co nie rozpoznane prowadzi do poważnych konsekwencji zarówno w sferze rozwoju duchowego, jak i codziennego życia fizycznego. Istoty przebywające na niskim planie astralnym (autorka nazywa je duchami) mogą bowiem powodować wahania nastrojów, czy odczuwanie silnych negatywnych emocji, stanów lękowych itd. Co więcej – choroby duchów, którym podlegały za ich życia fizycznego najczęściej przenoszą się na ludzi, na których mają wpływ. Rozpoznanie tego niebezpieczeństwa może być zatem zbawienne dla osoby rozwijającej się duchowo i w poważny sposób wpłynąć na przyspieszenie tego rozwoju.

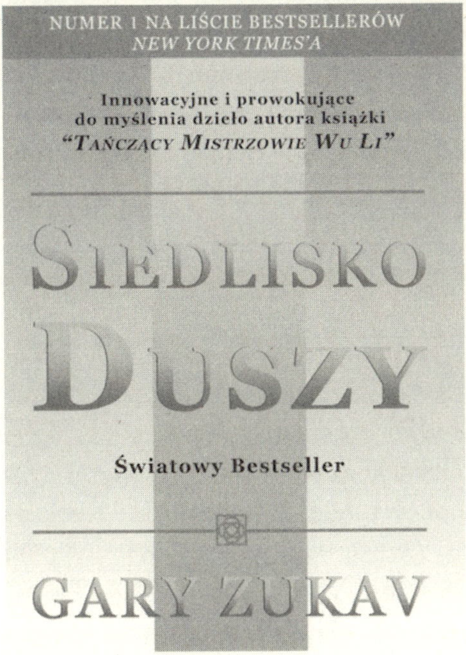

Gary Zukav
"Siedlisko duszy"

Jest to książka dająca szerokie spojrzenie na takie kwestie jak - kim jesteśmy jako ludzkość, skąd przychodzimy, dokąd podążamy. Wyjątkowa pozycja, która w zaskakująco jasny sposób wyjaśnia podstawowe zagadnienia ludzkiej egzystencji. Spojrzenie Gary Zukav'a na otaczające nas światy niematerialne jest wyjątkowo szerokie, sięga wręcz krańców ludzkiej egzystencji, a nawet poza nią w świat wniebowstąpionych Mistrzów, duchowych Nauczycieli ludzkości.

Jest to lektura obowiązkowa dla wszystkich tych, których nie zadawalają płytkie, czasami wręcz banalne wyjaśnienia dotyczące pochodzenia ludzkości. Gary Zukav wskazuje na podstawowe prawa uniwersalne działające we Wszechświecie - harmonię, współpracę, dzielenie się i poszanowanie życia. Mówi o dążeniu do pozyskiwania coraz większej zewnętrznej mocy – czyli władzy do kontrolowania świata fizycznego i otoczenia, które przestało być już siłą, która wspomaga rozwój ludzkości. Istotną natomiast stała się sztuka budowania autentycznej mocy – władzy nad swoim życiem wewnętrznym – emocjami, myślami, intencjami, świadomością właściwych wyborów, umiejętnością kierowania się podpowiedziami płynącymi z serca i intuicji. Ukazuje ludzkość jako twórców własnego losu i życia, a nie ofiary zewnętrznych okoliczności. "Siedlisko Duszy" opisuje narodziny nowego człowieka – eksplozję ludzkiej percepcji wykraczającej poza pięć zmysłów. Książka ta traktuje o wartościach duszy – harmonii, współpracy, dzieleniu się i poszanowaniu Życia.

Jest to książka, która przyniosła autorowi największy sukces z wszystkich, zapewne ze względu na fakt, że udało mu się na 240 stronach umieścić skoncentrowaną wiedzę dotyczącą bardzo złożonych kwestii ludzkiej egzystencji zachowując jednocześnie bardzo łatwy do zrozumienia język.

Gary Zukav jest autorem książki *Tańczący Mistrzowie Wu Li: Przegląd Nowej Fizyki*, która wygrała Amerykański Konkurs Książki Naukowej. *Siedlisko Duszy* było przez wiele tygodni bestsellerem nr.1 na liście The New York Times'a, USA Today, Los Angeles Times'a, Publishers Weekly, i innych; Inna książka Zukav'a *Opowieści o Duszy* również zajmowała czołowe miejsca na liście New York Timesa. Jego książki sprzedają się w milionach egzemplarzy i zostały przetłumaczone na szesnaście języków. Zukav jest absolwentem Harvard'u.

Gary Zukav, Linda Francis
"Serce duszy – Świadomość emocjonalna"

Książka ta to dzieło Gary Zukav'a oraz jego duchowej partnerki Lindy Francis. Jest to najobszerniejsze dzieło omawiające temat emocji z perspektywy psychologii duszy jakie jest na dzień dzisiejszy dostępne na rynku. Gary Zukav podjął się tematu świadomości emocjonalnej definiując go jako kluczowy aspekt rozwoju duchowego. Twierdzi on, że znajomość swoich emocji jest nieodzowna w kreowaniu Autentycznej Mocy, gdyż zwraca uwagę na aspekty osobowości, które wymagają zauważenia i uleczenia. Ciągła świadomość emocjonalna sprowadza uwagę na chwilę teraźniejszą, co pomaga żyć Tu i Teraz.

"Najdłuższa droga, jaką masz do przebycia, wiedzie od głowy do serca. Wszyscy jesteśmy w tej podróży. Droga do serca to nasza przyszłość i jedyny sposób na jej kształtowanie. Jest to podążanie w stronę całości, integralności i współodczuwania. To uzdrowienie naszych tęsknot, uzdrowienie konieczne do realizacji naszego pełnego potencjału." - pisze Gary Zukav.

"Nauka doświadczania emocji to jedno z najtrudniejszych zadań, jakie przed nami stoją. Wielu ludzi nie wie, że są gniewni, nawet jeśli wściekłość przepływa przez nich niczym rwąca rzeka. Inni nie widzą własnego smutku, nawet jeśli jest to jedyne uczucie, jakie znają. Większość ludzi dostrzega swoje emocje dopiero wtedy, gdy zrywają one wszelkie tamy i unoszą ich z prądem, wytrącając z rutyny codziennych zajęć, dążeń i grożąc utratą życia." - twierdzą autorzy.

Gary Zukav, Linda Francis
"Umysł duszy –
Sztuka dokonywania
odpowiedzialnych wyborów"

Książka ta może radykalnie odmienić Twoje życie, pokazując Ci jak być odpowiedzialnym za własne wybory i jak uwolnić się od złudnego przekonania, że jesteś ofiarą okoliczności życiowych. Ludzie dokonują codziennie setek wyborów dużych i małych, a mimo to większość z nas czuje, że ma niewielką kontrolę nad swoim życiem. Autorzy wyjaśniają jak zmiana procesu podejmowania decyzji może nam pomóc w pokonaniu destrukcyjnych wzorców myślenia oraz zachowania. Sprawi, że przejmiemy kontrolę nad swoim życiem i rozpoczniemy proces tworzenia autentycznej, pozytywnej mocy. *Umysł Duszy* pokazuje, że każda chwila rodzi decyzję o tym, czy trwać przy starych, ograniczających nas wzorcach życiowych, czy podjąć eksperyment uwolnienia drzemiącego w nas potencjału. Niezależnie od tego, czy wybór dotyczy spraw wielkich, takich jak zawarcie małżeństwa, podjęcie pracy, urodzenie dziecka, rozwód, czy też codziennych drobnych kwestii, takich jak reagowanie złością i krzykiem, to zawsze rodzi on konsekwencje, za które trzeba przejąć odpowiedzialność.

Kurs cudów

"Kurs cudów" to dzieło epokowe. Co sprawia, że jest takie wyjątkowe? "Kurs cudów" prowadzi czytelnika ku zrozumieniu przyczyn jego WSZYSTKICH problemów. Ukazuje, że problemy te u każdego człowieka mają dokładnie to samo źródło. "Kurs cudów" objaśnia również krok po kroku sposób wyjścia z labiryntu w jaki sami siebie wprowadziliśmy i prowadzi do odczynienia całego naszego błędnego myślenia. "Kurs cudów" daje całkiem konkretne wskazówki co do tego, jakie myśli są dla nas korzystne, a jakich należy z całą stanowczością unikać. To prowadzi do dogłębnego rozpoznania kim naprawdę jesteśmy, całkowicie uwalnia od lęku i wprowadza prawdziwą miłość do naszego życia. Zwraca nam też to, do czego nieustannie tęskni nasze najgłębsze Ja - wolność, dobrobyt, prawdę, ufność, stałość, pewność. Celem"Kurs cudów"jest dostrzeżenie przez nas własnej doskonałości i osiągnięcie mistrzostwa.

Jest to bardzo obszerne dzieło, które odnosi się do każdego poziomu zaawansowania w rozwoju duchowym. Większość książek dotyczących rozwoju duchowego omawia jedynie po części jego aspekty. "Kurs cudów" jest pod tym względem dziełem całościowym, i uwalnia nas od konieczności studiowania jakichkolwiek dodatkowych tekstów.

Drunvalo Melchizedek "Pradawna tajemnica kwiatu życia" tom I

Dawniej wszystko, co istnieje we wszechświecie znało Kwiat Życia jako wzór stworzenia, wykres geometryczny wiodący do egzystencji fizycznej i wyprowadzający z tej egzystencji. Później utraciliśmy wysoki stan świadomości i upadliśmy w ciemności, zapominając o tym, kim byliśmy. Sekret Kwiatu Życia przetrwał jednak tysiące lat wyryty na ścianach starożytnych budowli na całym świecie, wpisany w żywe komórki wszelkiego istnienia. Dziś budzimy się ze snu, odrzucamy stare ograniczające nas przekonania, a nasze oczy oglądają złote promienie światła nadchodzącego dnia, który wstaje za oknami naszej nowej percepcji rzeczywistości. Książka ta jest jednym z takich okien.

Drunvalo Melchizedek prezentuje w niej - za pomocą słów i rysunków pierwszą część swoich warsztatów zatytułowanych "Kwiat Życia". Objaśnia w nich tajemnice początków naszego istnienia, tłumaczy, dlaczego świat wygląda tak, a nie inaczej, jakie subtelne energie pozwalają naszej świadomości rozkwitnąć jej prawdziwym pięknem.

Święta geometria stanowi formę, która posłużyła również za pierwowzór naszej istoty. Ukazuje ona boski porządek w naszej rzeczywistości. Możemy prześledzić jego reguły począwszy od niewidzialnych atomów, a kończąc na dalekich gwiazdach. Każda z tych form odbija również wzór naszego istnienia. Informacje zawarte w tej książce układają się w jedną z dróg, drugą, żeńską ścieżkę, możecie odnaleźć pomiędzy wierszami. Prezentuje ona intuicyjne rozumienie rzeczywistości. Być może dostrzeżecie jej migotanie wokół niektórych z poniższych prowokujących koncepcji:

JAK PRZYPOMNIEĆ SOBIE NASZĄ ODLEGŁĄ PRZESZŁOŚĆ
Czyli jak upadek Atlantydy odmienił naszą rzeczywistość

UCHYLENIE RĄBKA TAJEMNICY KWIATU
Święta geometria, Nasienie Życia, Tetraedr Gwieździsty, Wszechświat w formie fali, Zmiana Biegunów na ziemi

CIEMNIEJSZA STRONA NASZEJ TERAŹNIEJSZOŚCI I PRZESZŁOŚCI
Zagrożenie dla ziemi, Epoka lodowcowa, Historia świata

KIEDY EWOLUCJA PRZEŻYŁA ZAŁAMANIE I POWSTAŁA SIATKA CHRYSTUSOWA
Jak Lemurianie ewoluowali ludzką świadomość, Pamiętna decyzja Marsjan, Siatka planetarna

ROLA EGIPTU W EWOLUCJI ŚWIADOMOŚCI
Umieranie, Zmartwychwstanie i Wniebowstąpienie, Wspaniałość Echnatona, Historia stworzenia

ZNACZENIE STRUKTURY I KSZTAŁTU
Torus, Labirynt, Jajo Życia, Bryły platońskie, Żywe kryształy

GEOMETRIA LUDZKIEGO CIAŁA
Kanon Leonarda da Vinci, Tajemnica rysunków masońskich, Złoty Środek, Spirale, Szereg Fibonacciego, Boski współczynnik Fi

Zbadaj cud naszej egzystencji zagłębiając się we wspaniały świat geometrii, nauki, starożytnej historii i najnowszych odkryć ukazany w szerokiej perspektywie Drunvalo i Kwiatu Życia.

Drunvalo Melchizedek "Pradawna tajemnica kwiatu życia" tom II

Tom drugi jeszcze głębiej bada znaczenie świętego wzorca Kwiatu Życia, stanowiącego geometryczną podstawę wszystkich istniejących form fizycznych. Ukazane są w nim proporcje ludzkiego ciała, niuanse ludzkiej świadomości, wymiary oraz odległości pomiędzy gwiazdami, planetami oraz księżycami, a nawet twory rodzaju ludzkiego w sposób pozwalający odkryć ich źródło w tym pięknym, boskim wizerunku. Drunvalo Melchizedek rysuje skomplikowaną, szczegółową mapę, na której możemy zobaczyć, że pozornie prosty wzór Kwiatu Życia zawiera w sobie początek całej egzystencji trzeciego wymiaru. Począwszy od przykładu piramid i tajemnic starożytnego Egiptu, po współczesną nam nową rasę dzieci Indygo, Drunvalo prezentuje święte formy geometryczne Rzeczywistości oraz subtelne energie, które kształtują nasz świat.

Po raz pierwszy udziela nam również drukiem instrukcji medytacji Mer-Ka-Ba. Krok po kroku poznajemy tę technikę, służącą odtworzeniu pola energetycznego ewoluującej istoty ludzkiej. Stanowi ona zarazem klucz do wniebowstąpienia oraz przejścia do nowego wymiaru. Jeśli będziemy ją wykonywali z miłością, ów starożytny proces oddychania pranicznego otworzy przed nami świat niewiarygodnych możliwości w granicach tego wymiaru. Udostępni nam kontakt z opiekuńczymi mocami, a nawet pozwoli uzdrowić siebie, innych ludzi oraz całą planetę.

UJAWNIENIE INFORMACJI DOTYCZĄCYCH TRZECIEGO SYSTEMU INFORMACYJNEGO
Koła i kwadraty ludzkiej świadomości; Prawdziwe rozumienie Kwiatu Życia przez Leonarda Da Vinci; Eksploracja pomieszczeń Wielkiej Piramidy

SZEPT NASZEGO STAROŻYTNEGO DZIEDZICTWA
Egipskie inicjacje; Misteria zmartwychwstania; Koncepcje Międzywymiarowe; Starożytne szkoły misteriów; Egipska Tantra; Energia seksualna i orgazm

PRZEDSTAWIENIE MEDYTACJI MER-KA-BA
Czakry i system energetyczny człowieka; Pola energetyczne wokół ciała; Siedemnaście oddechów medytacji Mer-Ka-Ba; Święta geometria ludzkiego ciała świetlistego

DO CZEGO SŁUŻY MER-KA-BA
Siddhi i moce psychiczne, Programowanie swojego Mer-Ka-Ba; Uzdrawianie z poziomu pranicznego; Przypadek, myśl i urzeczywistnianie

SPOSOBY NAWIĄZYWANIA KONTAKTU Z RÓŻNYMI POZIOMAMI JAŹNI
Matka Ziemia i wewnętrzne dziecko; Życie ze swoim Wyższym Ja; W jaki sposób komunikować się z wszystkim co nas otacza; Lekcje siedmiu Aniołów

PRZEDSTAWIENIE DWÓCH KOSMICZNYCH EKSPERYMENTÓW
Eksperyment lucyferyczny i utworzenie dualizmu; Eksperyment Syrian z roku 1972 i odbudowanie sieci Świadomości Chrystusowej

CZEGO MOŻEMY SIĘ SPODZIEWAĆ PO NADCHODZĄCEJ ZMIANIE WYMIARÓW
W jaki sposób się przygotować; Jak przeżyć w czwartym wymiarze; Nowe dzieci

Drunvalo Melchizedek
"Życie w przestrzeni serca – jak wkroczyć do świętej przestrzeni serca"

W swojej trzeciej książce "Życie w przestrzeni serca - jak wkroczyć do świętej przestrzeni serca" Drunvalo Melchizedek podaje dokładny przepis na wstąpienie do miejsca, w którym połączeni jesteśmy ze wszystkim co istnieje, miejsca w którym istnieje prawdziwa Miłość i kontakt z naszym stwórcą. Drunvalo na wielu przykładach udowadnia jak istotne jest życie wychodzące z tego niewielkiego, świętego miejsca w naszym sercu. Kontakt z naszą najgłębszą istotą, naszymi uczuciami jest bowiem absolutnie konieczny na naszej drodze rozwoju. Drunvalo w dwóch rozdziałach odnosi się do wiedzy zawartej w tomach "Pradawnej tajemnicy Kwiatu Życia" oraz omawia wzajemne powiązania między sercem a Mer-Ka-Ba. Książka zawiera płytę z "Medytacją świętej przestrzeni serca", na której znajdują się mówione wskazówki prowadzące do ustanowienia kontaktu z tą małą przestrzenią leżącą w naszym sercu. Wskazówki mówione są w j. angielskim oraz polskim.

"Dawno temu my ludzie używaliśmy form komunikacji i odczuwania, które nie angażowały mózgu do tego procesu; bardziej pochodziły one ze świętego miejsca w naszym sercu.

Jaką wartość miałoby odnalezienie tego miejsca na nowo, w świecie, w którym największą religią jest nauka i logika umysłu? Czy znany jest mi świat, w którym emocje i uczucie są obywatelami drugiej klasy? Owszem.

Jednakże moi nauczyciele poprosili mnie, abym przypomniał ci kim naprawdę jesteś. Jesteś czymś więcej niż ludzką istotą, czymś o wiele większym. W twoim sercu znajduje się bowiem miejsce, święte miejsce, w którym świat może dosłownie zostać przemieniony w procesie świadomego współtworzenia. Jeżeli na to pozwolisz pokażę ci to, co zostało pokazane mnie."

Drunvalo Melchizedek

Książka ta zawiera techniki prowadzące do Świętej Przestrzeni Serca jeszcze głębiej eksploruje możliwości ludzkiego potencjału oraz sam proces kreacji. Na jej stronach Drunvalo dzieli się wiedzą i dokładnie instruuje w jaki sposób osiągnąć ten pradawny stan świadomości, tak aby nareszcie to, co marzy się twojemu sercu mogło zostać zrealizowane w twoim codziennym życiu. Piękne, obfite życie oraz wzniesienie się do wyższych światów staje się naturalną konsekwencją życia w przestrzeni twojego serca.

Spencer Johnson
„Jedna minuta dla samego siebie"

Książka ta dotyka najgłębszych spraw ludzkiej egzystencji. Napisana jest przy tym w sposób najprostszy z możliwych. Czasami stwierdzamy, że najistotniejsze sprawy naszego życia, to właśnie te drobne, proste kwestie, na które zapomnieliśmy zwracać uwagę, a których korekta może przynieść wielkie, a nawet wspaniałe rezultaty.

Stara mądrość mówi - rzeczy proste to rzeczy prawdziwe, genialne. Mówi, że prosto wyrażają się jedynie najwybitniejsi. Przeżywamy swoje życie z minuty na minutę. Czy czas wydaje nam się zbyt ważny, by poświęcać go samym sobie? Spencer Johnson, prezentuje swoją metodę Jednej Minuty dla Samego Siebie, w której przedstawia proste sposoby docierania do tego, co w nas najlepsze.